정서적으로 건강한 교회

정서적으로 건강한 교회

지은이 | 피터 스카지로 · 워렌 버드
옮긴이 | 최종훈
초판 발행 | 2016. 02. 01
11쇄 발행 | 2024. 4. 17
등록번호 | 제1988-000080호
등록된 곳 | 서울특별시 용산구 서빙고로65길 38
발행처 | 사단법인 두란노서원
영업부 | 02)2078-3333 FAX | 080-749-3705
출판부 | 02)2078-3330

책값은 뒤표지에 있습니다.
ISBN 978-89-531-2451-6 04230
      978-89-531-2253-6 (세트)
독자의 의견을 기다립니다.
tpress@duranno.com www.duranno.com

두란노서원은 바울 사도가 3차 전도 여행 때 에베소에서 성령 받은 제자들을 따로 세워 하나님의 말씀으로 양육
하던 장소입니다. 사도행전 19장 8-20절의 정신에 따라 첫째 목회자를 돕는 사역과 평신도를 훈련시키는 사역,
둘째 세계선교TIM와 문서선교단행본·잡지 사역, 셋째 예수문화 및 경배와 찬양 사역, 그리고 가정·상담 사역 등을 감
당하고 있습니다. 1980년 12월 22일에 창립된 두란노서원은 주님 오실 때까지 이 사역들을 계속할 것입니다.

정서적으로
건강한 교회

피터 스카지로 · 워렌 버드 지음

최종훈 옮김

두란노

이 책을 향한 찬사들

영적이고 정서적인 상처의 깊이를 정확하게 가늠하지 못하도록 방해하는 초영성(super-spirituality)의 너울을 벗겨 내는 책이다. 저자는 인간을 자유롭게 하고 그 자유를 통해 깨지고 상한 자신의 실체를 인정하도록 우리를 이끌어 주는 복음의 역사를 보여 주는 데 그치지 않고, 그 원리를 적용하는 구체적인 방법들을 소개한다. 목회자와 교회 지도자들에게 강력히 추천한다.

팀 켈러(Tim Keller)_ 뉴욕 리디머교회 담임목사

마침 리더십에 대한 새로운 관점과 사고가 필요하던 참이었는데 스카지로 목사가 우리에게 놀라운 선물을 주었다. 스카지로 목사와 동일한 생각을 가진 이들이 수없이 쏟아져 나왔으면 좋겠다.

고든 맥도널드(Gordon MacDonald)_《영적 성장의 길》저자

"어떻게 하면 정서적으로 건강한 교인들로 구성된 건강한 교회를 만들 수 있을까?" 이는 오늘날 교회 지도자들이 풀어야 할 큰 숙제 가운데 하나이다. 《정서적으로 건강한 교회》는 바로 이 문제를 다루고 있다. 저자는 이 주제를 넉넉히 소화하고도 남을 만큼 산전수전 다 겪은 인물이다. 20년 전에 이 책을 읽었더라면 얼마나 좋았겠는가!

존 오트버그(John Ortberg)_ 멘로파크장로교회 담임목사,《선택 훈련》저자

이 책을 읽으면 마치 믿음직한 친구와 오랜 시간 대화를 나누는 듯한 경험을 하게 된다. 피터 스카지로와 워렌 버드는 분주하고 복잡한 이 세상에서 모든 이들이 갈구하는 '온전한 삶'에 필요한 핵심 요소를 제시한다. 다른 이들을 보살피는 사역 가운데서도 결코 소진하지 않고 역동적인 생명력을 유지할 수 있도록 도와준다.

칼 조지(Carl George)_ 교회컨설턴트, Consulting for Growth 총재

단숨에 마음을 사로잡는다. 목회자와 교회 지도자뿐만 아니라 믿음의 성장과 성숙을 원하는 이들, 원만한 결혼 생활을 유지하기 원하는 이들이라면 반드시 읽어야 할 책이다. 솔직하고 투명하며 신선하고 도전적이다. 스카지로 목사는 독자들로 하여금 사고의 지평을 넓혀 정서적인 성숙과 영적인 진정성 사이의 긴밀한 관계를 선명하게 파악하도록 이끈다. 해결되지 않은 정서적 매듭들이 사역과 사람을 얼마나 참담하게 망쳐 놓을 수 있는지 알기 쉬운 말로 차분하게 설명해 준다.

크레이그 엘리슨(Craig Ellison)_ 얼라이언스상담대학원 총장

"온전한 복음으로 세워가는 온전한 인간." 참으로 놀라운 신학이지만 이를 그저 슬로건쯤으로 치부하는 교회가 한둘이 아니다. 교회의 정서적인 건강성을 다룬 피터 스카지로 목사의 이 실용적이고 긴요한 책은 핵심적인 진리들을 새로운 차원과 관점에서 조명해 준다. 사사건건 부딪히고 상처를 주고받게 되는 관계 속의 누군가도 성경이 '그리스도의 몸'이라 부르는 근사하고도 신비로운 그림 안에 들어 있음을 깨닫게 될 것이다.

벤 패터슨(Ben Patterson)_《내가 매일 기쁘게》 저자

피터 스카지로 목사가 이 책에서 펼쳐 보여 주는 광활한 세계를 한껏 감상했다. 내 삶과 숱하게 교차되는 내용과 실제적인 적용들에 깊은 감동을 받았다. 수많은 전장을 거쳐 온 백전노장만이 이런 이야기를 쏟아 낼 수 있다. 스카지로 목사는 오늘날 교회 지도자들이 한 단계 성장할 수 있도록 자신들의 마음을 활짝 열어 주옥같은 삶의 교훈들을 나누어 준다.

스티브 쇼그린(Steve Sjogren)_ 빈야드커뮤니티교회 설립목사

모든 교회가 꼭 한 번은 읽어야 할 책이 나왔다. 현대인들은 확실성을 추구한다. 세상은 점점 도시적이고 다인종적인 곳으로 변하고 있다. 이 책은 그런 사회에서 건강하고 영향력 있는 교회가 어떻게 세워질 수 있는지 이야기해 준다.

존 퍼킨스(John Perkins)_《정의를 강물처럼》 저자

이 책은 성령님이 현대 교회에 말씀하시는 핵심적이고 예언적인 가르침을 전달할 뿐 아니라 하나님이 부어 주시는 권능을 받아 간직하기 위해 주님의 교회가 갖춰야 할 자질들이 무엇인지 상세하게 설명한다. 교회가 그리스도의 신부로 나날이 성숙해 가도록 힘을 보태는 데 뜻을 둔 목회자라면 반드시 읽어야 할 필독서다.

마이크 빅클(Mike Bickle)_ IHOP 대표

주의 깊게 읽고 마음에 새겨야 할 책이다. 특히 성장만을 추구하다가 결국 탈진해 버린 목회자라면 진솔한 고백과 지혜가 가득한 이 책을 읽어 볼 필요가 있다. 어떻게 해야 생각을 바꿀 수 있을지 알게 될 것이다.

댄 알렌더(Dan B. Allender)_ 마스힐대학원 원장

이 놀라운 책에서 전하고 있는 메시지는 오늘날 교회에 그 어느 때보다 필요하다. 모든 교회가 건강하게 되는 길, 그 건강한 상태를 유지하는 방법을 절박하게 찾고 있기 때문이다. 《정서적으로 건강한 교회》는 그 길을 분명하게 제시한다.

레스 패럿(Les Parrott)_ 시애틀퍼시픽대학 교수, 《5가지 친밀한 관계》 저자

1

건강한 교회를 위한
이보다 실제적인 책은 없다

어느 추운 겨울날, 한밤중에 전화벨이 울렸다. 한 젊은 목회자가 갑자기 전화를 걸어온 것이다. 몇 년 전부터 잘 알고 지냈으며, 참 괜찮은 사역자라고 생각하던 이였다. 긴장감이 역력한 목소리로 결혼 생활과 사역, 양면에 걸쳐 직면한 위기를 털어놓았다. 그저 들어줄 수밖에 없었다. 다 듣고 나서 격려와 도움이 될 만한 말 몇 마디를 건네고 함께 기도했다.

전화를 끊기 전에 이런 이야기를 해 주었던 기억이 난다. "목사님의 사역이 여기서 끝나리라고는 생각지 않습니다. 지금은 몹시 고통스럽겠지만, 오히려 그것 때문에 놀라운 일들이 시작될 수도 있습니다." 마지막처럼 보이는 때가 실은 시작에 지나지 않는 경우가 종종 있는 법이다.

그 젊은 목회자가 바로 이 책의 저자인 피터 스카지로(Peter Scazzero) 목사다. 그날의 위기는 '위장된 축복'이었다. 당시의 위기 상황 덕분에 더 분명한 소명감과 자의식을 갖게 되었으며, 부부간의 사랑은 깊어졌고, 건강하면서도 생명력이 넘치는 교인들을 길러 낼 수 있게 되었다. 아울러 제자훈련을 총체적으로 이해하고 이처럼 훌륭하고 유익한 책인《정서적으로 건강한 교회》를 펴내기에 이르렀다.

이 책이 널리 읽히고 크리스천 지도자와 목회자들의 심령을 사로잡을 수 있으면 좋겠다. 스카지로 목사가 "교회, 또는 사역이 전반적으로 얼마나 건강하냐의 여부는 지도자들의 정서적·영적인 건강에 크게 좌우된다"라고 한 것을 보면 그 역시 같은 목표를 마음에 품고 있었음에 틀림없다.

건강한 교회를 이루는 데 건강한 리더가 필수적이라는 것은 누구나 아는 일이다. 스카지로 목사의 주장이 신선하게 다가오는 이유는 재론의 여지가 없는 사실에 정서적인 영역을 포함시켰기 때문이다. 너나할 것 없이 리더들은 언제나 영적 생명력과 신체의 건강, 지적 성장을 유지하는 데 많은 공을 들인다. 하지만 정서적으로 행복해지는 일에는 그다지 신경 쓰지 않는 게 현실이다.

성장에 대해 가르치면서도 정서적인 면은 도외시하기 일쑤다. 늘 사실이 먼저고, 믿음이 다음이며, 감정은 마지막이라고 강조해 왔다. 믿음은 그리스도가 전하신 메시지의 사실성에 기초를 두고 있는 반면 (물론, 이건 대단히 중요한 원리여서 수백번 강조해도 모자라지만) 감정은 불확실하고 부차적인 데다가 신뢰할 만한 가치가 없으므로 거기에 의지해서는 안 된다고 가르친 것이다. 물론 100퍼센트 틀린 말은 아니다. 감정이란 기복이 있게 마련이다. 나부터도 그러니 더 말해 무엇하겠는가! 하지만 쉽게 변할 수 있다고 해서 무가치한 것은 아니지 않은가!

성경은 인간성을 말하면서 정서적인 면을 무시하거나 간과하지 않는다. 성경의 등장인물들은 모두 감정이 살아 있는 사람들이었다. 형제 간의 경쟁 의식에 시달렸던 요셉의 형들이 그랬고, 분을 참지 못했던 모세가 그랬으며, 믿음의 아들 디모데가 찾아와 주기를 눈물로 기다렸던 바울이 그랬다. 예수님의 인성에는 풍부한 감성이 포함되어 있었다. 눈물을 흘리셨고, 크게 화를 내셨으며, 마음껏 기뻐하셨다.

감정을 솔직하게 드러내고 공개적으로 처리하는 것을 망설이게 된 것은 성육신에 대한 잘못된 개념도 한몫했다. 크리스천이라면 누구나 예수님이 육신을 입으신 하나님이라는 사실을 믿는다. 그러나 확신이 지나쳐서 예수님의 인성을 일종의 가면쯤으로 여기는 경우가 적지 않다. 말씀을 통해 극심한 고통을 헤쳐 나온 스카지로 목사의 경험은 이 책을 읽는 독자들에게 큰 도움이 될 것이다.

《정서적으로 건강한 교회》를 읽으면서 여러 면에서 공감할 수 있었다. 나 역시 비슷한 일들을 겪었으며, 정서적으로 검증받는 시기를 거쳤다. 내가 멘토 노릇을 해 주고 있는 젊은 목회자들과 크리스천 지도자들 역시 마찬가지다. 피터 스카지로 목사가 성령의 도우심 아래 고통스런 시간들을 보내며 건강한 개인, 건강한 교회를 가꿔 갔던 사연은 책을 읽는 모든 이들에게 틀림없이 커다란 소망을 심어 줄 것이다.

레이튼 포드(Leighton Ford)_ 레이튼포드선교회 대표

Contents

Part 1

제자훈련의 끊어진 연결 고리

Part 2

새로운 제자훈련 패러다임의 성경적 기초

Part 3

정서적으로 건강한 교회를 만드는 7가지 원칙

Part 4

그러면 이제 어디로 갈 것인가

수정 증보판을 내며

지역 교회에서 몇 년에 걸쳐 '정서적으로 건강한 교회'를 이루는 원리를 좇아 살아 본 뒤에 그 내용을 바탕으로 이 책의 초판을 냈다. 주로 목회자나 장로, 집사 같은 교회 지도자와 사역단체나 소그룹 리더들을 염두에 두고 글을 썼다. 그렇게 하면 정서적인 건강과 성경적인 영성 사이에서 씨름하는 많은 이들에게 메시지가 전파되리라 믿었다. 놀랍게도 이 문제는 미국뿐 아니라 전 세계 모든 교회들에게도 핫 이슈(Hot issue)였다.

초판이 나오고 7년이 지나는 동안 정서적으로 건강한 교회를 만드는 일곱 가지 원리에 대한 이해가 깊어지고, 예리해지고, 넓어졌다. 이를 현장에 적용해 본 교회 안팎의 지도자들을 만나면서 신학적으로도 한층 발전했다. 따라서 한 장 한 장 다시 편집하고, 확장하며, 보완할 필요가 생겼다.

　뿐만 아니라 그간의 경험을 바탕으로 불가피하게 일곱 번째 원칙, "천천히, 그리고 진심을 담아 이끌라"를 덧붙였다. 정서적인 건강과 제자로서의 삶을 통합하기 시작하면서 삶의 속도가 눈에 띄게 느려졌다. 느끼고, 슬퍼하고, 귀 기울여 듣고, 되새기고, 안팎에서 벌어지는 상황에 주의를 기울이는 데는 시간이 (그것도 제법 많이) 필요한 법이다. 결국 가정과 일터에서 개인적으로 세워 둔 우선순위가 획기적으로 바뀌었다. 정서적인 건강은 아내와 내 안의 하나님과 더 깊이 교제하고 싶은 갈망을 불러일으켰다. 거기에 이끌려 2003년부터 이듬해까지 4개월에 걸친 안식월을 가지면서 영적인 묵상훈련을 시작했다. 전통적인 묵상이 주는 풍성한 열매들을 맛보고 우리처럼 선교적인 교회에 적용할 수 있는 방안을 찾아보자는 게 주목적이었다. 홀로 침묵하는 묵상훈련에 침잠하면서 우리 부부는 물론이고 나중에는 교회에까지 많은 변화가 일어났다. 이런 경험에서 얻는 깨달음이 이 책 곳곳에 스며 있다.

개인적으로 묵상하는 전통을 통해 개인적인 진정성을 확보해 가는 동시에 리더십에도 정서적인 건강이란 개념을 도입했다. 고단하고 복잡한 작업이었다. 그 전말을 12장 "천천히, 그리고 진심을 담아 이끌라"에 담았다.

마지막으로 당부하고 싶은 말이 있다. 설렁설렁 가볍게 책장을 넘기고 싶은 마음을 억누르라. 앉은자리에서 단번에 읽도록 쓴 글이 아니다. 동료 목회자나 교인들과 하나님에 관한 이야기를 나눌 때 사용할 최신 정보 묶음 정도가 아니다. 여기에 실린 내용을 붙들고 씨름하면서 내면의 삶과 리더십에 두루 적용할 방도를 찾아보자. 한계, 깨어짐, 괴로움, 제대로 사랑하는 법 등을 하나하나 깊이 들여다보자면 평생을 쏟아부어도 모자랄지 모른다. 부디 천천히, 기도하고 깊이 생각해 가며 읽기 바란다. 자꾸 물으라. "이걸 통해 하나님은 내게 무슨 말씀을 하고 계신가?"

일기장이나 하다못해 책 뒷장에라도 개인적으로 적용한 내용을 기록하라. 나중에 참고할 때 편리하도록 페이지도 적어 두라. 주제를 놓치지 않도록 조심하라. 정서적인 건강과 영적인 성숙은 떼려야 뗄 수 없는 관계다. 영적으로는 성숙하지만 정서적으로는 미숙하다는 말은 어불성설이다. 그러한 사실을 마음에 새겼다면 이제 문을 열고 영적인 여정을 시작하라.

이것저것 활동은 많지만 삶을 송두리째 뒤바꾸지 못하는 반쪽짜리 제자훈련으로 되돌아가지 말라. 하나님이 은혜를 베풀어 주시면 예전과는 전혀 다른 삶을 살게 된다. 가족과 교회, 직장, 이웃을 비롯해 주위에 있는 모든 이들이 부러워할 만큼 아름다운 인생을 향해 신나는 여행을 떠나게 될 것이다.

Part 1

제자훈련의
끊어진 연결 고리

Emotionally Healthy

Church

Chapter 1

잃어버린
연결 고리

몇 년 전, 콜로라도에서 열리는 크리스천 가족 캠프에 초대를 받았다. 아내와 딸들까지 온 식구가 일주일 동안 휴가를 즐기게 된 것이다. 우리는 평생 기억에 남을 만한 멋진 여행을 꿈꿨다.

우리 일행은 덴버국제공항에 내려서 다시 자동차를 타고 산길을 달리기 시작했다. 운전 시간이 길어지면서 점점 피로감이 짙어졌다. 오랜 비행과 카페인 부족 때문에 졸음이 오는 것이려니 싶었다. 아내에게 운전을 부탁하고 싶었지만, 아내는 좁다란 산악 도로에 잔뜩 겁을 먹고 있었기에 할 수가 없었다. 그렇게 얼마나 갔을까? 순간적으로 깜박 정신을 놓치면서 차선에서 벗어나고 말았다. 나는 차를 갓길에 세웠다. 이젠 산악 지대에서도 거진 빠져나온 터라 아내가 대신 운전대를 잡았다. 잠깐 실수했던 것은 피곤했던 탓으로 돌렸다.

해발 2,700미터 고지에 자리 잡은 캠프장에 도착한 우리는 등록을 마치고 로키산맥의 품에 안겨 환상적인 휴가를 보낼 준비를 시작했다. 풍광은 숨이 멎을 만큼 아름다웠다. 높은 산들은 하나님의 영광을 장엄하게 드러냈다. 일주일 동안의 캠프 일정표에는 성인들을 위한 프로그램은 물론, 당시 여섯 살부터 열다섯 살까지 줄줄이 늘어선 우리 아이들 하나하나에 맞는 연령별 활동 프로그램도 포함되어 있었다.

첫날 밤, 나는 잠을 이루지 못했다. 아마 잠자리가 바뀐 탓이었을 것이다. 다음 날 주간 프로그램에 참여했는데, 온몸에 안 아픈 곳이 없을 만큼 통증에 시달렸다. 나는 독감이 아니기를 기도했다. 둘째 날 밤은 첫날 밤의 복사판이었다. 달라진 게 있다면 기침이 심해져서 도무지 멈추지를 않는다는 것뿐이었다. 분명 독감에 걸린 것이다. 그것 말고는 마땅한 이유가 없었다. 나는 가족들과 함께 기도했다. 하나님께서 병을 낫게 해주셔서 평생 다시 올까 말까한 이번 기회를 잘 누릴 수 있게 해 달라고 간구했다. 하지만 주님의 마음이 움직인 것 같지는 않았다.

우연찮게도 캠프에는 중서부 지방 출신 의사가 참가하고 있었다. 이튿날, 나는 아침 식사를 하기 위해 줄을 서 있는 그 의사에게 다가가서 내가 기침을 비롯해서 독감 비슷한 증세를 보이고 있음을 알렸다. "제가 밤에 잠을 좀 잘 수 있도록 약을 처방해 줄 수 있으십니까?" 의사는 흔쾌히 대답했다. "물론입니다. 초강력 기침약과 항생제를 지어드리지요."

하지만 사흘이 지나고 나흘이 되어도 증세는 심해져만 갔다. 내놓고 말은 하지 않았지만, 아내는 내가 휴가를 오기 전에 너무 과로한 나머지 몸 상태가 말이 아닌 것으로 생각했다고 한다. 남편과 단둘이서, 또는 식구들끼리 환상적인 휴가를 보내려던 아내의 꿈은 사라졌다. 최대한 완곡하게 표현하자면, 아내는 실망했다. 내가 밤새도록 기침을 하는 바람에 아내는 첫째와 둘째 딸이 쓰는 옆방으로 잠자리를 옮겨야 했다. 다섯째 날, 우리 부부는 다시 얼굴을 마주했지만 서로 별말이 없었다.

아내는 슬프고 화가 나 있었다. 나는 죄책감을 느꼈다. 내게는 무슨 휴가다 휴일이다 할 때마다 번번이 탈이 났던 전력이 있었다. 기이하게도 증상은 날이 갈수록 나빠졌다. 다섯째 날부터는 저녁 먹으러 가기도 힘에 겨웠으며, 붉은 색 담(痰)을 뱉어 내기 시작했다. 나는 스스로를 달랬다. "빨간색 기침약 때문이겠지 뭐." 곧이어 아무것도 먹지 못하게 됐고 약도 바닥날 기세였다. 기침은 시간이 지날수록 점점 더 심해졌다. 붉은 담은 분명 가슴에서 나오고 있었다.

캠프 마지막 날인 여섯째 날 밤이 됐으나 나는 여전히 잠을 이루지 못했다. 슬슬 두려운 마음이 들기 시작했다. 이제는 침상에서 일어나는 것도 부담스러울 지경에 이르렀다. 침상에서 화장실까지 가는 데 무려 30분씩이나 걸렸다. 뭔가 내 몸에 문제가 생긴 게 틀림없었다. 의사한테 보이지 않으면 안 되는 상태가 된 것이다.

다음 날 아침, 아내에게 도움이 필요하다는 사실을 알렸다. 나의 상태는 시시각각 나빠졌다. 아이들은 생애 최고의 휴가를 보내고 있었고 캠프가 열리는 곳은 뉴욕 시가지와는 까마득히 멀었다. 사력을 다해서 점심 식사 시간까지 참았다가 모든 사람들에게 작별을 고한 뒤에 차를 잡아타고 의사를 만나러 갔다. 의사는 텍사스 출신이었는데, 가까운데서 열리는 캠프를 돕기 위해 콜로라도 고산 지대에 올라와 있었다.

의사는 내 증세를 꼼꼼히 살피는 한편 가슴에서 나는 소리를 들어보고 나서 폐렴이라는 진단을 내렸다. 이어서 간호사가 산소 수치를 확인하기 위해 내 손가락을 끌어다가 무슨 기계에 집어넣었는데, 그렇게 하면 호흡에 무슨 문제가 있는지 알 수 있다고 했다.

그렇다면 심장 발작이 일어났다는 말인가? 그렇다 한들 누가 알겠는가? 의사와 간호사는 자꾸 겁을 주면서 병원에 가서 폐를 정밀하게 검사해 보라고 지시했다. 가까운 병원이랬자 거의 두 시간이나 떨어진 곳에 있었다. 아내가 차를 몰았다. 나는 생명이 서서히 빠져나가는 느낌이 들면서 의식이 가물가물해지기 시작했다. 조그만 마을을 수없이 많이 지나쳤지만 병원은 쉽게 찾아볼 수 없었다. 도대체 그 많은 병원이 다 어디로 갔단 말인가? 그 순간만큼은 뉴욕이 정말 그리웠다.

생명을 앗아갈 뻔한 의사의 오진

마침내 목적지에 도착했다. 친구 중의 친구라 할 만한 이가 우리 가족을 위해 집을 한 채 빌려주었다. 아이들이 차에서 내렸다. 그때 친구네 이웃 아주머니가 미니 밴 뒤 칸에 누워 있던 나를 발견했다. 아내가 증상을 설명하자, 아주머니는 화들짝 놀라며 말했다. "지금 당장 아랫마을 진료소로 데려가세요. 고소성 폐수종(HAPE, high altitude pulmonary edema)에 걸린 것 같아요."

아내는 아주머니가 무슨 소리를 하는지 잘 몰랐지만, 다시 차로 돌아와 동정어린 눈으로 나를 바라봤다. 그 눈빛이 힘이 됐다. 나를 잠깐 살펴본 진료소의 간호사는 대기실에서 기다리고 있던 환자들을 헤치고 안쪽으로 데려갔다. 그리고 전에 보았던 것과 비슷한 산소 기계에 넣고 호흡량이 정상인의 44퍼센트에 불과하다는 사실을 알려 주었다.

즉시 다른 의사가 달려와서 나를 기계에 밀어 넣고 산소를 공급했다. 의사는 몇 시간 내에 코마 상태에 빠질 수 있으며 내일 아침이 되기 전에 사망할 가능성이 있다고 했다. 나는 숨이 막혀 죽어 가고 있었던 것이다. 엑스선(X-ray) 촬영을 해보니 폐에 물이 가득 차 있었다.

나는 고소성 폐수종이었다. 고산병 가운데서도 아주 심각한 케이스로 영화 〈버티컬 리미트〉(Vertical Limit)를 통해 널리 알려진 증상이다. 해발 2,400미터부터 4,200미터 사이에서 이 병에 걸리는 건 비교적 흔치 않은 일이다.

의료진은 당장 비행기로 나를 더 낮은 지대로 보내는 방안까지 고려했다. 그러나 다행히도 나는 산소 치료에 잘 적응하고 있었다. 산소 치료를 시작한 지 불과 20분이 지나기도 전에 일주일 만에 처음으로 깊은 잠에 빠져들었다. 다음 한 주간은 산소 탱크를 매달고 지냈다. 폐가 깨끗해지고 헐떡거리지 않고 걷게 되기까지는 3주 가까이 시간이 걸렸다.

많은 의사들, 특히 콜로라도 외의 다른 지역 의사들에게 고소성 폐수종이란 생소한 질환이다. 이 병은 콜로라도처럼 고도가 높은 지역에서만 발생하기 때문이다. 콜로라도는 미국에서 가장 고도가 높은 곳이다.

처음 만난 두 의사는 오진을 내렸다. 정확히 표현하면 우선 나부터 스스로 잘못된 진단을 내렸고 의사들은 그저 환자의 생각에 동의했을 뿐이다. 어쨌든 나는 거의 죽을 뻔했다. 위의 두 의사는 콜로라도 산악 지대의 환자들에게 조언해 줄 준비를 갖추지 못했다. 그들의 잘못된 조언은 나를 죽음의 문턱까지 몰고 갔다. 문득 목회자들도 앞서 말한 의사들처럼 교회에 가득 메우고 있는 영적인 환자들에게 그릇된 조언을 하는 경우가 적지 않다는 깨달음이 들었다. 이른바 '훈련'이라는 것도 겉으로 드러난 삶의 뒤편에 감춰진 깊은 필요를 다루기에는 적절치 않다.

크리스천으로 성장해 온 여정을 돌이켜 보면 나 역시 갖가지 유익한 일을 행하는 교육과 훈련을 받았다. 하지만 안타깝게도 그런 해법은 대부분 임시변통에 불과했다. 그런 류의 처방들로는 삶 속에 자리 잡은 죄악된 행동 유형과 습관들을 뿌리 뽑을 수가 없었다.

나의 잘못된 영적 처방이 초래한 비극

앞서 얘기한 의사들처럼, 나도 도움을 구하러 왔던 이들에게 잘못된 진단을 내렸던 사실을 인정할 수밖에 없다. 누가 관계의 문제라든지 정서적인 어려움을 가지고 찾아오면 마음에 떠오르는 대로 온갖 영적인 치료제들을 처방했다. 불행하게도 많은 이들이 병을 고치지 못했고 심지어 나의 리더십 아래서 영적인 '죽음'을 맞기까지 했다.

다음의 예를 살펴보자.

- 어느 부부가 찾아왔다. 남편이 아내의 친구, 그것도 가족들끼리 서로 잘 알고 지내던 그 친구와 과거에 1년 정도 뜨거운 사이였다는 사실을 인정한 직후였다. 결혼하기 5년 전의 일이라고 했다. 나는 성령님께서 남편의 삶 속에서 죄를 일깨워 주심에 감사했다. 부부를 위해 기도한 뒤에 결혼 관련 책자를 추천했다. 아내가 어떻게 남편을 용서할 수 있는지를 다룬 유용한 대목이 들어 있는 책이었다. 남편과 아내 모두에게 하나님을 따르라고 성심성의껏 충고했다. 최선의 결과를 주시도록 주님께 기도했으며 꼭 그렇게 되리라고 믿었다.

- 재능 있는 음악가가 교회에 왔다. 하나님을 위해 은사를 사용하고 싶다고 했다. 성령충만하고 경험이 많아 보였다. 교인들은 모두 그를 좋아했다. 음악가는 많은 이들에게 아내를 위해 기도해 달라고 요청했다. 아내가 마음을 바로잡도록 하나님께서 인도해 주시길 기도해 달라는 것이었다. 다들 그렇게 기도했다. 나중에 안 일이지만, 음악가 부부의 문제는 사소한 마찰 정도가 아니었다. 갈등은 여러 해 동안 차곡차곡 쌓여온 것이었고, 아내는 집을 떠나서 800킬로미터나 떨어진 곳에 자리를 잡았으며, 음악가 자

신에게도 문제가 있었음이 분명했다.

- 암스트롱은 교회의 리더이자 모든 교인들의 친구다. 자신을 필요로 하는 곳이면 어디든지 가리지 않고 달려가서 섬겼다. 딱 하나, 문제가 있다면 다소 변덕스럽고 충동적이며 감정의 기복이 심하다는 것이었다. 모두들 암스트롱을 어려워했다. 나는 최선의 결과를 주시도록 주님께 기도했으며 꼭 그렇게 되리라고 믿었다.

- 래리는 마흔 살 먹은 총각인데, 툭하면 직장을 때려 치웠다. 이력서를 쓰면 장장 4쪽이 넘어갔다. 몇 달이나마 한 직장에 붙어 있는 법도 없고, 한 여성과 지속적으로 사귀는 일도 거의 없었다. 우리는 래리가 그리스도 안에서 자아 정체감을 분명히 갖도록, 그리고 새로운 지평을 열어 주시도록 간구했다. 나는 최선의 결과를 주시도록 주님께 기도했으며 꼭 그렇게 되리라고 믿었다.

이제 나는 더 이상 단순히 '최선의 결과를 주시도록 주님께 기도하고 꼭 그렇게 되리라고 믿는 것'에서 그치지 않는다. 위의 사례에서 소개된 주인공에게는 일정 수준, 즉 피상적이고 임시변통의 차원을 뛰어넘는 수준의 제자훈련이 필요하다. 나는 그들 한 명 한 명에게 메스를 들이댔다. 앞으로 이 책에서 설명하게 될 보다 은밀한 문제들을 진지하고 신앙적인 시각으로 파고들었던 것이다. 하지만, 그렇게 하기 위해서는 리더인 나 자신부터 제자훈련에 대한 이해와 접근 방식과 관련하여 일대 혁명을 겪어야 했다.

정서적 젖먹이들

정서적·이성적 성숙이라는 면에서 볼 때, 교회에 속한 하나님의 백성들이나 예수 그리스도와 아무 상관도 없다고 주장하는 외부인들 사이에는 별 차이가 없다. 이것은 대단히 슬픈 일이지만, 엄연한 사실이다. 수많은 사람들이 어울리는 모임과 대형 집회들을 뒤로하고 각 가정이나 하나님의 백성들로 구성된 소그룹 모임 속으로 들어가 보면, 부서지고 망가진 관계들이 여기저기 흩어져 나뒹구는 모습을 어렵잖게 만날 수 있다.

다음에 언급한 여러 부류의 사람들을 보라. 혹시 지금 섬기고 있는 교회의 누군가가 떠오르지 않는가?

1. "제가 잘못 생각했습니다", "미안합니다" 따위의 말을 결코 하지 않는 운영위원.
2. 입만 열면 남의 흠을 잡는 아동부 리더.
3. 관점의 차이를 받아들이지 못하는 고지식한 소그룹 리더.
4. 젖먹이 아이 둘을 둔 중년 아빠(남의 눈을 피해 포르노를 탐닉한다).
5. 눈코 뜰 새 없이 분주하게 교회 일을 하지만, 집에 혼자 남은 아내의 외로움에는 무감각한 서른다섯 살짜리 남편.
6. 누가 무슨 제안을 하더라도 자신을 향한 개인적인 공격이나 거부로 받아들이는 찬양 인도자.
7. 목회자 때문에 괴로움과 분노를 느끼지만 왠지 겁이 나서 끽소리도 못하고 속으로만 안달복달하는 주일학교 교사.
8. 4개나 되는 사역 단체들의 자원봉사자로 지칠 줄 모르고 일하지

만 정작 자신을 챙기는 데는 아주 인색한 모범적인 일꾼.

9. 기도 모임을 고통스런 결혼 생활의 도피처로 여기는 중보기도자.

10. 마음의 갈등이나 어려움을 솔직하게 드러내지 않는 소그룹 멤버.

이들은 모두 영적으로 성숙해 보일 수도 있다. 그러나 영성의 측면에서 보면 끔찍하리만치 불균형한 부분들을 가지고 있다. 영적인 미성숙 단계에 있는 교인들이 부지기수라는 사실은 너무나도 슬픈 현실이다. 현존하는 제자훈련 모델들은 이런 현실에 대해 제대로 설명하지 못한다.

많은 사람들이 '영적으로' 성숙해 보이지만 정서적으로는 젖먹이, 아이, 또는 십대 수준에 머물고 있다. 그들은 분노와 슬픔, 상처를 처리하는 능력을 보여 주지 못한다. 마치 어린아이가 제 뜻대로 일이 풀리지 않을 때 투정하는 것처럼, 우는 소리를 하거나 불평을 늘어놓고, 밖으로 돌면서 비난하고 비아냥거린다. 비평이나 견해 차이에 대단히 방어적이어서 누군가 자신을 보살펴 주면 좋겠다고 생각하며 사람들을 자신의 필요를 채우는 도구쯤으로 취급하는 경우도 적지 않다.

왜 그럴까? 거기에 대한 답변이 바로 이 책에서 다루는 내용이다. 문제의 근원은 잘못된 성경신학(4장, 5장)에서 비롯된 잘못된 영성에 있다. 많은 크리스천들이 기도, 성경 읽기, 찬양, 영적인 은사 발견하기, 믿지 않는 사람에게 복음 설명하기 등 몇 가지 핵심적인 제자훈련 영역에서 꼭 필요한 양육을 받는다.

그러나 예수님을 좇는 이들이라면 삶 속에 떠다니는 빙산의 아래 부분까지 간파하는 법(6장)이라든가, 현재에 영향을 미치는 과거의 권세를 깨뜨리는 법(7장), 좌절과 상처 속에서 살아남는 길(8장), 자신의 한계를 깨닫는 법(9장), 상실과 슬픔을 받아들이는 방법(10장), 사랑의 모범으로 성화되어 가는 삶(11장) 등의 영역에서도 훈련을 받고 기술을 습득할 필요가 있다.

이웃을 완전하게 사랑하기 위하여 정말 중요한 사항들을 몸으로 익히게 하자는 것이 이 책의 궁극적인 목표이자 일관된 주제다. 교회는 무엇보다 이웃을 강력하게 사랑하는 공동체라는 평가를 받아야 한다. 그러나 유감스럽게도 이것이 교회에 대한 보편적인 평판은 아닌 것 같다.

오늘날 교회 지도자들은 영성훈련을 크게 강조하지만, 영적인 성숙을 정서적인 건강과 관련지어서, 특히 다른 사람들을 사랑하는 방법과 연관해서 이야기하는 경우는 대단히 드물다. 정서적인 건강과 영적인 성숙 사이의 연결고리는 제자훈련의 광대한 미개척 분야라고 할 수 있다. 이 연결고리에 담긴 역동성을 파악하기 위해서는 성경 전체, 특히 예수님의 삶을 재검토하는 작업이 절실하게 필요하다고 생각한다.

교회에 전문 기술을 도입하려면 전문적으로 훈련받은 크리스천 카운슬러가 중요한 위치를 차지한다고 믿는다. 하지만 영적·정서적 성숙의 핵심 축은 역시 예수 그리스도의 교회가 되는 것이다. 애석하게도 우리는 '정서적인' 사안들을 임상치료사들의 손에 맡겨둔 채 오직 교회 안에서 벌어지는 '영적인' 문제들만 책임져 왔다. '정서적인' 문제와 '영적인' 문제들은 떼려야 뗄 수 없는 관계로 연결되어 있으며 온전히 성경적인 제자훈련에 필수적인 요소들이다.

나는 주 예수님과 교회가 인류의 유일한 희망이라는 점을 믿어 의심치 않는다. 아울러 성경은 하나님의 말씀이며 교회가 기대어 살아갈 유일한 권위임을 분명히 신뢰한다. 성인이 된 이후 지금까지 그 사실을 지속적으로 가르쳐 왔다. 하나님의 말씀과 기도, 교제, 찬양, 주일 성수, 영적인 은사를 충성스럽게 사용하는 일, 소그룹과 공동체 생활, 소유에 대한 청지기 의식, 복음이 생활 전반의 중심이 되는 삶이 얼마나 중요한지 확실하게 의식하고 있다. 하지만, 이웃을 완전하게 사랑하는 데 초점을 맞추어 정서적인 성숙과 제자훈련을 통합하지 못한다면, 하나님께서 정해두신 사랑이라는 목표를 완전히 잃어버릴 위험성이 있다.

나는 임상치료사나 전문 카운슬러가 아니라 목회자로서 이 책을 썼다. 나는 다양한 민족들이 출석하는 국제적인 교회의 담임목사다. 우리 교회에는 무려 55개국 교인들이 함께 어울린다. 여섯 개의 교회를 개척했으며 여러 기관들을 세웠다. 그런 까닭에 예수 그리스도의 교회를 향한 깊은 사랑에 관해 유감없는 기록을 남길 수 있었다. 아울러 "크리스천 세계의 중심축이 아프리카와 아시아, 남아메리카 등 남향으로 급속히 기울어지고 있으며 이미 지구상에 존재하는 최대 규모의 크리스천 공동체들이 아프리카와 남미에 세워졌다는 사실"[1]도 선명하게 인식하고 있다. 더나가서 전 세계 여러 교회들의 신앙 성숙을 도울 영적인 아버지, 어머니를 키워내는 데 도움이 되기를 기도할 뿐이다.

정서적인 영역에서 몇 가지 진실을 받아들이자 내게는 하나님과 성경, 성숙의 참다운 의미, 교회의 역할 등을 이해하는 데 가히 혁명이라 할만한 획기적인 변화가 일어났다. 이제는 정서적인 성숙과 영적인 성숙이 불가분의 관계라는 사실을 결코 부정하지 않는다.

하나님의 자비로우심에 힘입어 나는 이렇게 살아남아서 이런 이야기를 할 수 있게 되었다. 하나님께서 여러분과 여러분의 교회를 변화시켜 주시기를 원하는가? 그렇다면 함께 그 방법에 대해 살펴보자.

Chapter 2

변화는 항상
리더에서 시작된다

교회나 사역이 전반적으로 얼마나 건강하냐의 여부는 리더들의 정서적·영적인 건강에 의해 크게 좌우된다. 실제로 성공적인 영적 리더십의 실마리는 리더의 전문 지식이나 은사, 경험보다는 리더의 내면적인 삶에서 더 정확하게 찾을 수 있다.

나의 경우에는 리더십 세미나라든지 귀를 솔깃하게 하는 정보를 쫓아다니는 게 성공적인 교회 리더십을 세우는 길이 아니라는 점을 깨닫기까지 상당한 시간이 걸렸다. 사실 내가 어떤 세미나 혹은 책에서 자극을 받고 정서적·영적으로 건강한 교회를 이끌어 가고자 하는 여정에 나선 것은 아니었다. 오히려 어느 날 집에서 아내와 나누었던 아주 속 쓰린 대화 한 자락이 결정적 계기가 됐다.

"더는 참을 수 없어요!"

"여보, 교회를 그만 나가야 할까 봐요." 아내가 낮은 목소리로 말했다. 하도 기가 막혀 대꾸할 말이 생각나지 않았다. 그저 멍하니 자리에 앉아 있을 수밖에 없었다.

"위기가 지나갔다 싶으면 다시 오고, 또 오고…. 더는 스트레스를 견딜 수가 없어요."

아내는 참을 만큼 참아 왔다. 몇 해가 지나도록 나는 교회에서 받은 압박감과 긴장을 쉴 새 없이 집으로 날랐다. 내가 '그리스도께서 교회를 사랑하듯' 사랑하겠노라고 약속했던 여인은 그만 지쳐 버리고 말았다. 우리 부부는 전혀 누그러질 낌새를 보이지 않는 스트레스를 무려 8년 동안이나 받아 왔다.

"이제 저에게 이 교회는 더 이상 생명이 아니라 죽음일 뿐예요." 아내의 결론이었다.

교인들 가운데 누군가로부터 "다음 주부터 교회에 나오지 않겠습니다"라는 이야기를 듣고 기분 좋을 목회자는 거의 없을 것이다. 하물며 9년 동안 함께 산 아내가 그런 소리를 한다면 더 말해 무엇하겠는가? 마치 하늘이 무너지는 느낌이었다.

지금도 그날이 또렷이 생각난다. 침실에서였다. "여보, 당신을 사랑해요. 하지만 교회는 못 나가겠어요." 아내가 담담히 여태까지 한 이야기들을 몇 마디로 압축했다. "당신의 리더십에 존경이 가지 않아요." 나는 눈에 띄게 흔들렸다. 무슨 말을 해야 할지, 어떻게 해야 할지 알 수가 없었다. 부끄럽고, 외롭고, 화가 났다.

아내를 찍어 누르자니 자연히 목소리가 올라갔다. "맞아, 누가 뭐래? 내가 몇 가지 실수를 저지른 건 사실이지." 나는 울부짖듯 소리쳤다. 아내는 여전히 침착했다. "그렇게 간단한 문제가 아녜요. 당신은 사람들을 이끌어 갈 배포가 없어요. 마땅히 맞서야 할 상대와 부딪칠 뱃심이 없다는 얘기예요. 그건 이끄는 게 아니지요. 당신은 사람들이 교회를 떠날까 봐 너무 전전긍긍하고 있어요. 그들이 당신을 어떻게 생각할지에 대해 지나치게 두려워하고 있고요."

분에 휩싸이고, 궁지에 몰린 나는 고함을 질렀다. "알아, 안다고. 하지만 나도 할 만큼 하고 있단 말이야!"(정말 지난 2년 동안 열심히 노력했지만, 웬일인지 결과는 기대를 훨씬 밑돌고 있었다.)

"그렇겠지요. 하지만 더는 못 기다리겠어요." 아내가 대답했다. 한동안 침묵이 흘렀다. 마침내 아내는 우리 결혼 생활의 세력 균형을 영구적으로 바꿔 놓을 폭탄선언을 내놓았다. "여보, 난 못하겠어요."

'세상에서 가장 강한 사람은 더 이상 잃을 게 없는 사람'이라는 말이 있다. 아내는 더 이상 잃어버릴 게 없었다. 그동안 아내는 속이 까맣게 타 들어가고 있었는데, 나는 그녀의 도와 달라는 소리를 듣지 못했거나, 듣고도 대답하지 않았던 것이다.

아내는 부드러운 목소리로 말을 이었다. "당신을 사랑해요. 하지만 솔직히 말해서 결혼 생활을 계속하는 것보다는 헤어지는 쪽이 더 행복할 것 같아요. 그렇게 되면 당신이 최소한 주말에는 아이들을 보러 올 테고요. 아이들의 이야기에 귀를 기울일 테니까요."

나는 아내에게 호소했다. "어떻게 그런 말을 입에 담을 수 있지? 그런 일은 꿈도 꾸지 말아요." 아내는 역시 차분했지만 결심은 단호했다. 새삼 화가 났다. 크리스천과 (그것도 목회자와) 결혼한 크리스천 아내라면 이런 식으로 행동해서는 안 되는 게 아니겠는가? 적어도 그 순간만큼은 분노에 휩싸여 사랑하는 아내를 살해하는 남편의 심정을 이해할 수 있을 것 같았다.

아내는 권리를 주장하고 있었다. 자신의 주장을 들으라고 내게 강요하고 있었다.

죽고 싶었다. 상황은 내게 변화를 요구하고 있었다.[1]

혼란의 시작

어떻게 이 지경까지 오게 됐을까? 8년 전, 아내와 나는 뉴욕 퀸즈 지역의 근로층을 대상으로 교회를 성장시키는 비전을 품고 사역을 시작했다. 우리는 지도자를 육성해서 뉴욕은 물론 세계 곳곳에 교회를 세우려는 꿈을 꾸었다. 엄밀하게 말하자면, 내가 비전을 품었고 아내는 따라왔다. 어차피 중요한 결정들은 이처럼 두 배우자가 함께 이뤄 가는 게 성경적인 방식이 아니겠는가.

네 아이 엄마가 된 아내는 피로감과 싸우면서 자신의 삶과 결혼 생활을 원하고 있었다. 지금이라면 그런 아내의 심경을 이해했을 것이다. 하지만 당시에는 교회를 세워야 한다는, 그리고 다른 사람들로 하여금 나와 같은 일을 하도록 해야 한다는 책임감이 너무 컸다. 당연히 아이들에게 부모 노릇을 하고 아내와 함께 즐거운 시간을 보낼 여력이 없었다. 어떤 식으로든 '삶'을 즐길 여유가 없었다. 딸과 축구 경기를 보러 가서도 몸은 경기장에 있었지만 정신은 온통 교회와 관련된 일에 가 있곤 했다.

지금 생각해 보면 조금 이상스럽기까지 하다. 어떻게 다른 사람들이 하나님과 기쁨을 나눌 수 있게 하기 위해서 그렇게 끔찍하고, 중압감에 시달리는 생활을 감수해야 한다고 생각했을까? 당시에는 그것이 옳다고 믿었다.

몇 주가 지나고 몇 달이 흘러갔다. 다시 몇 달이 지나고 여러 해가 지나갔다. 마침내 십 년이 다 되어 가고 이제 결혼 생활은 파국 직전으로 치달았다. 되돌아 보면 지난 9년 동안 나는 아이를 키우고 결혼 생활을 꾸려가는 기쁨을 누리는 데 좀처럼 시간을 내지 않았다. 그것은 부인할 수 없는 사실이었다. 목회와 관련된 잡다한 일에 너무 정신이 팔려 있었다(지금이라도 알게 되었으니 얼마나 다행인가. 몇 년 전만 해도 새카맣게 몰랐다).

예수님께서는 자신을 버리라고 명령하셨다. "누구든지 나를 따라오려거든 자기를 부인하고 자기 십자가를 지고 나를 따를 것이니라"(막 8:34). 문제는 아내와 내가 '자기 부인'이라는 개념을 잘못 이해했다는 것이다. 우리는 복음을 위하여 자신을 버리는 것을, 자기 돌보기를 포기하거나 서글픔, 분노, 깊은 슬픔, 의심, 갈등, 건전한 꿈과 소망, 결혼 이전에 가졌던 열정 따위를 무시하는 것쯤으로 잘못 생각했다.

아내는 야외 활동을 좋아하고 자연을 사랑했다. 일가친척들을 모두 소중하게 생각했다. 들판에 나가 이웃과 어울리는 것을 즐겼다. 하지만 지난 9년 동안 그런 기쁨을 누릴 짬은 좀처럼 나지 않았다.

'하나님을 위한' 일 중독

아내와 나는 하나님을 위해 몹시 분주한 삶을 살았다. 누군가를 돕기 위해 무언가를 행하고, 남을 사랑하기 위해 쉼없이 노력했다. 가끔은 우리가 즐거움과 여가를 포기해야 다른 사람들이 그것을 가질 수 있다고 생각하는 게 아닌가 싶을 정도였다. 하나님께서는 그런 일들에 대해 자신을 버리라고 하신 게 아니건만, 사실 우리는 그런 일들을 위해 자신을 죽이는 생활을 했다.

어느 날인가, 처남과 함께 저녁 식사를 한 적이 있었다. 처남은 여자 농구팀의 심판 겸 코치로 뛰는 게 얼마나 재미있는 일인지 이야기했다.

그때도 나는 입속으로만 웅얼거렸다. "참 좋겠다. 나에겐 그런 식의 자유라곤 통 없으니."

19살에 크리스천이 된 이후, 나는 예수님을 통해 보여 주시는 하나님의 은혜를 풍성하게 체험했다. 주님의 사랑을 생각할 때마다 그분을 섬기겠다는 열정이 가슴 벅차게 피어올랐다. 그러나 시간이 지나면서 열정이 부담으로 변했다. 뉴욕 시에 교회를 세우는 일로 눈코 뜰 새가 없을 만큼 일이 많았고 영성의 정서적인 차원에 대해 무지했던 탓에 '기쁨'은 조금씩 '의무'로 변질되었다. 생활은 점점 균형을 잃어 갔고, 차츰 '그리스도를 위해 고생하면 할수록 그분을 더 사랑하는 것'이라는 거짓말에 빠져들었다. 어느 순간 길게 휴가를 낸다든지 바닷가 같은 곳에서 노는 일에 죄책감을 느끼게 되었다.

마침내 나무와 풀과 짚으로 만든(고전 3:10-15) 나의 영적인 기초가 고스란히 드러났다. 하도 오랜 세월 동안 절뚝거리며 걸어와서 이제는 그게 정상이려니 하게 된 것이다.

유독 추웠던 1월의 그 저녁, 아내가 내렸던 과감한 조치가 나를 구했다. 하나님께서는 "여보, 난 못하겠어요"라는 아내의 한마디를 통해 극적으로 상황에 개입하셨다.

어쩌면 그건 아내가 내게 베풀었던 모든 일 가운데 가장 애정이 깃든, 그리고 과감한 섬김의 행위였을 것이다. 어쩔 수 없이 나는 '직업상'의 위기를 해소하기 위해 전문가의 도움을 청했다. 무의식적으로 카운슬러가 아내를 야단쳐 주었으면 하고 기대했다. 그래서 여태 하던 대로 개인적인 삶과 교회를 이끌어 가기를 바랐던 것이다.

코앞에 닥친 일을 어쩌면 그렇게 모를 수가 있는지!

하나님께서는 나 자신과 결혼 생활, 우리의 삶, 교회 따위에 대한 진실을 오랫동안, 그리고 고통스럽게 직시할 수 있도록 나를 몰아 가셨다. 예수님께서는 "진리를 알지니 진리가 너희를 자유롭게 하리라"(요 8:32)고 말씀하셨다. 강도 높은 영적 훈련을 쌓아 왔는데, 그것이 실생활에서 영적인 성숙으로 드러나지 못한다는 사실에 나는 매우 큰 혼란을 느꼈다.

도대체 무엇 때문에 이런 일이 생겼을까? 제자로서의 삶을 살면서 정서적인 요소를 소홀히 했기 때문이다.

사라진 친밀감, 코앞에 닥친 위기

나는 뉴저지 교외의 이탈리아계 미국인 가정에서 성장했다. 맨해튼의 마천루에서 고작 2킬로미터 남짓 떨어진 곳이었다. 1974년에 대학에 들어가서 캠퍼스 성경공부 모임에 참여하게 되었고, 2학년 때 예수 그리스도를 따르는 제자가 되었다. 무려 6년에 걸친 당시의 경험은 가톨릭 성령 운동, 스페인어와 영어를 사용하는 도시 빈민 대상의 주류 개신교회, 아프리카계 미국인들을 위한 교회, 오순절교회, 복음주의교회 등을 전전하는 영적인 여정의 시작이었다.

고등학교에서 1년 정도 영어를 가르치다가 대학가를 중심으로 소그룹 운동을 벌이는 초교파적 선교 단체인 기독학생회(IVF)에서 간사로 섬겼다. 3년 동안 럿거스대학을 비롯해서 뉴저지 일원의 캠퍼스에서 일했다. 간사를 사임한 뒤에는 프린스턴신학교와 고든콘웰신학교에서 대학원 과정을 마쳤다.

대학원에 다니는 동안 지금의 아내를 만났고 1984년, 결혼과 동시에 우리는 격렬한 감정에 휩쓸렸다. 처음에는 그것이 누구에게나 있는 정상적인 감정이라는 사실조차 몰랐다. 결혼 생활을 시작한 지 다섯 달 만에 신학대학원을 졸업했으며 바로 다음 날 코스타리카로 이주했다. 거기서 1년 동안 스페인어를 배우면서 뉴욕으로 돌아갈 준비를 했다. 아내는 임신 8개월 무렵에 친정으로 갔고 나는 첫째 아이가 태어나기 이틀 전에야 코스타리카를 떠나 아내에게로 갔다.

한 달 뒤에, 우리 세 식구는 뉴욕 퀸즈 지역으로 이사했다. 한해 남짓, 스페인어권 이민자 교회에서 부목사로 일하면서 스페인계 신학교에서 학생들을 가르쳤다. 거기서 스페인어를 완벽하게 연마했을 뿐만 아니라, 하나님께서 우리 미래에 대해 어떤 계획을 가지고 계신지 분별할 수 있는 기회를 얻었다. 또 세계 각지에서 뉴욕과 같은 대도시에 들어와 모여 살고 있는 200만 명에 달하는 불법 이민자들의 세계에 입문할 수 있었다. 아내와 나는 엘살바도르 암살대(death squad)를 피해 도망쳐 온 사람들이라든지 콜롬비아 마약 조직에서 탈출한 사람, 나이지리아 내전의 난민, 멕시코와 도미니카공화국의 처참한 가난을 견디다 못해 떠나온 유민 등과 친구가 되었다.

1987년 4월, 우리는 히스패닉 2세들을 위해 영어로 예배를 드리는 교회를 세우는 데 힘을 쏟았다. 불행의 씨앗이 될 수도 있는 시도였다. 아무튼 우리를 향한 하나님의 계획을 실현하기 위해 줄기차게 다양한 방법들을 모색했다.

꿈의 시작?

1987년 9월, 마침내 뉴 라이프 펠로십(New Life Fellowship) 교회를 시작했다. 다민족 근로자 계층, 특히 퀸즈 지역의 이민자 구역을 염두에 둔 현대적 개념의 교회였다.

250만 명에 달하는 퀸즈 지역 거주자 가운데 절반 이상이 외국 출신이다. 현재 우리 교회 집회 장소에 바로 인접한 코로나-엘름허스트 지구에는 123개국 출신자들이 모여 산다. 《내셔널지오그래픽》은 "엘름허스트 11373번지, 미국 내에서 인종적으로 가장 다양한 우편번호가 존재하는 곳"이라고 표현했다.[2] 로저 산잭(Roger Sanjek)은 뉴욕 퀸즈의 코로나-엘름허스트 지구를 "지구상에서 인종적으로 가장 혼합된 공동체"라고 지칭하면서 '우리 모두의 미래'라는 연구의 과제로 삼았는데, 조사 결과 1960년에는 98퍼센트에 이르던 백인 비율이 1970년에는 67퍼센트, 1980년에는 34퍼센트, 1990년에는 18퍼센트로 급격한 변화를 보였다.[3]

첫 번째 예배는 45명으로 시작했다. 초기 몇 년 동안 하나님께서 강력하게 역사하셨다. 1년이 갓 지났을 무렵에는 교인이 160명으로 늘어났다. 3년 차가 되던 해 연말에는 스페인어 예배를 시작했다. 6년차 말에는 영어 예배를 드리는 교인 400명 외에 스페인어를 쓰는 교인 250명이 더 생겼다. 그 많은 사람들이 뉴 라이프 펠로십 교회를 통해 크리스천이 되었다.

IVF에서 일했던 선교 단체 경험을 통해 나는 성경공부를 인도하는 법, 복음을 나누는 법, 예수님을 믿지 않는 사람들이 흔히 던지는 질문들에 대처하는 법 등의 실제적인 사역 기술들을 배웠다. 신학 교육을 통해서는 헬라어, 히브리어, 교회사, 조직신학, 성서해석학 등 사역에 필요한 지적인 도구들을 얻을 수 있었다.

하지만 불행히도 선교 단체와 신학교 그 어느 곳도 퀸즈 지역에 교회를 세울 준비를 갖춰 주지는 못했다. '지혜의 권하는 말'이 아니라 '성령의 나타남과 능력'으로 복음을 전했다는 바울의 말(고전 2:4)이 도대체 무슨 뜻인지 알고 싶어서 나는 온갖 강좌에 달려들었다. 뉴라이프 초기 몇 년 동안, 하나님께서는 기도와 금식, 병 고침, 마귀의 실체, 영적 싸움, 성령의 은사, 주님의 음성을 듣는 법들에 대해 많은 것들을 알려 주셨다. 나는 하나님께 배운 내용들을 빠짐없이 교인들에게 전달했다.

거짓말 보태지 않고 수백 명이나 되는 사람들이 예수 그리스도와 인격적인 관계를 시작하고 크리스천으로 거듭났다. 교회는 새롭고 독창적인 방식으로 가난한 사람들을 도왔다. 리더들을 길러내고, 소그룹을 확산시키며, 노숙자들에게 식사를 제공하고, 새로운 교회들을 개척했다. 하지만 눈에 보이지 않는 이면(裏面), 특히 리더십과 관련된 영역에서는 모든 게 엉망이었다.

항상 할 일은 많은 반면 시간이 모자랐다. 교회가 짜릿하리만치 즐거운 장소가 되어야 할 텐데 리더들, 특히 아내와 나에게는 결코 행복한 자리가 아니었다. 툭하면 부교역자들과 리더들이 교회를 떠났다. 우리는 근본적으로 뉴욕 시에서 벌어지는 영적 전쟁이 유난히 치열한 탓이려니 생각했다. 대기업이나 무슨 사업체였더라면 그런 상황을 자연스런 성장통이나 발전의 부산물쯤으로 여겨도 무방했을 것이다. 하지만 우리는 사업체가 아니었다. 그야말로 교회 식구가 아니었던가!

아내와 나는 뭔가 잃어버리고 있다는 사실을 직감했다. 마음이 잔뜩 움츠러들었다. 교회의 리더들 역시 버거운 부담감을 느꼈다. 하나님을 위하여 중요한 일들을 감당함으로써 온 천하를 얻었지만, 동시에 영혼의 건강을 잃었던 것이다(막 8:35 참조).

뭔가 잘못되어도 아주 잘못되어 가고 있었다. 남몰래 은퇴를 생각했다. 그때 내 나이는 고작 30대 중반이었다. 결국 영적으로 이것저것 점검해보기도 했다. 부도덕한 짓을 한 적도 없고, 원한을 산 적도 없고, 탐욕도 찾을 수 없었다. 그런데도 왜 사역의 기쁨이 없는지 그 근원을 도무지 집어낼 수가 없었다. 나 자신의 인성과 발달이라는 토대로는 한창 서가는 교회를 지탱할 수 없었다. 그런 기초는 건들건들 언제 무너질지 몰랐다.

한 발 두 발, 위기를 향하여

같은 시기, 아내는 혼자서 어린 네 명의 자녀를 키우는 홀어머니 비슷한 삶을 살고 있었다. 도시 생활이 주는 무거운 압박감으로 지칠 대로 지친 상태였으며, 내가 일주일에 한 번씩 교회에서 퍼 나르는 스트레스까지 감당하느라 녹초가 되어 있었다.

아내는 조금 더 나은 결혼 생활을 원했다. 조금 더 나은 가정을 원했다. 아내는 삶다운 삶을 원했다.

1993년부터 1994년 사이, 급기야 나의 토대가 붕괴되기 시작했다. 스페인어 예배를 드리는 교인들 사이에 불화가 생겼다. 바위처럼 단단하다고 믿었던 관계들이 맥없이 허물어졌다. 하나님으로부터 신호가 오고 있었다. 굽이굽이마다 주님께서 점점 더 깊이 구덩이 속으로 나를 밀어 넣으시는 것 같았다. 결국 밑바닥까지 내려간 나는 땅을 치며 비명을 질렀다.

지옥을 맛보고 있다는 생각이 들었다. 정말 지옥 같은 나날이었다. 그때만 해도 2년이나 더 내려가야 바닥을 칠 수 있으리라고는 꿈에도 생각하지 못했다. 하나님께서는 나를 구덩이로 몰아넣기 위해서 다각도로 손을 쓰셨다. 첫 사건은 스페인어 예배를 담당하던 부교역자의 배신이라는 형태로 나타났다. 부교역자가 여러 가지 불만을 품고 있으며 스페인어권 교인 대다수를 대동하고 뉴 라이프 펠로십 교회를 뛰쳐나가서 새로운 교회를 개척하려 한다는 소문이 몇 달 동안 계속 들려왔다.

"터무니없는 소리!"

나는 속으로 생각했다. "친형제나 다름없는 사람이 그럴 리가 있겠는가." 뭐니 뭐니 해도 우리는 10년씩이나 서로를 잘 알고 지낸 사이였다. 불러서 진상을 묻자, 부교역자는 펄쩍 뛰며 부인했다. "뻬드로, 눈까"(피터, 절대로 아닙니다).

사건 당일 오후에 스페인어 예배에 갔다가 받은 충격은 죽었다 깨나도 잊을 수가 없다. 무려 2백 명이나 되는 교인들이 사라져 버렸다. 모두 그 부교역자와 함께 새 교회를 개척하러 가 버린 것이었다.

다음 몇 주 동안 해일을 방불케 하는 일련의 상황들이 남은 교인들을 휩쓸고 지나갔다. 그들은 교회에 남아 있는 사람들에게 전화를 걸어서 "사울(나를 말한다)의 집을 떠나서 다윗(하나님께서 행하시는 새로운 사역)의 집으로 넘어오라"고 끊임없이 설득했다. 내가 그리스도께 인도하고, 양육하고, 여러 해 동안 돌봤던 교인들이 그렇게 떠나갔다. 그들 가운데 상당

46

수는 다시는 눈에 띄지 않았다.

2년 넘은 시간이 흐른 뒤 사석에서 그 부교역자를 다시 만났을 때, 그는 이렇게 말했다. "목사님은 저의 훈련을 도와주겠다고 하셨지만, 그건 말도 안 되는 이야기입니다. 목사님은 사람들을 인도할 만한 그릇이 못되십니다."

교회가 갈라지는 상황 속에서도 나는 자신을 방어하지 않았다. 예수님께서 보여 주신 본을 따라 '도수장으로 끌려가는 어린 양'(사 53:7)처럼 행동하려고 했다. 마음속으로 "예수님이라면 어떻게 하셨을까 생각해 보고 그대로만 따라하자"라는 말을 되씹었다. 그러나 현실을 보면 마치 강간이라도 당한 것 같은 심정이었다.

나는 파국에 관한 온갖 비난을 받아들였다. 마음 깊이 배신감이 드는 게 사실이었지만 실패의 요인은 대부분 내게 있었다. 부교역자로서는 정당하게 자기 몫을 취했을 뿐이라고 말할 수 있었다. 당시 나는 용량 초과 상태였다. 한창 성장하고 있는 교회를 두 개(영어권 교인 대상 교회와 스페인어권 교인 대상 교회)나 담임하고 있었으며, 맡은 '일'을 처리하고 빛나는 성과를 내기 위해 지나치리만큼 분주한 나날을 보냈다. 부교역자를 위해 시간을 내고 친교를 나누며 훈련을 하겠다고 한 약속을 지키기에는 유연성도 모자랐고 짬도 없었다.

하지만 나는 그를 형제처럼 사랑했다. 시편 기자의 입을 빌리자면, 그가 '손을 들어 자기와 화목한 자를 치고 그의 언약을 배반'(시 55:20)한 뒤에야 '같이 재미있게 의논'(시 55:14)했던 인물의 실체를 파악했던 것이다. 솔직히 교회 안에서 그런 배신 행위가 가능하리라고는 꿈에도 생각지 않았다.

어쩌면 내가 그 부교역자가 가진 달란트와 능력에 홀딱 반했던 게 더 큰 요인이었던 것 같다. 스페인어권 교인들은 그의 역동적인 리더 자질을 높이 평가했다. 그렇다면 그 부교역자가 상한 심령으로 회개(시 51:16-17)하지 않는 게 정말 중요한 문제였을까? 일정 부분에서 성격적인 결함을 가지고 있다는 게 정말 문제의 초점이었을까?

그렇지 않다.

더 심각한 문제는 내가 부교역자와 맞설 만한 용기나 성숙함이 없었다는 데 있었다.

'어린 양처럼 거룩한 반응'을 보였지만 그건 예수님을 닮아가려는 노력과는 별 상관이 없었다. 오히려 해결할 수 없는 문제들과 옛날부터 끌고 다니던 감정의 보따리들과 더 밀접한 관계에 있었다. 그것이 슬픈 진실이었다.

교회가 분열됐다는 사실보다는 그로 인한 지옥의 맛이 더 견디기 어려웠다. 갑자기 내가 이중생활을 하고 있는 게 아닌가 하는 생각이 들었다. 겉으로는 낙심한 뉴 라이프 펠로십 교회 교인들을 열심히 격려했다. "주님께서 우리의 죄를 사용하셔서서 하나님 나라를 확장하셨습니다. 이 얼마나 놀라운 일입니까? 예전에 하나뿐이던 교회가 둘로 늘어났습니다." 나는 목청껏 외쳤다. "이제 더 많은 사람들이 예수님과 인격적인 관계를 맺을 수 있게 될 것입니다. 혹시 여러분 가운데 새로운 교회로 가고 싶은 분이 계십니까? 하나님의 축복이 함께하길 바랍니다."

거짓말이었다.

나는 예수님을 닮아가고 있었다. 최소한 예수님이라면 그럴 것이라고 상상하는 그런 모습을 흉내 내고 있었다. 그 과정이 죽을 만큼 힘겨웠지만 말이다. 그리고 실제로 내 속사람은 이미 죽어 가고 있었다. 속으로 깊이 상처 받고 분노에 휩싸여 사는 것, 그것이 바로 지옥이었다. 이런 감정들은 곧 미움으로 이어졌다. 용서가 자리 잡을 여지는 전혀 없었다. 분노가 마음에 가득했지만 좀처럼 떨쳐 버릴 수가 없었다.

혼자서 차 안에 앉아 있으면 기다렸다는 듯이 작금의 상황들이 떠오르고 마침내 가슴속에 똬리를 틀고 있던 울화가 터져 나왔다. 그리고 몇 초 안에 무의식적으로 입에서 저주의 말들이 튀어 나왔다. "이런 ○○○ 같으니라고!"

최초의 구조 요청

급기야 나는 절망적인 상태에 이르렀다. 교회를 향해서도 그랬고 가정에 대해서도 마찬가지였다. 하나님께 기도하면서 "목사가 되기로 한 건 일생일대의 실수였습니다"라고 울부짖었다. 절박한 심정으로 도움의 손길을 찾아 헤맸다. 그때 어느 고마운 친구 목회자가 크리스천 카운슬러 한 사람을 소개해 줬다. 나는 아내와 함께 그를 찾아갔다. 1994년 3월이었다.

말할 수 없이 창피했다. 도망치고 싶은 마음이 굴뚝 같았다. 교무실로 불려가는 학생이 된 기분이었다. 나는 하나님께 툴툴거렸다. "카운슬링이라는 게 정신병자들이나 받는 거잖아요(물론 지금은 그렇게 생각하지 않는다). 난 아녜요. 멀쩡하다니까요."

이틀에 걸쳐 1차 면담을 마친 카운슬러는 세 가지 진단을 내렸다.

나는 교회 문제로 기력이 소진된 상태이고, 아내는 우울증과 외로움에 시달리고 있으며, 우리 결혼 생활에는 친밀감이 결여되었다는 얘기였다. 부부 사이의 친밀감이라는 게 무슨 뜻인지조차 제대로 알지 못했던 터라, 나는 아내에게 결혼에 관한 책을 한 권 사 주었다. 아내는 그렇게 뜻을 깨쳤고, 나는 일하러 교회로 돌아갔다.

잠시 멈춰 서서 영혼의 상태를 찬찬히 돌아본다는 것은 한편으로 겁나는 일이기도 하고 다른 한편으로 속박에서 해방되는 일이기도 했다. 그때까지는 모든 문제가 뉴욕 시가 주는 스트레스와 그 복잡성에서 불거져 나왔다고 생각했다. 퀸즈 지역과 목사라는 직업, 네 명의 어린 자녀들, 아내, 영적 전쟁, 다른 리더들, 기도해 주는 사람이 없다는 사실, 심지어 자동차까지 (석 달 동안 일곱 번이나 부서졌다) 원망했다. 그리고 내가 문제의 근원을 정확히 인식하고 있다는 사실을 추호도 의심치 않았다. 절대로.

그런데 사실 문제의 근원은 내 안에 있었다. 아직은 그것을 인정하지 못했다(아니 인정하지 않았는지도 모른다).

다음 두 해 동안은 조금씩 조금씩 심연으로 빨려 들어가는 과정이었다. 바닥이 보이지 않을 만큼 까마득한 웅덩이가 검은 입을 벌리고 집어삼킬 듯 으르렁거리는 것 같았다. 나는 제발 도와 달라고, 나를 변화시켜 달라고 주님께 부르짖었다. 기다리던 응답은 오지 않았다. 하나님께서 하늘 문을 걸어 잠그고 기도를 외면하시는 것만 같았다.

상황은 하루가 다르게 악화됐다. 여전히 주일마다 설교를 하고 담임목사로서 교인들을 섬겼다. 하지만 스페인어권 교인들이 분열된 뒤로, 유능하게 교인들을 이끌어 갈 수 있다는 확신은 현저하게 흔들리고 있었다. 새로 부교역자를 뽑고 저마다의 방식대로 교인들을 이끌어 달라고 부탁했다. 어차피 나는 처절하게 실패하지 않았던가? 새로운 부교역자들이 일을 더 잘 해낼 것 같았다. 그래서 그들 손에 맡겨 교회 재건하는 일을 시작하게 했다.

머지않아 교회가 달라졌다. 창립 당시에 가지고 있던 원초적인 비전들을 그대로 가진 교회로 보이지가 않았다. 한편으로는 교회의 형편을 다른 사람들에게 얼마나 솔직하게 공개해야 할지로 마음을 끓였다. 내게는 사람들에게 혼란을 일으키지 않는 범위에서 진실을 윤색하거나 편집해서 보여 주는 무서운 습관(하나님께서는 그것을 거짓말이라고 지적하시지만 나는 아름다운 환상을 품게 하는 일이라고 고쳐 불렀다)이 있었다. 그러므로 감정, 특히 분노라든지 원한이나 슬픔 등 스스로 설정한 크리스천의 잣대에 적합하지 않은 감정들에 대해 얼마나 솔직해야 할지 갈등할 수밖에 없었다.

남들에 대해서 얼마나 정직할 것인가도 고민스러웠다. 과정은 느리고도 고통스러웠다.

나는 신앙을 떠날 것인지 말 것인지를 놓고 씨름했다. 지난 20년 동안 살아온 크리스천 사회에서 내가 갈등하고 체감하던 갈등과 감정들은 금기에 속하는 것들이었다.

예수 그리스도 안에서 '넉넉히 이기는 사람'(롬 8:37)이 되어야 마땅하지 않은가? 영성이라는 포장 아래 병적인 증상들이 허다하게 감춰져 있는 까닭은 무엇인가? 어째서 오랫동안 신앙생활을 해 온 크리스천들이 그렇게도 비판적이고 흠잡기를 좋아하는가?

나는 하나님께서 새로운 길로 인도하신다는 사실을 눈곱만큼도 의심치 않았다. 하지만 다른 사람들은 어떻게 한다는 말인가? 앞으로 가야 할지, 아니면 뒤로 물러나야 할지 갈피를 잡을 수가 없었다.

"좀 어때요?" 고마운 친구들은 곧잘 관심을 표하곤 했다.

"다 잘 되어 가고 있어요. 하나님께서 딱딱하게 굳은 땅을 일구시고 미래를 위해 새로운 씨앗을 심고 계신 게 느껴져요." 나는 낙관적인 대답을 보냈다. 문제는 그런 말들이 극히 일부분에만 해당된다는 점, 그것 하나뿐이었다.

담임목사에게 불만을 품고 있는 이들을 생각할 때마다 훗날을 기약하고 어디론가 숨어 버리고 싶었다. 리더들에게 "난 여러분이 교만하고 도무지 배우려고 하지 않으며 가끔씩은 불성실하다고 생각한다"라고 솔직하게 털어 놓으면 그들이 모두 떠나 버릴 것 같아서 겁이 났다. 18개월 전에 스페인어권 교인들이 둘로 쪼개진 뒤부터 그런 생각으로 견딜 수 없을 만큼 괴로웠다. 나는 차라리 입을 다물기로 했다. 그리고 교회의 모든 문제들이 저절로 없어지기만 고대했다.

하지만 문제들은 좀처럼 사라지지 않았다. 영적 전쟁에서 승리하고 온전한 하나님의 도성에 이르는 방법을 배우려고 나는 온갖 리더십 관련 집회들을 따라다녔다. 다른 교회의 '부흥회'에도 두루 참석했다. 하나님을 더 잘 알 수 있는 길이 거기 있다면 그것을 찾아내고 싶었다. 멀리 떨어진 지방에서 열리는 예언 집회를 찾아가서 위로가 되는 여러 가지 개인적인 예언들을 받기도 했다.

한편으로는 뉴 라이프 펠로십 교회의 새벽기도회에 더 열심을 냈다. 내 삶을 무너트리려고 발버둥치는 사탄을 꾸짖어 물리쳤다. 부흥의 역사를 공부하기도 했다. 전국적으로 이름난 교회 지도자들 여럿을 찾아다니며 상담하고 조언을 들었다. 당시 내 상태를 잘 보여 주는 일기 한 토막이 여기 있다.

주님, 홍해 건너편 약속의 땅을 봅니다. 즐거운 결혼 생활과 가정생활을 누리고, 기쁘게 주님을 섬기며, 하나님께서 나를 리더로 세우실 때 맡기신 역할을 감당하며 사는 완전한 땅입니다. 하지만 홍해를 가르고 그 약속의 땅으로 들어갈 방법을 모르겠습니다. 하나님께서는 알고 계십니까? 아신다면 제발 길을 열어 주십시오.

아내, 교회를 포기하다

개인적으로 나는 무언가 진전이 있다고 생각했다. 겉으로 드러나지는 않지만 무슨 일인가 일어나고 있었다. 적어도 나는 그렇게 믿었다. 하지만 아내에게는 만사가 결혼 이래로 한결같았다. 끔찍한 생활, 바로 그것이었다.

1996년 1월 둘째 주, 아내는 더 이상 교회에 나가지 않겠다고 통보했다. 마침내 견고한 바닥에 발이 닿은 것이다. 나는 장로들에게 이도 저도 못할 곤란한 상황에 처했음을 알렸다. 장로들은 일주일 동안 쉬면서 집중적으로 해법을 모색하도록 여유를 주었다. 거기에는 아내와 내가 상황을 타개할 수 있을지 알아보기 위하여 전문가의 도움을 받는 것도 포함되어 있었다.

1996년 2월 13일, 아내와 나는 크리스천 카운슬링 센터로 떠났다. 우리의 소망은 눈앞의 위기를 정확하게 파악하고 교회에 대해 객관적인 시각을 갖는 것이었다. 나는 이 고통이 어서 끝나기를 간절히 바랐다.

우리는 꼬박 닷새를 카운슬러 두 명과 함께 보냈다. 규모도 작고 기간도 짧았지만 우리의 '크리스천 공동체'는 그동안 숨겨 왔던 감정을 서로에게 마음 놓고 털어놓을 수 있을 만큼 안전했다. 그래도 거기서 하나님과 더불어 진정한 영적 체험을 갖게 되리라고는 기대하지 않았다. 하지만 정말 특이한 방식으로 영적인 체험이 시작됐다.

아내와 나는 오밤중까지 이야기를 나누다 잠이 들었다. 새벽 2시쯤 됐을까, 아내가 침상 머리에 서서 나를 깨웠다. 그리고 몇 마디 말로 나를 영적 체험으로 이끌었다. 난생 처음, 아내는 자신이 나와의 결혼 생활, 교회 생활 등에 대해 어떻게 생각하는지 그 잔인한 진실을 토로했던 것이다.

허울뿐인 영적 가면을 벗다

아내의 감정 분출이 내게는 대단히 고통스러운 일이었지만 어쨌든 우리 둘 다 자유로워지는 계기가 됐다. 아내가 '훌륭한 사람'이라는 영적 가면을 벗어던져 버렸기 때문이다. 그것이야말로 결혼 생활과 삶에 관한 진실을 직시하지 못하도록 가로막고 있었던 무거운 허울이었다.

우리는 귀를 열고 상대방의 이야기를 경청했다. 아내와 나는 양가 부모님들의 삶과 결혼 생활에 눈을 돌렸다. 뉴 라이프 펠로십 교회를 정직하게 바라보았다. 교회는 분명히 우리가 태어나고 자란 가정의 모습을 암시적으로 되비쳐 보여 주고 있었다. 이전에는 우리 둘 중에 누구도 그렇게 생각할 수 있다는 것을 새카맣게 몰랐다.

20년 가까이 크리스천으로 살아왔음에도 불구하고, 예수님의 손길은 삶의 저 깊은 곳까지 미치지 못하고 그저 겉으로만 맴돌았던 것이다. 그것이 아내와 내가 발견한 슬픈 현실이었다. 마치 죽을 것 같았던 초기의 체험들은 영적인 여정의 출발인 동시에 나의 삶과 결혼 생활, 가정, 궁극적으로는 교회를 변화시키게 될 길로의 첫걸음이었다. 우리는 우리가 태어나서 성장한 가정이 은근하고 질긴 힘을 지녔다는 사실을 처음으로 깨달았다. 결혼과 동시에 거기서 떠났지만, 그래도 옛 가정은 여전히 우리 삶의 틀을 빚어내고 있었다.

사도 바울은 한 사람이 일단 그리스도를 믿게 되면 "이전 것은 지나 갔으니 보라 새것이 되었다"(고후 5:17)라고 말한다. 나는 가정을 매개로 세대에서 세대로 전달되는 유력한 죄의 패턴이 아직도 효력을 발휘하고 있으리라고는 꿈에도 생각지 않았다. 그리스도의 권능이 어떠한 저주의 사슬이라도 끊어 버릴 수 있다고 믿었으므로, 어릴적에 떠나온 가정의 영향이 지금까지 나를 규정하고 있다는 사실을 애써 무시하려 했는지도 모른다.

찬찬히 마음을 돌아본 결과 몇 갈래 동기들이 서로 뒤엉켜 있음이 드러났다. 내가 가진 열정 가운데 얼마쯤은 하나님의 영광을 위한 것이었지만 나머지 부분들은 복잡한 동기들이 좌우하고 있었다. 그동안은 그런 동기들의 실체를 파악할 수단이 없었을 뿐더러 그럴 시간도 없었다. 아내와 나는 전혀 다른 차원에서 우리 삶의 이면을 들여다보기 시작했다.

기도 가운데 나는 하나님께 용서를 구했다. 그동안 하나님과 그분의 나라를 섬기는 일에 내 모든 것을 충실하게 드려 왔다. 나의 헌신이 그런 좌절로 끝나리라고 누가 상상이나 했겠는가? 모든 기도와 성경 말씀에 비추어 볼 때, 아직도 하나님의 손길이 미치지 않는 전적으로 정서적인 층이 내 삶에 존재한다는 깨달음은 충격이 아닐 수 없었다. 그런 경험들이 이 책의 6-12장에서 다루고 있는 '정서적으로 건강한 교회의 일곱 가지 원칙'의 모태가 되었다.

미지의 영적 세계에 발을 들여놓다

이처럼 획기적으로 매듭이 풀리기 시작하면서, 마치 하나님께서 심어 주시기라도 한 듯, 성경을 보는 새로운 눈이 열렸다. 여태까지 지적으로만 이해했던 진리들이 곧 하나님과 함께하는 체험의 일부가 되었다. 예수님께서 부끄러움이나 당황함이 전혀 없이 자유롭게 감정을 표출하셨던 모습도 새롭게 발견했다.

- 눈물을 흘리셨다(눅 19:41)
- 기뻐하셨다(눅 10:21)
- 깊이 고민하셨다(막 14:34)
- 분노하셨다(막 3:5)
- 연민을 느끼셨다(눅 7:13)
- 탄식하고 이상히 여기셨다(막 6:6, 눅 7:9)
- 근심하고 답답해 하셨다(눅 12:50)

예수님은 정서적으로 얼어붙은 냉혈(冷血) 메시아가 아니었다. 나는 주님이 어떻게 군중과 가족, 제자들의 기대로부터 일정한 거리를 유지하실 수 있었는지도 살펴보았다. 하나님 아버지와의 관계로 말미암아 주변 사람들의 압력으로부터 자유로울 수 있었던 것이다. 예수님은 그분을 염두에 두고 세워 놓은 사람들의 자의적인 일정표에 개의치 않고 아무 거리낌 없이 자신의 독특한 삶을 유지하면서 소명을 이루어 가셨던 것이다.

삶의 동반자인 아내와 나는 아직도 앞길이 구만리였다. 개인으로서도 그렇고, 부부로서도 그랬다. 목표는 교회를 변화시키는 게 아니라 우리 자신을 변화시키는 것, 아니 하나님께서 우리를 변화시키도록 맡겨 드리는 것이었다.

금세 단 한 번도 와보지 않았던 미지의 세계에 들어섰음을 느낄 수 있었다. 지난 20년 동안 크리스천으로서 받았던 훈련 너머를 향한 여정의 시작이었다. 그동안 하나님에 대해 가지고 있던 생각들이나 기존의 대인관계 따위의 안전한 포구는 벌써 저만큼 멀어졌다. 아무 생각 없이 하나님을 가둬 두었던 견고한 상자가 쪼개져 나갔다.

한편으로는 하나님께서 다음에 무슨 일을 행하실지 그냥 지켜보며 기다릴 마음이 들지 않았고 다른 한편으로는 두려웠다. 주님은 분명히 우리가 지금 막 뚜껑을 들추기 시작한 내면세계의 저 깊은 자리를 성령님께 열어 보이기를 요구하고 있었다. 하지만 순순히 거기에 따르자면 피투성이가 되어 곧 죽을 것만 같았다. 정서적인 건강과 영적인 성숙이 불가분의 관계라는 점을 아직 완전히 이해하지 못한 처지였다. 날마다 하나님과 갖는 교제의 수준과 대단히 비슷했다. 흔히들 자신이 어느 결정적인 순간에 예수님을 개인적인 구세주로 영접했다고 생각하지만, 그 결정적인 순간을 위하여 일정 기간, 또는 몇 달이나 몇 년 전부터 하나님께서 그들의 마음속에서 활동하시는 것이 상례다.

마찬가지로, 주님은 하나님과 크리스천의 삶에 대한 편협한 시야를 넓혀 주시기 위해 무려 2년이 넘는 세월 동안 거듭해서 나와 부딪히셨던 것이다. 예를 들어, 하나님께서는 우울함이라든지 행복해 하지 않는 배우자, 주기적으로 통제 불능 상태에 빠지는 생활 따위의 선물들을 통하여 또렷하게 그분의 뜻을 전달하셨다. 그런 고통스러운 현실에 대해 내가 보인 반응은 한결같았다.

"하나님, 제발 부탁입니다. 가능한 한 빨리 괴로움을 사라지게 하시고 주님의 일을 계속할 수 있게 해 주세요."

그런 방식으로 말씀하시고 움직이시는 하나님께 마음을 열지 않았다는 것, 그것이 나의 가장 큰 문제점이었다. 당시 내가 가지고 있던 신앙 패러다임에 따르면 하나님은 성경이나 기도(마음으로 들을 수 있는 음성), 설교, 예언, 환경(때때로)을 통하여 말씀하고 움직이시는 분이지, 절대 이런 식으로 움직이시는 분이 아니었다.

뜻밖의 수혜자, 뉴 라이프 펠로십 교회

하나님께서 아내와 내 삶 가운데 행하신 역사는 금세 교회로 파급되었다. 부교역자들을 시작으로, 장로들을 거쳐 점차 다른 리더들에게까지 퍼져 나갔다. 목회란 '무슨 일을 하느냐'가 아니라 '어떤 사람이 되느냐'의 문제라는 말의 의미를 그제야 이해할 수 있었다. 그렇게 찾아낸 원리들은 전염성이 강했다. 우리의 관심은 '인간의 행위'에서 '인간 그 자체'로 넘어갔다. 그리고 그 성과는 파문(波紋) 효과를 내며 천천히 교회 전체로 확산

됐다.

우리는 이 책에서 개략적으로 설명하고 있는 원리들을 부교역자들과 장로들부터 인턴 사역자들, 소그룹 리더들, 넓게는 (직접, 간접적으로) 모든 교인들에 이르기까지 교회 전체에 적용했다(표 1 참조).[4]

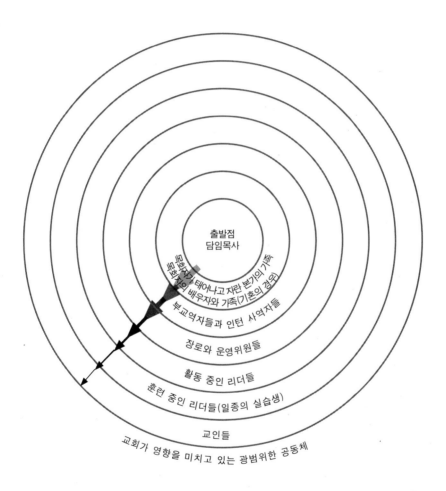

<표1> 정서적인 건강의 확산을 보여 주는 동심원

그 선생에 그 제자

3개월 동안 교회에서 멀리 떨어진 곳으로 안식월 휴가를 떠나기 전날, 우리 부부는 두 손님과 식사를 했다. 후안과 마르타였는데, 둘 다 우리 사역을 통해서 그리스도께 나온 사람들이었다. 한때 뉴 라이프 펠로십 교회에서 스페인어권 교인들 가운데 일부를 맡아서 목회를 한 적도 있었다.

리더로 일하기 시작한 뒤 처음 몇 년 동안 후안과 마르타는 모두 쾌활하고 열정적인 크리스천이었다. 후안은 뉴 라이프 펠로십 교회에서 그리스도인으로 거듭났으니 더 말할 것도 없었다. 그런데 그로부터 7년이 지난 지금, 그들은 완전히 기진맥진 상태가 됐으며 자녀에게 소홀했던 점에 대해 죄책감을 느끼고 있었다. 각종 문제와 위기 상황, 다양한 요구들, 그리고 수많은 이주민 출신 교인들이 쏟아 내는 온갖 필요 등의 당면 과제들에 짓눌려 있었다.

3시간 동안 두 사람의 얘기를 다 듣고 나니 부끄러운 생각이 들었다. 후안과 마르타는 우리 사역의 열매였다. 게다가 어쩌면 그렇게 선생과 똑같은 모습인지!

분별없고, 쓸쓸하고, 늘 불균형한 리더십의 유전이었다. 정말 이것도 크리스천 목회자가 생산해 낸 열매의 일종이 될 수 있는가? 훗날 나는 아내에게 후안과 마르타를 그리스도께 인도하고 목회자가 되도록 이끌었다는 사실이 한편으로는 서글프다고 얘기했다. 십중팔구 아무 짝에도 쓸데없을 괴로움을 견디며 사느라 얼마나 고단하겠는가!

아내와 나는 후안과 마르타에게 진심으로 용서를 구했다.

최소한의 도리

폴은 정기적으로 금식하며 기도했다. 맨해튼에서 컴퓨터 기술자로 일하면서 근무가 없는 날은 전국 곳곳에서 열리는 기도 모임과 예언 집회를 찾아다니곤 했다. 금식기도를 했으며 시간이 갈수록 그 빈도가 점점 더 잦아졌다. 소그룹 모임 중에도 하나님께서 멤버들에게 들려주시는 개인적인 말씀을 받기 위해 성경을 읽었다. 장소와 상대를 가리지 않고 (상대방이 원하든 말든) 개인적인 예언을 해 주는 일도 종종 벌어졌다.

누군가 폴에게 무슨 말이든 해 줘야 할 필요가 있었다. 하지만 나는 절대로 그런 말을 할 수가 없었다. 나더러 어떡하란 말인가! 오랜 기간은 고사하고 단 한 끼니 금식도 힘겨워하는 내게서 폴이 가르침을 받으려 하겠는가. 그가 자기만큼 '신령'해 보이지 않는 이들에게 짐짓 생색을 부리는 것만큼은 엄연한 사실이었다. 그리고 사랑으로 상황에 대처하는 본보기를 보이는 것도 정서적으로 성숙해 가는 과정의 일부였다.

목회자로서 나는 그가 지금 어떤 상태에 있으며 사람들이 그를 어떻게 생각하는지 정직하게 알려 주어야 했다. 결국 폴에게 가서 그의 비판하는 영과 '독보적인 계시'에서 비롯된 교만에 대해 애정 어린 충고를 했다. 최소한 내 할 도리는 다했다.

얼마 뒤, 폴은 하나님께서 자신을 다른 교회로 옮기신다고 판단했다.

리더가 변하면 교회가 따라온다

전문가들에 따르면, 에이브러햄 링컨 이전에 재직했던 4명의 대통령들은 남부와 북부의 노예 문제처럼 까다로운 사안에 정면으로 대응하기를 회피하는 '타협형 리더'이었다고 한다.

그들의 뒤를 이어 자신이 누구인지, 무엇을 믿고 어떤 것에 가치를 두고 있는지를 확실하게 인식하고 있는 성숙한 리더가 백악관의 주인이 됐다.

특유의 성격적인 장점들과 성숙함, 그리고 신념들을 가지고 링컨은 여러 가지 측면에서 국민들이 끔찍한 노예제도의 현실과 맞서 싸우도록 몰아갔다. 결국 남북전쟁이 일어났다.

변화는 항상 리더에서 시작된다. 리더가 움직이면 사람들이 그 방향으로 움직이기 시작한다. 국가도 그렇고, 교회나 사역도 그렇다. 리더가 움직이면 교회는 따라가게 마련이다.

하지만 리더가 변하는 것만으로는 충분하지 않다. 하나님께서는 다른 사람들 역시 질곡에서 풀려나기를 원하신다. 크리스천이 된 지 1년 된 사람이든 50년 된 사람이든, 미혼이든 기혼이든, 새 신자든, 평신도 리더든, 목회자든 모든 이들을 풀어 주고 싶어 하신다. 하나님은 모든 사람이 온전한 인격으로 자라기를 누구보다 간절히 원하시기 때문이다. 누구든지 정서적으로, 그리고 영적으로 성숙한 예수 그리스도의 제자가 되기 위하여 열심히 노력한다면 그 영향이 주위 사람들 모두에게 미칠 것이다.

다음 장은 우리는 우리의 이야기가 우리 삶을 향한 주님의 계획과

근접해지는 방식 속에서 '주님의 제자가 된다'는 의미가 무엇인지를 새로운 패러다임으로 살펴볼 것이다.

Chapter 3

잘못 되어도
한참 잘못되었다

오늘날 대다수의 교회들이 심각한 오류를 범하고 있다. 하나님과 사역에는 열성적이지만 자신이나 주위 사람들의 감정에는 별 관심이 없는 이들이 얼마나 많은지 모른다. 그 둘을 조화시키는 일이야말로 교회는 물론 리더의 개인적인 삶에 있어서도 생사를 가를 만큼 중요한 요소다.

정서적인 건강과 영성의 분리

어느 날, 극장 근처 커피숍에 우리 교회 목회자들이 모여 앉았다. 마음이 심란해서인지 다들 별말이 없었다. 영화 〈사도〉(The Apostle)를 보고 나온 참이었는데, 영화가 흠투성이인 우리 크리스천들의 과거를 향해 솜씨 있게 서치라이트를 들이대는 바람에 너나없이 거북한 감정을 느꼈던 것이다. 편협하고 미숙한 제자훈련이 빚어낸 고통스러운 결과들을 시각적으로 그려 냈다는 점이 눈길을 끌었다.

필름이 돌아가는 시간 내내, 하나님께서는 정서적인 건강과 영성이 분리될 때 어떤 결과가 오는지 생생하게 보여 주셨다. 〈사도〉는 단도직입적으로 문제를 제기했다. 우리가 과거에 입은 상처들에서는 아직도 피가 뚝뚝 떨어지고 있었다.

1997년에 공개된 〈사도〉는 율리스 서니 듀이(로버트 듀발이 연기했다) 목사라는 크리스천 리더를 다룬 감동적인 작품이다. 배경은 1980년대 텍사스 주의 어느 시골. 영화는 주인공 서니가 어머니와 함께 차를 몰고 고속도로를 달리다가 여러 대의 차량이 부딪혀 뒤엉킨 교통사고를 목격하는 장면에서 시작된다.

경찰관들 사이로 살짝 빠져 들어가 현장에 접근한 서니는 짓이겨진 자동차에서 피투성이 청년을 찾아낸다. 젊은이는 반쯤 넋이 나간 채 운전석에 앉아 있고, 곁에는 이미 숨이 끊어진 여자 친구가 쓰러져 있다. 예수님을 향한 열정에 불타는 서니는 청년의 귀에 대고 '지금이라도 그리스도를 마음에 영접하면 모든 죄를 용서받고 천국에 들어가게 될 것'이라고 속삭인다. 경찰관이 서니를 사고 차량에서 떼어 내려 하지만, 뜨거운 전도자는 경찰관을 팔로 밀쳐 내면서 끝까지 죽어가는 청년을 그리스도께 인도한다. 그리고 차로 돌아가서 방금 하나님께서 행하신 선한 사역을 어머니에게 보고한다.

서니는 부흥회를 인도하러 다니느라 대부분의 시간을 길에서 보낸다. 영적인 열정이 삶에 충만하다. 아이들도 무척 사랑해서 늘 '우리 예쁜 이들'이라고 부른다. 반면 아름다운, 그러나 오랫동안 고통에 시달리고 있는 아내 제시는 서니의 외도와 외로움에 점점 더 지쳐간다. 마침내 제시는 서니에게 이혼을 요구한다.

제시 역시 젊은 목사와 교회에서 불륜을 저지른 사실이 드러난다. 둘은 교회법을 이용하여 교인들에 대한 서니의 감독권을 빼앗아 간다.

일순간 질투와 분노에 휩싸인 서니는 술에 잔뜩 취한 채 야구 방망이로 젊은 목회자를 내리친다. 그는 서니의 아들이 선수로 나선 경기에서 코치를 맡아 보고 있는 중이었다. 결국 젊은 목회자는 숨을 거둔다.

서니는 마을에서 도망친다. 그때까지 쌓아 왔던 모든 것을 무너트려 버리고 새로운 삶을 찾기 위해 나선 것이다. 교차로 한복판에 차를 세우고 길바닥에 무릎을 꿇은 채 그는 묻는다. "어디로 가야 합니까, 하나님. 도대체 어느 길로 가야 하지요?"

서니는 곧 루이지애나 주의 어느 소읍(小邑)에 모습을 드러낸다. 기도하고 금식하면서 진지하게 하나님을 찾은 끝에 주님이 주시는 새로운 소명과 가르침을 받는다. '아포슬 E. F.'라는 새로운 이름과 직함도 갖게 된다. 새 출발을 기념하는 의미로 서니는 가까운 호수에 들어가서 스스로 자신에게 세례를 베푼다. 무엇에 홀린 듯, 진지한 모습이다.

얼마 뒤, 서니는 그 지역에서 명망이 높은 흑인 목사의 도움을 받아 새로운 교회를 시작한다. 그동안 닫아 두었던 황폐해진 교회 시설을 되살리려고 하루에도 몇 군데씩 일터를 돌아다니며 열심히 일한다. 방송 설교를 시작하는 한편, 중고 버스를 수리해서 흑백을 가리지 않고 사람들을 교회로 실어 나른다.

하나님과 서니의 관계는 곧 사람들에게 전염된다. 교회는 하루가 다르게 자라 가고 그리스도를 믿기로 작정하는 사람들이 늘어 간다. 교회는 굶주린 사람들에게는 음식을 제공하고 지역사회 전체는 교회의 영향을 받게 된다. 흑인과 백인이 한데 어우러져 예배드리는 조그만 교회에 지나지 않지만, 교인들 모두 서니가 보여 주는 열성과 그의 설교를 사랑한다.

하지만 감동적인 신앙의 저 밑바닥에는 추악한 균열이 여전히 남아서 영적인 토대를 위협한다. 교회를 새로 시작하는 과정에서 서니는 라디오 방송국에서 일하는 투시라는 여성을 만나고 로맨틱한 감정을 품게 된다. 또 그의 순수성을 의심하는 말썽쟁이와 주먹다짐을 벌이기도 한다.

마침내 당국은 서니가 과거에 저지른 끔찍한 범죄의 단서를 포착하고 그를 체포해서 감옥에 보낸다. 그러나 옥중에서도 서니는 일렬로 묶인 죄수들을 이끌고 열성적으로 찬송가를 부른다. 죄수들 역시 삶을 변화시키는 권능의 주 예수를 알고 있음을 보여 주는 것이다.

서니는 성미가 급하고 바람기가 농후했다. 폭음을 하고 순간적인 감정에 휩쓸려 사람을 죽였다. 그렇더라도 관객들은 그가 예수 그리스도를 믿는 진정한 신자임을 부인할 수 없다. 서니는 거듭남을 가르치고 초자연적인 삶을 살기 위해 성령님의 권능에 의지했다.

우리 대부분이 그렇듯이, 서니 역시 다면적인 사람이었다. 존경받아 마땅할 만큼 열성적이고 헌신된 크리스천이지만, 한편으로는 극도로 상반된 모습을 가지고 있다. 아마도 가장 가슴 아픈 부분은, 자신을 실제보다 더 과장해서 보여 주려 하다 보면 여러 가지 해악에 노출될 수밖에 없다는 사실을 서니가 인식하지 못했다는 점일 것이다. 그는 별다른 고민 없이 총체적인 인간성 가운데서 신앙과 영성이라는 부분을 따로 뚝 떼어 냈다. 크리스천 리더십 가운데서, 또는 교회에서 활동하면서 우리는 스스로 생각하는 것보다 훨씬 더 서니와 비슷한 행태를 보인다.

서니라는 크리스천의 삶을 파고든 균열은 그의 메시지와 리더십을 은밀히 파괴해 버렸다. 그저 할리우드 영화 속에서나 볼 수 있는 이야기였으면 좋겠지만, 현실은 그렇지 않다. 안타깝게도 실생활 속에서도 유사한 사례를 얼마든지 찾을 수 있다.

밥 피어스와 월드비전 : 열정이 부른 비참한 결과

1950년, 밥 피어스는 훗날 세계 최대의 크리스천 구호 및 개발 기구인 월드비전(www.worldvision.org)으로 발전하게 될 단체를 설립했다. 오늘날 월드비전은 세계 103개국에서 5천만 명에 이르는 사람들을 돕고 있지만 그 출발은 소박했다. 예수님을 위한 열정으로, 그리고 기아와 질병이 없는 세상을 만들겠다는 뜨거운 마음으로 무장한 밥 피어스는 한국전쟁에서 고아가 된 아이들을 돕는 일부터 시작했다. 그가 손대는 구호 사업마다 규모와 범위가 크게 늘어났다. 무엇으로도 억누를 수 없는 비전과 열정으로 불가능한 것들을 꿈꾸었으며, 그 꿈을 현실로 만들기 위해 인간이 상상할 수 있는 모든 일을 다 했다.

각종 출판물과 잡지들이 커버스토리로 그를 다뤘다. 친구들도 그를 높이 평가했다. "영혼을 구하기 위해서 쉬지 않고 일하는 사람입니다." "밥 피어스만큼 깊은 동정심을 가진 사람은 없을 겁니다." "세상의 가난한 소자(小子)들을 위해 문자 그대로 자기 목숨을 내놓은 참다운 사마리아인입니다."

밥 피어스는 종종 이렇게 기도했다. "하나님의 마음을 슬프게 하는 것들로 인하여 내 마음도 울게 하소서." 바로 그 목표를 위해서라면 세상 끝까지라도 달려갔다. 겉으로만 보면 어디서나 눈에 띄는 대로 영적·육체적 필요를 채우고자 하는 열정이 한없이 샘솟는 듯했다.

그러나 불행하게도, 그의 이런 태도는 가족들에게 끔찍한 결과를 가져왔다. 밥 피어스 가족의 친구로서 완곡하게 말하자면, 그의 아내 로레인은 "남편이 돕고 있는 이들이 겪는 것과는 다른 종류의 빈곤을 뼈저리게 체험하고 있었다." 냉정하게 말해서 밥 피어스는 자신의 가족을 버리다시피 했다. 시종일관 아내와 자녀들을 뒤로 제쳐 둔 채, 사역을 확대하고 영향력을 넓힐 기회를 좇았다.

예를 들어 이런 일도 있었다. 자살을 기도하기 직전에 딸아이는 해외 출장 중이던 아빠에게 전화를 걸어 어서 집으로 돌아와 달라고 간청했다. "그 순간, 아빠가 두 팔로 나를 감싸 주시는 것을 느끼고 싶었어요." 얼마쯤 세월이 흐른 뒤, 딸아이는 당시의 상황을 그렇게 설명했다. 밥 피어스가 극동 지역에 머물러야 할 이유는 전혀 없었다. 딸을 위해 얼마든지 다음 비행기를 잡아 타고 귀국할 수 있었던 것이다. 아내는 집으로 돌아가자고 사정했다. 그러나 밥 피어스는 그를 둘러싸고 있는 여러 고단한 사람들의 절박한 필요에 눈길을 주기는커녕 베트남 행 비행기를 예약했다.

나중에 그의 딸은 "아빠가 오시지 않을 줄 알고 있었다"라고 술회했다. 그리고 몇 년 뒤에, 그녀는 스스로 목숨을 끊는 데 '성공'했다. 아내와의 관계 역시 시간이 갈수록 냉랭해졌다. 몇 년이 지나도록 서로 말 한마디 주고받지 않은 적도 있었다. 부자연스럽기는 남은 두 자녀와의 관계도 마찬가지였다.

예순넷의 나이로 세상을 떠날 즈음에는 직계가족 모두로부터 따돌림을 받았다. 하루에 열여덟 시간씩 일하는 과로에다 비위생적인 음식과 시차에 따른 부작용 따위가 몇 년씩 계속되다 보니 감정의 저수지는 바닥을 드러냈고 온갖 질병에 무방비 상태가 됐다.

그의 전기를 썼던 작가는 이렇게 기록했다. "평생 동안 조절해 보려고 몸부림쳤던 기질이 점점 더 자주 밖으로 튀어나왔다. 반면에, 한때 컴퓨터처럼 정확하게 돌아가던 정신은 가끔씩 끊어지곤 하는 바람에 그의 행동은 날이 갈수록 변덕스러워졌다." 입에 달고 살다시피 했던 "하나님을 위하여 나를 불태우게 하소서"라는 간구는 이처럼 서글픈 방식으로 응답을 받았다.

월드비전 이사진과의 관계 역시 갈등으로 점철된 불행한 결말을 맞았다. 1963년, 월드비전 이사회는 일주일에 한 번씩 내보내던 밥 피어스의 라디오 방송을 취소시키는 문제로 표결을 벌여서 사상 최초로 그의 주장을 받아들이지 않기로 결정했다. 재정과 관련된 문제가 주요인이었다. 그해 연말, 이사회는 밥 피어스에게 휴가를 주어 질병을 치료하게 했다. 여느 때와 마찬가지로 해외에 머물고 있던 그는 가족과 떨어져 현지에 머물면서 병을 고치는 쪽을 선택했다. 병은 차츰 가라앉았지만 월드비전과의 갈등은 수그러들지 않았다.[1]

1967년, 월드비전 이사회는 격렬한 논쟁 끝에 밥 피어스를 면직시켰다. 다음 날 전달된 공식 문서에 서명함으로써 밥은 필생의 사역에서 물러났다. 밥 피어스는 백혈병으로 세상을 떠났다. 1978년의 일이었다. 그가 떠난 몇 주 뒤부터 딸 메릴리 피어스 던커(Marilee Pierce Dunker)는 해외에서 아버지가 이룬 기적적인 사역과 고통스러운 가족사의 '어두운 이면' 모두를 다룬 책, 《비전의 사람, 기도의 여인》(Man of Vision, Woman Prayer)을 쓰기 시작했다.[2]

관계가 엉망으로 망가진 채 살다가 가물에 콩 나듯 가끔씩 화해에 이르곤 하는 이런 이야기들은 비범한 은사를 받은 인물들 사이에서나 있는 일일까? 유감스럽게도 그렇지 않다. 우리 교회 교인들 가운데만도 수십 건, 지역사회 전체로는 문자 그대로 수천 건의 사례를 찾아낼 수 있다.

모르긴 해도, 이 책을 읽는 독자들 역시 무수한 사례를 알고 있을 것이다.

로저 : 모태신앙의 추락

'전형적인 모태신앙'이라는 게 정말 있다면, 로저가 거기에 해당될 것이다. 아버지와 장인을 비롯해서 무려 열두 명이나 되는 식구들이 모두 목회자였다. 로저는 기독교 대학과 신학교를 두 번씩 다녔다. 한번은 어린 시절에 아버지를 따라다녔고, 두 번째는 18년 뒤에 스스로 똑같은 학교에 입학했던 것이다.

"이제 와서 생각하면 꼭 야바위꾼에게 당한 것 같은 느낌이 듭니다. 태어나면서부터 배운 것이라곤 교회와 목회뿐이었습니다. 교회와 목회에 깊은 열정을 품고 있었지만, 나중에 보니 그게 꼭 그리스도를 향한 열심으로 해석될 수 있는 것은 아니었습니다. 예수님과 긴밀한 교제도 없었습니다."

목회를 시작한 지 얼마 안 돼서부터 로저는 무언가 잘못돼도 한참 잘못됐다는 사실을 눈치 챘다. 규모가 작고 전통적인 지역 교회 구도에 제대로 적응하지 못했을 뿐만 아니라 대학 시절과 신학생 시절 내내 그를 괴롭혔던 우울증이 다시 찾아왔다. 교단 산하의 심의기관은 그가 자존감이 약하고 정서적인 경계가 모호한 데다가 기성 교회와는 어울리지 않는 전문 경영인적인 사고방식을 가지고 있다는 점을 들어 목회를 그만두는 게 좋겠다고 충고했다.

로저는 그들의 조언을 마음에 두지 않고 무시했다. 그 대신 퀸즈 지역에 있는 신학적으로 다소 개방적인 입장을 취하고 있는 전통적인 교회를 선택했다. 하나님께서 그 교회를 변화시키는 일꾼으로 자신을 부르셨다고 생각했다.

시작부터 가시밭길이었다. 로저는 교회 성장을 목표로 예배에 변화를 주고 새로운 프로그램들을 도입했으며 운영위원회의 우선순위를 다시 짰다. 몇몇 교인들은 빌리 그레이엄 십자군에 참가해서 그리스도를 영접했으며 새로운 회심자들이 예배에 출석하기 시작했다. 로저 부부는 이내 성가신 편지들에 시달리기 시작했으며 교회 안팎에서 말다툼과 뒷공론의 주제가 되었다. 출석 교인은 두 배가 됐다. 헌금 액수도 눈부시게 늘었으며 예산은 세 배로 증가했다. 하지만 목회자는 바닥으로 곤두박질쳤다.

이제는 로저도 인정한다. "은사란 은사는 다 써 버리고 은혜는 바닥이 났지만 당시에는 그것을 몰랐습니다. 자신이 얼마나 공허하고 혼란스러운 가운데 있는지 전혀 감각이 없었던 것입니다." 월례 운영위원회 후에는 으레 눈물을 흘리며 와들와들 몸을 떨었다.

그렇게 5년이 흐르자, 이제 한계점에 도달했다는 느낌이 들었다. 총체적인 절망감에 빠진 채 여름 휴가(물론 무급)에 들어갔지만, 뾰족한 돌파구를 찾지 못했다. 로저는 당시를 이렇게 회상한다. "멍하니 흘려보낸 여름이었습니다. 주님을 찾지도 않았습니다. 그렇다고 누구에게 도움을 청한 것도 아니었습니다. 심지어 어디서부터 손을 대야 할지조차 알 수 없었습니다."

내리막은 끝을 모르고 계속됐다. 교인은 늘어나고 많은 이들이 뒤를 밀어 주었지만 재정은 언제나 바닥이었고 운영위원들과의 관계도 더욱 나빠졌다. 로저는 말한다. "마치 인격적으로 내게 치명타를 날리려는 듯, 온갖 비난과 오해가 쏟아졌습니다."

로저는 스스로의 문제에서 빠져나오지 못하고 마침내 고갈 상태에 빠졌다. 온갖 압력에 밀려 그는 사임을 발표했다. 보장된 수입도 없고, 퇴직금도 없고, 새로 맡아 사역할 교회도 없고, 카운슬링도 없고, 정서적인 저항력도 남아 있지 않았다. 그저 패배자요 망신거리가 됐다는 느낌뿐이었다.

무엇이 잘못된 것이었을까? 로저는 정서적으로 미숙했다. 가족들이 자주 이사를 다녔던 탓에 어떻게 사람들을 만나야 할지에 대해서는 훈련을 받았지만, 어떻게 사람들과 관계를 맺어야 하는지는 배우지 못했다. 몇 차례 예외가 있기는 했지만, 한 단계 높은 수준의 제자훈련이 필요할 때마다 거부하고 싶은 생각이 들었다. "그만하면 잘 살고 있는 거야." 이렇게 자신의 상태에 안주하다가 결국 마음속 밀실(密室)은 점점 더 크고 어두워졌으며 급기야 아내를 비롯한 모든 이들을 향해 빗장을 꼭꼭 걸어 잠그기에 이르렀다.

이제는 로저도 수긍한다. "문제를 깊숙이 감춰 두는 방법을 배웠어요. 정서적으로 건강하지 못했던 겁니다. 내게는 교회가 가장 깊고 어두운 곳에 숨겨둔 자아를 지켜 내야 하는 전쟁터였어요."

자신의 삶도, 그가 섬겼던 교회도, 심지어 가족들 사이의 관계까지도 건강치 못했다는 것, 그것이 슬픈 현실이었다. 나는 로저가 언젠가 돌아와서 목회 현장에서 리더로서 중요한 역할을 담당할 것이라고 믿는다. 현재 그는 하나님을 초청하여 가정을 바로 세우는 (자신과 가족, 그리고 다른 사람과 긴밀한 관계를 맺는) 올바른 과정을 밟고 있다. 그가 이 훈련을 잘 통과

할 것이리라 믿는다.

잘못된 크리스천 리더십의 패러다임

　대학에서 IVF 간사로 일하던 시절, 그리고 훗날 교회성장세미나 강사로 전국을 돌아다녔던 시절, 수많은 목회자와 리더들의 내면적인 삶에 충격을 받았던 일들이 생각난다. 불신앙, 교만, 자기방어, 정신없는 스케줄, 일중독, 더 번듯한 교회를 만들고 싶은 탐욕(골로새서 3장 5절은 탐심은 곧 우상숭배라고 한다), 외로움에 지친 배우자 따위를 너무도 흔히 볼 수 있었다. 흔하다 못해 지겨울 지경이다. 초기에 그건 가물에 콩 나듯 드물게 일어나는 '비정상적인' 사례에 불과하다고 생각했다. 하지만 시간이 흐를수록 오히려 그쪽이 더 '통상적'임이 자명해졌다.

　나는 다르게 살아야겠다고 다짐했다. 하지만 그 방법을 알 수 없다는 게 문제였다.

　요즘 미국 가정의 정서적인 안정성은 유례를 찾을 수 없을 만큼 낮은 수준이다. 이 글을 쓰고 있는 시점을 기준으로, 미국에서 이뤄지는 결혼의 절반은 이혼으로 끝난다.[3] 가장 경악스러운 사실은 이른바 바이블 벨트(Bible Belt)로 알려진 몇몇 주의 이혼율이 전국에서 상위권을 차지하고 있다는 점이다.[4] 조지 바나(George Barna)의 조사에 따르면, 최근 자신을 크리스천이라고 고백하는 사람들의 이혼율이 전체 인구의 이혼율을 상회한다고 한다.[5]

　심지어 크리스천 리더들 사이에서도 가정 붕괴가 충격적이리만치 빈발하고 있다. 더욱 놀라운 것은 크리스천 리더들이 불륜을 저지르거나 매춘과 포르노 중독, 또는 그와 유사한 파괴적인 일탈 행위에 연루되는 사례가 빈발하고 있다는 사실이다. 너무 흔한 나머지 아무 일도 없는 것처럼 되어 버린 것이다.

이러한 상황을 타개할 실마리를 찾기 위해, 자신의 내면세계를 정직하게 드러내기로 결심했던 사람의 경우를 살펴보기로 하자. 2002년 1월, 크리스천 결혼 사역의 대부로 널리 인정받고 있던 이 인물, 구체적으로 매리지 플러스 선교회(Marriage Plus Ministries)의 레이 모스홀더는 42년 동안 함께해 왔던 아내를 상대로 이혼 소송을 제기하고 재혼할 계획임을 발표했다. 그동안 수백만 명에 이르는 사람들이 라디오와 텔레비전을 통해서 11,000쌍 이상의 부부들을 이혼에서 건져 냈던 이 명망 높은 크리스천 리더의 메시지를 경청해 왔다.

재정 후원자들에게 보내는 편지에서 자신의 결혼 생활이 파경에 이르렀다는 안타까운 소식을 전하면서 그는 '구두 만들기에 너무 바빠서 정작 자기 아내는 맨발로 다녀야 했던 제화공' 이야기를 하면서 "내가 바로 그 제화공 같은 사람이었으며, 거기에 대해선 변명의 여지가 없다"라고 덧붙였다.

그렇지만, 아내나 자녀들 가운데 누구도 이혼 절차가 매듭지어지는 대로 다른 여성과 결혼하겠다는 레이 모스홀더의 고집을 막을 수 없었다. 그의 발표를 막을 수 없었다. 그는 자신이 하나님으로부터 떠나는 게 아니라 단지 42년 동안 함께 살았던 신앙 깊은 아내와 결별하는 것일 뿐이라고 주장했다.

후원자들에게 보낸 편지의 한 구절은 더할 나위 없이 슬픈 대목이다. 그는 알고 있었다. "(결혼이) 얼마나 위대한 것이지를 이야기할 때면 종종 자신이 위선적이라는 느낌이 들었습니다. 제가 가르쳤던 것들은 모두 사실이었습니다. 하지만 우리 부부는 그 원리들을 스스로의 결혼 생활에는 전혀 적용하지 못했던 것 같습니다."[6]

도대체 그 이유는 무엇일까? 나는 모스홀더의 경우와 비슷한 이야기들이나 영화 〈사도〉, 밥 피어스, 뉴 라이프 펠로십 교회의 로저 등의 사례들이 모두 잘못된 크리스천 리더십 패러다임에서 비롯된 일이라고 생각한다.

무너져 내린 '사랑의' 소그룹

1987년 9월에 뉴 라이프 펠로십 교회를 시작하면서 우리는 소그룹을 제자훈련과 공동체 구축 전략의 요체로 삼기로 결심했다. 그리고 리더들에게 소그룹과 관련하여 적절한 시점을 파악하고 위임하는 방법을 비롯하여 성경 공부를 인도하는 법, 예배를 돕는 법, 공동체 세우기, 이웃에게 복음을 전하는 법, 응답받는 기도의 비결 따위의 기술을 훈련하는 데 많은 노력을 기울였다. 75쪽짜리 '소그룹 리더 자료집'을 만들었으며 리더들을 돌보는 코치(지도·관리자)들을 위한 29쪽짜리 지침서도 펴냈다. 지금 돌아보면, 그 모두가 '피상적인' 기법들에 지나지 않았다.

이제부터 하려는 얘기는 당시 우리의 접근 방식의 한계와 결함을 선명하게 보여 준다. 1990년 초, 밥과 캐롤은 소그룹 하나를 이끌고 있었다. 둘은 부부로서 손님 접대에 대한 은사가 뛰어난 사람들이었다. 매주 금요일 밤이면 평균 15명 정도가 모일 정도로 소그룹은 무럭무럭 성장했다. 참석자들은 함께 경배하고 서로를 위해 기도했으며 성경을 공부했다. 꼭 모임에서가 아니더라도 함께 만나 시간을 보냈다. 매주 같이 어울려서 식사를 하기도 했다. 밥은 말한다. "처음에는 정말 '사랑'의 모임이라고 할 만 했습니다."

그러던 어느 날 저녁, 마침내 균열의 조짐이 나타났다. 소그룹 멤버 밀리가 함께 모이는 두 여성에게 다른 소그룹에 구성원들 사이의 불륜 '낌새'가 있다고 얘기한 게 시작이었다. 밀리와 두 여성 멤버는 진심어린 염려와 관심을 가지고 어떻게든 도움을 주려 했다. 이들은 각자 남편에게 사실을 털어놨고 이 사실은 결국 밥에게까지 알려졌다. 밥은 깜짝 놀랐다. 때마침 그룹 성경공부 시간에 야고보서 3장을 통해 인간의 혀에 유익을 끼치기도 하고 해악을 가져오기도 하는 힘이 있음을 공부하고 있던 참이 아니었던가!

밥은 밀리와 두 여성 멤버를 단속했다. 그러면 쑥덕거림이 그칠 줄 알았다. 실제로 소문은 수면 아래로 사라졌다. 이제 제기된 윤리적인 과실에 대해 대놓고 솔직하게 이야기하는 사람은 아무도 없었다.

그러나 밀리가 밥에게 "존이 그러는데 당신의 아내가 불륜을 저지른 게 확실하다더라"고 이야기하는 순간, 균열은 걷잡을 수 없이 커졌고 급기야 기초마저 주저앉고 말았다. 존은 같은 소그룹 멤버인 밀리야말로 밥에게 가서 의혹을 전할 능력과 용기가 있는 인물이라고 믿고 자기가 알고 있던 사실을 털어놓았던 것이다. 그리고 그 둘은 순수하게 걱정하는 마음으로 밥에게 가서 문제를 제기했다.

그 무렵, 소그룹 멤버들 사이에는 갈등이 증폭되고 있었다. 제때 치료하지 않으면 갈등은 암처럼 번지게 마련이다. 소그룹에 생긴 암은 급속하고도 치명적으로 퍼져나갔다.

밥은 뿌리째 흔들렸다. 제기된 의혹 자체도 소름이 끼쳤고 문제가 그렇게 비성경적으로 논의되는 것도 놀라웠다. 문제가 불거지면서 소그룹 식구들 사이에 성숙함이 부족하다는 점은 물론이고 정말 소중한 결혼 생활과 삶이 망가지고 있다는 사실이 백일하에 드러났다. 밥만 하더라도 자신이 퇴근 후에 다른 사람들을 돕는 일에 지나치게 힘을 쏟는 바람에 정작 자기 식구들을 배려할 정서적인 여유가 없었다는 사실을 그제야 깨달았다. 밥 내외의 결혼 생활이 정상 궤도로 돌아오는 데까지는 거의 2년이라는 세월이 걸렸다.

밥은 말한다. "내가 하나님 말씀으로 사람들을 세워주는 일을 하고 있다고 생각했습니다. 하지만 결국 내가 세워 놓은 것은 아무것도 없다는 사실을 이제야 알았습니다. 사람들은 용서를 구하고 사라져 버렸습니다. 우리는 성경을 공부했지만 배운 것을 삶으로 구현하는 방법을 몰랐습니다."

3개월이 채 지나기도 전에 이 '사랑'의 소그룹은 씻을 수 없는 상처를 입고 눈에 띄게 위축됐다. 멤버들은 다 흩어졌다. 밀리 내외도 교회를 떠났고 금방 다른 주로 이사를 가고 말았다.

정서적 성인이란

우리는 소그룹 리더십 훈련을 크게 강조하고 많은 노력을 쏟으면서도, 정서적인 요인이 영적인 성숙을 이끌어 내는 데 없어서는 안 될 부분이라는 점을 제대로 이해하지 못했다. 우리가 추구했던 제자훈련 모델에는 정서적인 영아, 또는 십대를 정서적인 성인으로 키운다는 대목이 들어 있지 않았다.

갈등 해소 문제만 해도 그렇다. 갈등이란 몇 가지 조처를 취하는 것만으로 해결되는 게 아니다. 성경적인 방법으로 갈등을 풀기 위해서는 마태복음 18장 15-18절 말씀을 잘 알아야 할 뿐만 아니라 우리 자신이 정서적으로 건강한 사람이어야 한다.

밥과 캐롤 부부는 환멸을 느끼고 곧 교회를 떠났다. 다행히 신뢰를 회복하고 교회로 돌아오기까지 무려 4년이라는 시간이 걸렸다. 밥은 당시를 회상하면서 "무슨 일을 하고 있는지도 몰랐다"고 했다. 맞는 말이다. 리더십의 가장 상층부에 있던 우리와 마찬가지로, 밥 내외 역시 정서적·영적 성숙에 이르지 못했을 뿐만 아니라, 소그룹을 이끌고 갈등을 통과하여 한 차원 더 높은 성숙에 이르는 방식을 이전에 훈련받지도 못했다.

현재 밥과 캐롤은 뉴 라이프 펠로십 교회의 어느 소그룹 모임을 돕고 있다. 과거에 비해 무엇이 달라졌느냐고 물으면 밥은 이렇게 대답한다. "목사님, 옛날에는 우리 내면에서 일어나고 있는 일들에 대해 정말 정직하지 못했습니다. 모든 것이 피상적이었습니다. 지금 제가 속한 소그룹은 전혀 다릅니다. 더 이상 피상적이지 않습니다. 제 생각에는 안전감을 주고 자신을 활짝 열어 보여 줄 수 있는 성숙한 사람이 모임에 끼어 있는 덕분인 것 같습니다."

우리는 소그룹 리더들을 키우고 건강한 공동체를 세우는 일에 뭔가 문제가 생겼다는 사실을 처음부터 알고 있었지만, 그 근본 원인이 무엇인지는 몰랐었다. 제2장 서두에서 말한 것처럼, 리더가 앞장서면 교회는 따라가게 마련이다. 삶의 내면에 감춰진 문제를 들춰내지 못하는 한 정서적으로 건강한 교회를 일궈 낼 수 없다.

다음 장에서는 이처럼 새롭고 절실한 제자훈련 패러다임이 어떤 성경적인 근거를 가지고 있는지 살펴볼 것이다.

Part 2

새로운
제자훈련
패러다임의
성경적 기초

Chapter 4

정서적 건강,
제자훈련의 새 지평을 열다

단 한 번 생기를 불어넣으심으로써 하나님께서는 인간을 지으셨다. 그런데 어떻게 된 일인지, 요즘 사람들은 인간 본연의 모습 가운데 정서적인 영역을 무언가 미심쩍고 부적절하며 그다지 중요하지 않은 부분으로 간주하고 발라내 버리곤 한다. 현대적인 제자훈련 모델에서는 인간의 육체적인 측면이나 정서적인 요소, 사회적인 특성, 지적인 성분 따위를 낮춰 보고 영적인 요소만 떠받드는 경우가 허다하다. 하지만 그런 구분을 뒷받침할 만한 성경적인 근거는 어디에도 없다.

코페르니쿠스적인 혁신이 필요

적어도 1,400년 동안 인류는 지구가 우주의 중심이라고 믿고 그것을 '수학적으로' 증명해 왔다. 고대 그리스 최고의 천문학자 프톨레미(Ptolemy)만 하더라도 예의 '진리'를 논증해 내지 않았던가! 당시로서는 모든 사람들이 태양과 천체가 지구 주위를 돌고 있다는 주장을 사실로 받아들였다.

그런데 1500년대에 활동했던 폴란드 출신 과학자 코페르니쿠스(Copernicus)는 기존의 가설에 도전했다(훗날 갈릴레이도 그의 뒤를 따랐다). 그들은 장구한 세월 동안 전해 내려오던 세계관에서 문제와 모순을 발견하고 혁신적인 패러다임을 제시했다. 코페르니쿠스와 갈릴레이가 분석해 낸

바에 따르면, 지구는 광대한 우주에서 그저 태양의 주변을 도는 수많은 행성 가운데 하나일 뿐이었다. 갈릴레이는 한걸음 더 나가서 헤아릴 수 없이 많은 은하계 속에서는 태양마저도 미미한 존재라고까지 주장했다.

이 새로운 패러다임(또는 사실적인 관점)은 사회 일반과 교회의 정체감을 뿌리째 흔드는 일대 충격이었다. 한없이 넓은 우주에서 인간이 한낱 티끌에 불과하다는 사실을 받아들인다는 것은 대단히 심란한 일이었다. 교황청은 그런 신성모독적인 우주관과 그것이 사람들의 신앙에 미칠 영향을 우려하여 그를 로마로 소환했다. 이단의 혐의를 찾기 위한 맹렬한 추궁 끝에 갈릴레이는 일생동안 가택에 연금되는 처벌을 받았다. 출판도 금지 당했지만, 당시의 기준으로는 이 모든 것이 오히려 가벼운 처벌에 속했다.

프톨레미식의 세계 구도가 코페르니쿠스적인 구도로 바뀌게 된 것은 낡은 세계관의 효용이 다했음을 입증해 낸 덕분이었다. 갈릴레이는 프톨레미가 세운 체계에 따라 항성과 행성의 움직임을 연구하고 또 연구했지만, 그럴수록 가설이 잘못되었다는 사실이 또렷해졌다.

그때부터 사람들은 새로운 안경을 끼고 우주를 바라보기 시작했다. 옛날부터 전해 내려오던 모든 정보와 자료들이 새로운 방식으로 검토 분석되었다. 이처럼 새로운 모델, 또는 패러다임으로의 전환은 일종의 개종으로까지 생각할 수 있다.

여기서 '패러다임'이라는 말에는 특별한 뜻이 있다. 본래 이 말은 토머스 쿤(Thomas Kuhn)이 《과학 혁명의 구조》(*The Structure of Scientific Revolutions*)[1]라는 책을 쓰면서 처음 사용했다. 그는 패러다임은 현실을 바라보거나 생각하는 방식이라고 정의했다. 그렇다면 패러다임이란 렌즈, 즉 그것을 통해 삶의 자료와 정보를 해석하는 모종의 필터인 셈이다. 쿤은 사람들이 무언가 새로운 것 앞에서 낡은 관점과 사고방식을 깨트려 버릴 수 있을 때만 과학적 사고의 혁명이 일어난다고 보았다.

삶을 대하는 전혀 새로운 방식이나 대상을 보고, 느끼고, 생각하는 토대를 뒤흔드는 무언가를 묘사할 때 아직까지도 '코페르니쿠스적인 혁명'이라는 말을 쓴다. 나는 '정서적인 건강과 영적인 건강은 불가분의 관계'라는 이 책의 주제가 기독교 공동체에 속한 많은 이들에게 코페르니쿠스적인 혁명이 될 것이라고 믿는다.[2] 정서적으로 미숙한 상태에 머물러 있으면서 영적으로는 성숙한 크리스천이 되기란 애초부터 불가능한 얘기다.

그러나 몇 가지 이유 때문에 엄청나게 많은 크리스천들이 마치 정서적인 건강과 영적인 건강이라는 두 개념 사이에 아무 연관도 없다는 듯 살아간다. 이른바 '신령한 것'을 가르는 우리의 기준에는 명백한 모순점들이 존재한다.

- 하나님을 위하여 열정적이고 뛰어난 설교를 하지만, 배우자와 자녀들에게는 냉랭하다.
- 당회원이나 목회자로 제 몫을 충분히 감당하지만, 좀처럼 배우려 하지 않고 불안정하며 자기 방어적이다.
- 신약성경을 통째로 외울 수 있지만, 스스로 우울과 분노에 가득 차 있으며 더 나가서 주위에 전염시키기까지 한다는 사실을 전혀 깨닫지 못한다.
- 영성훈련을 위하여 일주일에 하루를 정해 반나절씩 금식하며 기도하기를 1년 내내 계속할 수 있지만, 쉬지 않고 다른 사람들을

비판하며 그것을 영적인 분별력이라고 정당화한다.

- 뇌리에서 떠나지 않는 열등감을 보상하려는 은밀하고도 개인적인 욕구에 사로잡혀 수백 명의 사람들을 교회로 인도한다.
- 사탄의 세력에서 구원해 주시기를 간구하지만, 실제로는 어린 시절부터 몸에 밴 건강치 못한 행동 유형을 되풀이하면서 갈등을 피해 보려는 것뿐이다.
- 겉으로는 교회 일에 협력하는 듯하지만, 습관적으로 지각을 하거나 번번이 모임을 잊어버린다. 몸을 사리다 못해 냉담해지고 자신이 상처입고 분노하게 된 이유의 이면에 감춰진 진정한 문제를 무시함으로써 관리 책임자를 무력화하거나 좌절시킨다.

우리는 이런 일들을 당연한 것으로 받아들이도록 배워 왔다.

교회 안에 깊이 뿌리박힌 플라톤주의

참다운 자아의 정서적인 측면을 완성해 가는 것과 전혀 별개로 영적인 성숙을 이룰 수 있다는 생각은 어디서 비롯되는 것일까? 진정한 자아를 구성하는 여러 성분들 가운데 영적인 요소가 육체적 요소나 정서적 요소, 사회적 요소, 지성적인 요소들보다 우월하다는 기묘한 선입견은 도대체 어디서 온 것일까?

이 질문에 답하는 것은 간단한 일이 아니겠지만, 간단히 줄여서 그리스도가 이 땅에 오시기 전에 살았던 플라톤(Platon)이라는 그리스 철학자의 영향이라고 말할 수 있을 것이다. 플라톤의 영향은 어거스틴을 비롯해서 교회사에 등장하는 다양한 인물들을 거쳐 이 시대를 사는 우리에게까지 지속적으로 이어지고 있다.

입 밖으로 내어 말하지는 않지만 수많은 교회들이 "몸은 악하고 영은 선하다"라는 메시지를 전하고 있다. 인간적이라든지 감정적인 것은 어쨌든 악하거나 최소한 영적인 것보다 열등하다는 생각이 교회 안까지 스며든 것이다. 이것은 성경말씀보다는 플라톤주의나 영지주의에 훨씬 가까운 관념이다.[3]

하나님의 여러 모습(창 1:26-27, 창 5:1, 창 9:6, 시 8:5, 롬 8:29, 고전 11:7, 고전 15:49, 엡 4:24, 골 1:15, 골 3:18, 요일 3:2) 가운데 어떤 부분에 의미를 두는지 물으면 십중팔구는 영적인 측면에만 초점을 맞춘다. 기도, 말씀, 섬김, 베풂, 경배 등의 영역에서만 예수님을 삶의 모델로 생각하는 것이다.

그런데 영적인 영역은 인간 존재의 일부분을 차지할 뿐이라는 데 문제가 있다. 하나님은 인간을 그분의 형상을 따라 온전하게 만드셨다(창 1:27). 신체적, 영적, 정서적, 지성적, 사회적인 영역을 모두 아우르는 존재로 지으신 것이다. 다음 도표를 찬찬히 들여다 보라.

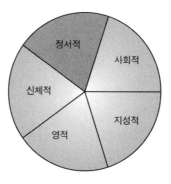

〈표 2〉 인간을 구성하는 주요 영역

하나님의 형상대로 지음 받은 인간의 다양한 측면 가운데 어느 것 하나라도 부정하는 것은 장기적이고 파괴적인 결과, 특히 정서적인 건강과 영적인 건강을 분리하는 경향을 불러온다. 스스로를 창조주 하나님께서 지으신 전인(全人)으로 파악하지 못하는 사람이 건강하게 성장할 수 없음은 불을 보듯 분명하다.

인간에 담긴 하나님의 형상은 육체적인 영역, 사회적인 영역, 감성적인 영역, 지성적인 영역, 영적인 영역 등 다양한 영역을 포함하고 있다. 하지만 어떤 이유에서인지 인간을 구성하고 있는 다른 주요 영역들보다 영적인 영역을 더 높이 떠받들게 되었다. 우리는 다음과 같이 생각한다.

- 육체적인 영역 : "운동을 하거나 밥을 제대로 챙겨 먹는다든지 충분히 쉴 만한 여유가 있는 사람이 세상에 어디 있어?"
- 사회적인 영역 : "우정 따위는 걱정하지 마. 친구나 소중한 사람들과 건강한 관계를 유지할 만큼 여유 있는 사람이 어디 있어? 이다음에 하늘나라에 가면 좋은 사람들 불러다가 잔치를 열 시간이 있을 거야."
- 지성적인 영역 : "지적인 잠재력을 최대한도까지 끌어내지 않도록 조심해야 해. 결국 하나님에게 등을 돌리게 될지도 몰라. 아무튼 한가하게 생각이나 하고 앉아 있을 사람이 어디 있겠어?"
- 감성적인 영역 : "감정에 충실하다 보면 점점 혼란스러워지고 하나님께 가까이 가기가 어려워질걸?"

시간이 지남에 따라 이런 비성경적인 패러다임은 감정이나 감성을 성령님의 뜻에 어긋나는 것으로 여기는 태도로 발전한다. 이런 현상은 특히 분노에서 두드러지게 나타난다. 성경은 분명 "분을 내어도 죄를 짓지 말며"(엡 4:26)라든가 "노하기를 더디"(잠 16:32)하라고 이야기함에도 불구하고 우리는 분노를 치명적인 죄 가운데 하나로 꼽는다. 많은 이들이 마음속으로 감정과 감성의 억제에 성령 충만이나 선행에 버금가는 지위를 부여하고 있다. 분노를 부정하고 고통을 묵살한다든지 우울한 느낌을 모르는 척 외면하고 외로움이나 마음을 어지럽힐 만한 회의를 기피하거나 성적인 관심을 억압하는 따위의 태도를 마치 영적인 생활을 유지하는 방편으로 생각한다.

댄 알렌더(Dna Allender)와 트렘퍼 롱맨(Tremper Longman)은 《감정, 영혼의 외침》(Cry of the Soul)에서 왜 감정에 귀를 기울이고 잘 관리하는 것이 중요한 지를 이렇게 말했다.

> 감정을 무시하는 행위는 진실에 등을 돌리는 짓이다. 다시 말해서 감정에 귀를 기울이는 자세가 인간을 진실로 이끌어간다. 그리고 진실이야말로 하나님과 만나는 접점이다. … 감정은 영혼의 언어다. 마음이 쏟아내는 외침이다. 그러나 우리는 감정을 부정하거나 왜곡하든지 아니면 애써 떨쳐 내려 하면서 그 외침을 묵살해 버리기 십상이다. 알량하게나마 내면세계를 통제하는 데 방해가 되는 것이라면 무엇이든지 가리지 않고 걸러 내려 한다. 무언가가 의식 속으로 스며들어오는 것을 무서워하거나 부끄럽게 생각한다. 이렇게 강렬한 감정들을 무시해 버리는 와중에 우리는 스스로에 대해 부정직해지는 한편 하나님을 더 잘 알 수 있는 놀라운 기회들을 놓쳐 버리고

만다. 하나님 앞에서 가차 없이 솔직하게 연약함을 드러낼 때 변화가 시작된다는 사실을 잊어버린 것이다.[4]

인간의 냄새가 나는 예수님은 낯설었다

나의 경우, 묵상 노트를 적는 습관이 영적으로 성장하는 데 한몫을 했다. 온갖 생각과 기도, 하나님께서 주시는 통찰 등을 기록했다. 이 책의 초고를 작성하면서 나는 어느 하루를 잡아 과거 15년 치 묵상 노트를 다시 읽어 보았다. 거기서 무엇을 얻을 수 있었을까? 우선 정서적인 건강과 영적인 건강이 불가분의 관계라는 새로운 패러다임을 인식하고 받아들이기까지 엄청난 저항에 부딪혔다는 깨달음이었다. 무려 2년에 걸쳐 막심한 고초와 괴로움을 겪었던 것이다.

크리스천으로 살아오는 동안 나는 내내 '하나님이신 예수'를 확인하고 또 확인했다. 문제는 '인간 예수'에 관해서는 거의 생각해 본 적이 없었다는 점이다. 나 자신의 인간성에 대해서도 마찬가지였다. 묵상 내용이나 기도문을 보면 처음 크리스천이 된 뒤로 17년 동안 내가 섬기고 따르던 예수는 눈곱만큼도 인간의 냄새가 나지 않았다. 물론 내게도 인간다운 면이라곤 전혀 없었다.

초대교회 시절 이단의 가르침 가운데 가현설(Docetism)이라는 게 있다. 하나님의 세계와 인간의 세계 사이에는 극복할 수 없는 차이가 존재하므로 사실은 그리스도께서 인간의 몸으로 오신 게 아니라는 믿음이다. 따라서 가현설을 따르던 사람들은 예수님이 그저 인간인 것처럼 보이셨

을 뿐 신적인 특성과 실재를 포기하신 적이 전혀 없다고 생각했다.[5]

나는 지성적으로는 그런 비성경적인 관념을 받아들이지 않았지만 이러한 신앙고백을 하나님 안에서의 내 삶으로 뒷받침하지 못했다. 인간적인 한계들을 무시하고 하나님을 위해 점점 더 많은 일들을 벌여 가며 스스로를 지치게 만들었다. 분노나 우울 등의 부정적인 느낌들은 하나님의 뜻에 어긋나는 것이라고 생각해서 피해 갔다. 결국 하루 종일 기도하고 말씀을 보면서 지내는 게 집 안을 치우고 빨래를 하거나 아이들을 돌보는 일에 비해 더 영적인 것처럼 생각하는 함정에 빠졌다.

AD 451년, 칼케돈 회의에서 교회 지도자들은 '예수는 완전한 하나님인 동시에 완전한 인간'이라고 선언했다(이것이 보편적이고 역사적인 성경 해석이며 나 역시 거기에 이견이 없다). 칼케돈 회의는 하나님께서 말씀으로 세상에 오셨으며 그 말씀이 육신이 되어 우리 가운데 거하심을 선언했다(요 1:14). 아울러 그리스도의 두 가지 속성은 어떠한 불일치나 혼란도 없이 상호 연관되어 있다고 규정지었다.[6]

이에 반하여 내가 섬기던 예수님은 하나님의 속성이 대부분이고 인간의 속성은 거의 없는 존재였다. 예를 들자면, 나는 겟세마네 동산의 예수님에 관한 기록을 도무지 이해할 수가 없었다. 거기엔 정서적으로 침체되고 정신적으로 혼란 상태며 영적으로 짓눌린, 그야말로 '인간적인' 그리스도의 모습이 등장한다. 예수님은 인간의 극한점까지 몰려 있었다. 성경은 주님이 땅에 엎드려 "힘쓰고 애써 더욱 간절히 기도하시니 땀이 땅에 떨어지는 핏방울 같이 되더라"고 했다(눅 22:44). 나는 예수님께서 이런 식의 정서적인 스트레스를 받으시리라고는 꿈에도 생각지 못했다. 일부 사람들이 이렇게 육신적이고 인간적이며 고뇌하는 예수님, 잠시나마 하나님의 뜻을 100퍼센트 확신하지 못하는 그리스도의 모습을 받아들이지 못하는 것은 이상한 일이 아니다.[7]

유감스럽게도 나는 정서적으로 감각이 마비된 크리스천 리더들을 수없이 많이 만났다. 한결같이 느낌이라든지 감정의 범주에 드는 것은 아무것도 감지해 내지 못하는 사람들이었다. 그들에게 "어떤 느낌이 듭니까?"라고 물으면 '내 느낌에는'이라는 말을 쓰기는 하지만 실제로는 사실관계를 그대로 전하거나 자기 생각을 설명할 뿐이다. 감정이 꽁꽁 얼어붙은 것이다. 그들의 보디랭귀지나 성조(聲調), 표정 따위를 보면 감정이 존재함을 알 수 있지만, 정작 당사자는 자기에게 그런 게 있다는 사실조차 알아차리지 못한다. '신체 접촉을 즐기는' 유형에 속하는 이라 할지라도 감정 이면에 감춰진 심연까지는 인식하지 못하는 경우가 많다.

마음을 돌아보는 일은 고통스러운 작업이다

가면을 쓰고 살면서도 나는 그것을 깨닫지 못했다. 대다수 크리스천 리더들처럼 나 역시 헌신적이고 사랑이 넘치는 그리스도인이 되려고 열심히 노력했다. 이웃을 섬기고 용서하며 스스로를 낮추고 항상 기뻐하기 위해 무던히도 애썼다. 문제는 참으로 오랜 시간 동안 내가 비참한 기분을 느꼈고 그 사실을 나 자신을 포함해 누구에게도 인정하지 않았다는 점이다.

나는 내가 비참한 기분을 느끼고 있다는 사실을 믿을 수 없었다. 내면적인 세계와 겉으로 드러나는 행동이 일치하지 않았다. 성경은 그런 차이를 한마디로 표현한다. 예수님께서 당시 종교 지도자들을 향해 반복적으로 사용하셨던 말, 바로 '외식'(外飾)이다(마 23장을 보라). 외식을 곧이곧대로 풀이하면 '연기'쯤 될 것이다.[8] 특별히 두려운 것은 교회에서 이 '연기'를 지도하거나 요구하는 일이 드물지 않게 일어난다는 사실이다. 결국 헤아릴 수 없이 많은 크리스천들이 자신의 내면세계와 외면세계 사이의 분열상을 전혀 눈치채지 못하게 되었다.

외면세계라 함은 우리가 사귀는 사람이나 주변에서 진행되는 일들을 말한다. 내면적인 세계는 마음속에서 벌어지는 일을 말하는 것으로, 우리가 느끼고, 가치를 두고, 존경하고, 존중하고, 사랑하고, 미워하고, 두려워하고, 신뢰하는 것들을 말한다.

하나님을 전심으로, 영과 혼과 힘을 다하여 사랑하려면 주님에 대해서뿐만 아니라 우리의 내면(마음과 영혼의 특성)에 관해서도 잘 알아야 한다. 감정과 사고, 욕망, 소망의 세계의 풍성함과 다양성을 이해하는 것은 힘든 일이며 시간(그것도 많은)이 필요한 일이다.

목회자들이 가지고 있는 최대의 딜레마(나도 그것을 붙들고 여러 해 동안 씨름했다)는 커다란 교회를 세우고 좀 더 깊은 영향을 미칠 방도를 찾는 일로 너무 분주하다는 점이다. 그런 판국에 누가 음울한 자기 성찰 따위에 시간을 할애하겠는가? 혹시 성찰의 시간이 하나님의 사역을 지체시키는 것은 아닐까? 제대로 알지도 못하고 정체를 확인할 길도 없는 욕망이나 두려움, 소망들을 끄집어내는 게 하나님이나 다른 사람들을 위해 유익할 게 무어란 말인가?

마음속 심연을 깊고 멀리 들여다보는 일은 고통스러운 작업이다. 예레미야 17장 9절에서 하나님께서는 이렇게 단언하신다. "만물보다 거짓되고 심히 부패한 것은 마음이라 누가 능히 이를 알리요?" 이렇게 된 까닭을 찾자면 에덴동산에서 아담과 하와가 타락하던 상황까지 거슬러 올라가야 한다. 거기서부터 인간은 하나님과 갈라섰을 뿐만 아니라 다른 사람들과도 나뉘었으며 개인의 내적인 자아 역시 분열되었다. 창세기 3장을 보면 아담과 하와에게 부끄러움, 외로움, 은폐, 자기방어, 거짓말 등 갖가지 정서적인 고통이 나타난다. 이런 반응은 오늘날까지 지구상에 존재했던 모든 이들에게서 공통적으로 나타난다.

그러므로 '그리스도의 장성한 분량이 충만한 데까지' 성장하기 위해서는 땀과 노력, 불편함과 시간, 용기와 외로움, 복음에 나타난 하나님의 은혜에 대한 확고한 이해가 필요하다. 이런 수고와 대가가 요구되는 까닭에 오늘날 교회와 신학교에서 이뤄지는 제자훈련 영성 수련, 멘토링 모델 등에서 '정서적인 건강'의 영역이 대부분 무시된다고 생각한다. 하지만 오히려 이 때문에 교회는 신앙 성장이 지체되고 제자들이 미숙한 상태로 교회 안에 머무는 비싼 대가를 치르고 있다.

교회의 과감한 결단

처음에 나는 예수 그리스도를 구주로 영접하는 회심을 통하여 나를 하나님께 완전히 맡겼다고 생각했다. 주님을 영접하는 것은 끝이 아니라 시작일 뿐이라고는 생각해 보지 않았다.

무려 20년씩이나 신앙생활을 하고 나서야 영적인 건강과 정서적인 건강 사이의 연결 고리를 찾아낼 수 있었다. 다시 네발로 엉금엉금 기어

다니는 갓난아이가 된 기분이었다. 그렇게 온몸을 움직여 가며 당시까지 아직 미개척 상태로 남아 있던 삶의 여러 영역들에 다가섰다.

어쨌든 코페르니쿠스적인 혁명은 이미 시작되었고 되돌릴 수도 없었다. 영성의 틀을 잡아 준 영적인 선배들을 배신하는 것 같은 느낌이 짙게 들기도 했다. 배는 육지에서 점점 멀어지는데 어디로 가고 있는지조차 알 수 없었다.

개인적인 성장 차원뿐만 아니라 뉴 라이프 펠로십 교회 전체를 보아도 이 혁명적인 패러다임(정서적인 건강과 영적인 건강은 불가분의 관계다)은 전혀 새로운 세계였다. 설교에서 당회, 성경공부, 멘토링, 운영위원회, 주일학교 예배에 이르기까지 교회 생활 전반에 영향을 미치게 될 선구적인 개념이었던 것이다. 사소하고 불완전하게 여겨지던 것들이 중요하고 대단하게 여겨지던 것들을 제치고 점점 중앙 무대를 차지하기 시작했다.

뉴 라이프 펠로십 교회의 교인과 장로들이 어느 젊은이 사역 담당 목회자를 세워 가는 과정을 보면 이 새로운 패러다임이 얼마나 폭발적인 잠재력을 가지고 있는지 분명하게 볼 수 있다.

셀레나는 뉴 라이프 펠로십 교회 교인들의 커다란 기대를 모으며 청소년 사역 담당 목회자로 부임했다. 셀레나로 말하자면 열정적일 뿐만 아니라 여러 가지 달란트와 카리스마를 갖춘 데다 온화하며 사교적인 여성이었다. 강인한 지도자인 동시에 청소년들에게 복음을 전하려는 열심이 특심한 교사이기도 했다.

셀레나의 남편 밀튼 역시 청소년 대상 선교 단체에서 활동했으며 자기 이름으로 음반을 두 장이나 낸 전문적인 랩(rap) 아티스트였다. 셀레나와 밀튼은 특유의 능력을 발휘해서 부모의 보호를 제대로 받지 못한 채

각종 위험에 노출되어 있는 도시 청소년들에게 복음을 전했다. 뿐만 아니라 우리 딸들처럼 크리스천 가정에서 성장하고 있는 아이들을 섬겼으며 자기들이 속해 있는 흑인 문화는 물론 백인, 아시아인, 남아메리카인들의 문화를 자유자재로 넘나들었다. 셀레나에게는 하루 종일 법정에서 기소된 비행 청소년을 변호한다든지 임신한 여자아이들이 낙태를 선택하지 않도록 집에 데려가 돌보아 주는 건 드문 일이 아니었다.

청소년 부서는 곧 활기를 띠게 되었으며 하루가 다르게 커 갔다. 수많은 청소년들이 크리스천이 되었다. 몇몇은 리더로 성장하기도 했다. 셀레나와 밀튼의 사역은 어린이들에게 그리스도를 심는 단계로 발전했다. 선구적이고 역동적이라는 말밖에는 달리 그들의 사역에 어울리는 말이 없을 정도였다.

하지만 사역의 규모가 커지고 성과가 쌓여 갈수록 셀레나와 밀튼의 개인적인 삶이나 결혼 생활 속에서는 긴장감이 높아졌다. 영적인 힘과 정서적인 토대가 모두 심각한 도전에 부딪혔다. 셀레나의 귀가 시간은 점점 늦어졌다. 그리고 그녀는 식구들 사이의 따뜻한 관계가 아니라 리더로서 거두는 성공을 통해서 정서적인 결핍을 해소하려고 했다. 남편은 아내 셀레나가 하루가 멀다 하고 아이들을 집에 데려오는 데 불만이 많았다. 둘다 사역에 몰두했지만 그들의 결혼 생활에 도무지 해소되지 않는 심각한 긴장감이 존재한다는 사실은 날이 갈수록 분명해졌다.

이런 상황에서 교회 지도자들이나 교인들이 할 수 있는 일은 무엇이며 또 해야 할 일은 무엇인가? 과거에는 리더의 결혼 생활에 문제가 있다든지 위기에 봉착했다는 이야기를 들으면 다 같이 기도해 주고 전문가의 도움을 받게 할 뿐, 정서적인 문제를 해결하는 데 전향적인 훈련이 필요하다는 사실을 알지 못했다.

그간의 이력서에는 온통 실패의 기록만 남아 있었다. 우리는 이번엔 달라져야 한다고 판단했다. 공개적이며 정직하게, 직접적으로 문제에 대처할 때 마주치게 될 긴장과 위험을 모면하고 싶어서 아무런 움직임도 없이 기도만 하면서 '최선의 것을 주시길' 기대하는 마음은 이제 그만두기로 한 것이다.

직접 셀레나를 찾아가서 사역의 속도를 늦추라고 요구했다. 셀레나는 말을 듣지 않았다. 밀튼과도 만났지만 그 역시 냉랭하게 굳어진 마음을 풀려 하지 않았다. 어느 쪽도 건강한 가정 또는 모델에서 볼 수 있는 반응이 아니었다. 둘 다 결혼하고 가정생활을 하는 사람들의 통상적인 행위를 수행할 따름이었다. 하지만 속을 들여다 보면, 셀레나는 방어적이며 일중독인데 반하여 밀튼은 수동적이며 공격적이었으며 외로움을 느끼고 있었다.

장로들은 선택의 기로에 섰다. 두 사람을 면직해야 할까? 아니면 결혼 생활을 원만하게 회복하고 장차 리더십에 복귀할 수 있도록 안식년 휴가를 주어야 할 것인가? 당회에서 이 문제를 놓고 함께 기도하며 토의를 했고 휴가를 보낼 경우에 통상 1년 정도 여유를 주어야 할 것 같다는 데 의견을 모았다. 그럼 그동안 청소년 사역은 어떻게 할 것인가? 가족들은?

셀레나는 인종적인 편견을 비롯해서 온갖 저항들을 극복하고 청소년 모임을 꾸려 왔다. 뒤이어 그런 일을 맡을 사람은 아무도 없었다. 우리 딸들도 그랬지만, 아이들은 한결같이 셀레나만을 찾았다. 세상에 집이라곤 뉴 라이프 펠로십 교회 청소년 모임뿐인 친구들도 여럿 있는데, 특히 그 아이들에게는 부모를 빼앗는 처사였다. 그럼에도 불구하고 모든 교인들과 운영위원들이 오직 셀레나와 밀튼 부부를 위하여, 아이들에게 실망을 안겨 주고 청소년 사역을 무너뜨릴 수도 있는 결정을 내리기 위해 용기를 내야 하는가?

장로들은 용감하게도 이 질문에 대해 "그렇다"라고 결론지었다. 셀레나와 밀튼은 주일 모임에서 자신들이 겪고 있는 갈등을 털어놓고 그런 부대낌을 통해 성장할 것을 다짐했다. 교인들은 비판보다는 아낌없는 격려로 화답했다. 교회는 셀레나와 밀튼에게 다음 한 해 동안 안식년 휴가를 갖게 했고 덕분에 두 부부는 개인적인 삶과 결혼 생활의 근본적인 문제들에 손을 댈 수 있었다.

셀레나와 밀튼은 모두 원만하지 못한 가정에서 성장했다. 자식에게 절대적인 권한을 행사하는 어머니 밑에서 자란 밀튼은 갈등, 특히 셀레나처럼 강한 여성과의 갈등을 피했다. 한편, 셀레나는 매사에 꾸지람이 잦았던 아버지 탓에 모든 비판에 대해 높은 방어벽을 구축하게 되었다. 나는 장로 한 명과 크리스천 카운슬링 전문가와 함께 셀레나가 다시 목회 일선에 복귀하기까지 1년에 걸친 변화 과정을 인도했다.

그들은 영성의 이면을 바닥까지 통찰할 수 있도록 성품과 기술 양면에서 성장할 필요가 있었다(6장). 가족에 영향을 미치고 있는 세력을 차단해야 했으며(7장) 낮고 겸손한 자세를 배워야 했다(8장). 일정한 한계를 정해 놓고 그 안에서 살기 시작해야 했고(9장), 지난날의 불행과 실패를 받아들여야 했으며(10장), 예수님처럼 성화되는 길을 찾아야 했다(11장).

안식년 동안 밀튼과 셀레나는 과감하게 삶을 바꿔 나갔다. 개인적으로 품고 있던 고통스러운 문제들을 끄집어냈고, 새로운 집으로 이사했으며, 더 이상 한밤중에 아이들을 집에 데려오지도 않았다. 서로를 향한 존경과 헌신을 토대로 둘만의 은밀한 결혼 생활을 보호해 줄 탄탄한 울타리를 세웠다. 정말 특별한 일이 아닌 한, 셀레나는 저녁이면 집에 있으려고 노력했다. 함께 식탁에 앉는 일이 꾸준히 늘어나기 시작했으며 그저 기계처럼 일할 계획이 아니라 사람답게 살 계획을 세웠다. 무엇보다 중요한 것은, 성령님과 성경 말씀이 그들의 인성 가운데 특히 정서적인 요소에 영향을 미칠 수 있도록 자리를 내어 드렸다는 점이다.

셀레나와 밀튼은 개인적인 면과 결혼 생활이라는 측면 모두에서 몰라보게 성장했다. 그리고 그 과정은 예나 지금이나 계속 진행 중이다. 아직 최종 목적지에 도달한 게 아니라는 뜻이다. 파괴적인 행동 유형으로 되돌아가고 싶은 갈등이나 유혹은 여전히 존재한다. 하지만 이제 그들의 사역에는 질적인 깊이가 생겼다. 정서적인 건강과 영적인 건강이 불가분의 관계라는 사실을 정확하게 이해하는 당회와 교인들을 통해서만 가능한 일이었다.

모든 크리스천들이 그런 수준의 훈련을 받아들이고 있는가? 나는 어떠한가? 당신은 어떠한가? 이제 5장으로 넘어가서 정서적인 건강의 증거가 되는 몇 가지 성경적인 자질들을 기준으로 각자의 현재 위치를 살펴보기로 하자.

Chapter 5

영적 · 정서적 성숙을
어떻게 진단할까

4장에서는 정서적인 성숙까지 아우르는 새로운 제자훈련 패러다임의 성경적인 토대를 개략적으로 살펴보았다. 이번 장에서 소개하는 체크리스트 역시 똑같은 목적으로 작성된 것이지만, 좀 더 실제적이고 개인적인 방식을 취하고 있다.

정서적인 건강이란 막연한 '개념' 같은 것이 아니다. 혼자 남겨졌을 때나 반대로 다른 사람들과 밀접한 관계를 유지하고 있는 상황에서 부딪치게 되는 실제적인 체험이다. 다음의 간단한 체크리스트를 활용하여 교회 안에서든 개인적으로든 자신이 그리스도의 제자로서 어디쯤 와 있는지 점검해 보자. 정서적인 요소까지 다루는 훈련이 되어 있는지, 그렇다면 그 수준은 어느 정도인지 알아보는 데 큰 도움이 될 것이다. 단 몇 분이면 충분하다.

당연히 까다롭다거나 불편하다는 느낌이 드는 질문도 있을 것이다. 가능한 한 열린 마음을 갖도록 노력하라. 체크리스트를 통해 어떤 사실이 드러나든, 하나님께서는 진즉 다 알고 계셨다는 점을 기억하라. 잠깐 하던 일을 멈추고, 하나님께서 응답 하나하나를 인도해 주시도록 간구하라. 주님은 아무 조건 없이 우리를 끔찍이 사랑하시므로, 정직하게 대답한다 한들 아무 해될 것이 없음을 잊지 말라.

지면의 한계 때문에 A영역을 최소화했다. 특별한 경우를 제외하곤 대부분 A영역보다는 B영역에서 말하는 개념들에 훨씬 더 익숙하지 않을까 싶다.

영적 · 정서적 건강을 진단하는 체크리스트

다음 질문들에 최대한 솔직하게 응답하십시오. 그렇지 않다(1), 가끔 그렇다(2), 대부분 그렇다(3), 항상 그렇다(4) 등으로 나누어 표시하라.

A영역 : 일반적인 신앙 형성과 훈련

1. 하나님의 자녀로 입양되었음을 확신하며, 주님이 나를 용납해 주신다는 사실을 거의 의심하지 않는다.

    ① 그렇지 않다   ② 가끔 그렇다   ③ 대부분 그렇다   ④ 항상 그렇다

2. 다른 사람들과 함께할 때는 물론 혼자서 하나님께 예배드리기를 좋아한다.

    ① 그렇지 않다   ② 가끔 그렇다   ③ 대부분 그렇다   ④ 항상 그렇다

3. 하나님의 말씀을 읽고 기도하는 일에 정기적이고 질적인 시간을 투자한다.

    ① 그렇지 않다   ② 가끔 그렇다   ③ 대부분 그렇다   ④ 항상 그렇다

4. 하나님께서 나 개인에게 은사를 주시는 방식을 알고 있으며, 영적인 은사들을 주님을 섬기는 일에 적극 활용한다.

    ① 그렇지 않다   ② 가끔 그렇다   ③ 대부분 그렇다   ④ 항상 그렇다

5. 다른 크리스천들과 함께 공동체 활동에 열심히 참여한다.

    ① 그렇지 않다   ② 가끔 그렇다   ③ 대부분 그렇다   ④ 항상 그렇다

6. 재물과 은사, 시간, 능력 등은 처음부터 끝까지 하나님께서 내게 맡겨 두신 것들이며 절대로 나의 소유가 아니다.

  ① 그렇지 않다   ② 가끔 그렇다   ③ 대부분 그렇다   ④ 항상 그렇다

7. 세상에 나가서도 시종일관 믿음의 지조를 지킨다.

  ① 그렇지 않다   ② 가끔 그렇다   ③ 대부분 그렇다   ④ 항상 그렇다

합계 _____

B영역 : 훈련의 정서적인 요소

원칙1 : 이면을 들여다보라

1. 내면의 감정을 구체적으로 드러내는 데 어려움이 없다(눅 19:41-44, 요 11:33-35).

  ① 그렇지 않다   ② 가끔 그렇다   ③ 대부분 그렇다   ④ 항상 그렇다

2. 예수님이 나를 더 완전하게 변화시키실 수 있도록, 알려지지 않은 상처라든지 받아들이고 싶지 않은 과거를 기꺼이 들춰낼 수 있다(롬 7:21-25, 골 3:5-17).

  ① 그렇지 않다   ② 가끔 그렇다   ③ 대부분 그렇다   ④ 항상 그렇다

3. 하나님을 생각하고 자아를 성찰하기 위해 혼자 있는 시간을 좋아한다(막 1:35, 눅 6:12).

  ① 그렇지 않다   ② 가끔 그렇다   ③ 대부분 그렇다   ④ 항상 그렇다

4. 감정, 성적인 관심, 기쁨과 고통 등을 거리낌 없이 나눌 수 있다(시 22, 잠 5:18, 눅 10:21).

① 그렇지 않다   ② 가끔 그렇다   ③ 대부분 그렇다   ④ 항상 그렇다

5. 화를 내 본 경험이 있으며 분노를 자신과 다른 사람들의 성장을 도모하는 방향으로 처리할 줄 안다(엡 4:25-32).

① 그렇지 않다   ② 가끔 그렇다   ③ 대부분 그렇다   ④ 항상 그렇다

6. 최소한 자신과 몇몇 지인들에게는 삶의 이면에 자리 잡은 느낌, 믿음, 의심, 고통, 상처들을 숨기지 않는다(시 73, 88, 렘 20:7-18).

① 그렇지 않다   ② 가끔 그렇다   ③ 대부분 그렇다   ④ 항상 그렇다

합계 _____

원칙2 : 과거의 부정적인 영향력을 차단하라

7. 갈등이 생기면 거칠게 대항하거나, 상황을 회피하거나, 계속해서 긴장을 고조시키거나, 당사자와 직접 해결하기보다 제3자에게 달려가는 등 부모와 함께 살던 어린 시절부터 학습해 온 방식이 아니라, 투명하고 직접적이며 정중한 방식으로 해소한다(마 18:15-18).

① 그렇지 않다   ② 가끔 그렇다   ③ 대부분 그렇다   ④ 항상 그렇다

8. 가족 구성원의 죽음, 원치 않은 임신, 이혼, 약물중독, 심각한 재정 파탄 등 '지각변동'에 비교할 만한 굵직한 매듭들이 오늘날의 나를 만들었지만, 그런 사건들의 영향에서 벗어나 의지적으로 살고 있다(창 50:20, 시 51편).

① 그렇지 않다   ② 가끔 그렇다   ③ 대부분 그렇다   ④ 항상 그렇다

9. 하나님께서 지금까지 살아오면서 겪은 모든 경험들을 사용하여 독특한 방식으로 현재의 나를 빚으셨음을 인식하고 그 모든 일들에 대해 주님께 감사할 수 있다(창 50:20, 롬 8:28-30).

① 그렇지 않다　　② 가끔 그렇다　　③ 대부분 그렇다　　④ 항상 그렇다

10. 성격적인 결함, 거짓말, 말 못할 비밀들, 고통에 대처하는 방식, 다른 사람들과 관계를 맺을 때 나타나는 건강하지 못한 성향 따위를 포함해서 '세대에서 세대로 이어지는 죄악'들이 가족사를 통하여 어떻게 나에게 전해져 내려왔는지 정확하게 알 수 있다(출 20:5, 비교 : 창 20:2, 26:7, 27:19, 37:1-33).

① 그렇지 않다　　② 가끔 그렇다　　③ 대부분 그렇다　　④ 항상 그렇다

11. 꼭 누가 인정해 주어야 기분이 좋아지는 것은 아니다(잠 29:25, 갈 1:10).

① 그렇지 않다　　② 가끔 그렇다　　③ 대부분 그렇다　　④ 항상 그렇다

12. 과거에 대해 남의 탓을 하기보다는 주인 의식을 가지고 스스로 책임을 진다(요 5:5-7).

① 그렇지 않다　　② 가끔 그렇다　　③ 대부분 그렇다　　④ 항상 그렇다

합계 _____

원칙3 : 깨지고 상한 심령으로 살라

13. 잘못했음을 기꺼이 인정하고 다른 사람에게 용서를 구한다(마 5:23-24).

① 그렇지 않다　　② 가끔 그렇다　　③ 대부분 그렇다　　④ 항상 그렇다

14. 자신의 약점과 실패, 실수를 거리낌 없이 이야기할 수 있다(고후 12:7-12).

① 그렇지 않다　　② 가끔 그렇다　　③ 대부분 그렇다　　④ 항상 그렇다

15. 다른 사람들로부터 다가가기 쉽고, 온화하며, 마음이 열려 있으며, 가식이 없다는 평가를 받는다(갈 5:22-23, 고전 13:1-6).

① 그렇지 않다   ② 가끔 그렇다   ③ 대부분 그렇다   ④ 항상 그렇다

16. 가까이 지내는 지인들에게서 쉽게 화를 내거나 상처를 받지 않는다는 이야기를 듣는다(마 5:39-42, 고전 13:5).

① 그렇지 않다   ② 가끔 그렇다   ③ 대부분 그렇다   ④ 항상 그렇다

17. 항상 귀를 열어 놓고 있으며 다른 사람들이 들려주는 건설적인 비평과 의견을 받아들인다(잠 10:17, 17:10, 25:12).

① 그렇지 않다   ② 가끔 그렇다   ③ 대부분 그렇다   ④ 항상 그렇다

18. 웬만해서는 남을 판단하거나 비판하지 않는다(마 7:1-5).

① 그렇지 않다   ② 가끔 그렇다   ③ 대부분 그렇다   ④ 항상 그렇다

19. 주변 사람들이 "말하기는 더디 하고 듣기는 속히 하며 상대방의 입장에서 보기를 잘 한다"라고들 한다(약 1:19-20).

① 그렇지 않다   ② 가끔 그렇다   ③ 대부분 그렇다   ④ 항상 그렇다

합계 _____

원칙4 : 한계라는 선물을 받아들이라

20. "뭐든지 혼자 다 하려고 한다"라든지, "능력은 생각지 않고 무조건 큰일에 덤벼든다"는 나무람을 받은 적이 한번도 없다(마 4:1-11).

① 그렇지 않다   ② 가끔 그렇다   ③ 대부분 그렇다   ④ 항상 그렇다

21. 힘에 부치는 요구나 기회를 덥석 떠안지 않고 단호하게 거부할 줄 안다(막 6:30-32).

① 그렇지 않다   ② 가끔 그렇다   ③ 대부분 그렇다   ④ 항상 그렇다

22. 천부적인 개성이 상황에 적절하게 대처하는 데 도움이 되는 경우와 오히려 방해물이 되는 경우를 파악할 수 있다(시 139, 롬 12:3, 벧전 4:10).

① 그렇지 않다   ② 가끔 그렇다   ③ 대부분 그렇다   ④ 항상 그렇다

23. 누군가의 짐을 함께 져야 할 때(갈 6:2)와 그가 스스로 지고 가도록 내버려 두어야 할 때(갈 6:5)를 쉽게 구별할 수 있다.

① 그렇지 않다   ② 가끔 그렇다   ③ 대부분 그렇다   ④ 항상 그렇다

24. 언제라도 결단을 내리고 물러나 쉬면서 '연료 탱크'를 다시 가득 채울 수 있을 만큼 자신의 정서적, 관계적, 신체적, 영적 용량을 분명히 알고 있다(막 1:21-39).

① 그렇지 않다   ② 가끔 그렇다   ③ 대부분 그렇다   ④ 항상 그렇다

25. 가까운 사람들로부터 '가족, 휴식, 일, 놀이 사이의 균형을 성경 말씀에 어긋나지 않도록 잘 유지한다'라는 소리를 듣는다(출 20:8).

① 그렇지 않다   ② 가끔 그렇다   ③ 대부분 그렇다   ④ 항상 그렇다

합계 _____

원칙5 : 슬픔과 상실감을 받아들이라

26. 상실감과 실망을 드러내 놓고 인정할 수 있다(시 3, 5편).

① 그렇지 않다   ② 가끔 그렇다   ③ 대부분 그렇다   ④ 항상 그렇다

27. 실망과 상실의 상황을 헤쳐 나갈 때, 마치 아무렇지도 않다는 듯 가장하기보

다는 자신이 어떻게 느끼고 있는지 살펴본다(삼하 1:4, 17-27, 시 51:1-17).

① 그렇지 않다   ② 가끔 그렇다   ③ 대부분 그렇다   ④ 항상 그렇다

28. 다윗이나(시 69편) 예수님께서 그러셨던 것처럼(마 26:39, 요 11:35, 12:27) 상실감으로 깊이 슬퍼한다.

① 그렇지 않다   ② 가끔 그렇다   ③ 대부분 그렇다   ④ 항상 그렇다

29. 사람들은 내가 상실과 슬픔을 삶 속에서 잘 소화시키고 있다고 생각하고 커다란 고통과 슬픔이 닥치면 나를 찾는다(고후 1:3-7).

① 그렇지 않다   ② 가끔 그렇다   ③ 대부분 그렇다   ④ 항상 그렇다

30. 우울하고 슬퍼서 눈물을 흘리는 한편, 그 이면에 감춰진 원인을 찾아보고 상황을 극복할 수 있도록 하나님께서 내 안에 역사하시도록 나를 그분께 맡긴다(시 42편, 마 26:36-46).

① 그렇지 않다   ② 가끔 그렇다   ③ 대부분 그렇다   ④ 항상 그렇다

합계 _____

원칙6 : 성육신적인 삶의 본을 보이라

31. 정기적으로 다른 사람들의 세계와 감정 속으로 들어간다. 다른 사람들과 깊은 관계를 유지하며 그들의 입장이라면 어떤 느낌이 들지 머릿속에서 그려보는 시간을 갖는다(요 1:1-14, 고후 8:9, 빌 2:3-5).

① 그렇지 않다   ② 가끔 그렇다   ③ 대부분 그렇다   ④ 항상 그렇다

32. 잘 알고 지내는 이들은 대화를 할 때마다 내가 맞장구를 쳐 가며 진지하게 들어준다고 말한다(잠 10:19, 잠 29:11, 약 1:19).

① 그렇지 않다   ② 가끔 그렇다   ③ 대부분 그렇다   ④ 항상 그렇다

33. 내게 상처를 주거나 부당한 일을 하는 이를 상대할 때 상황에 대해 누군가를 비난하는 투로 말하기보다는 주로 1인칭(내가, 나를)을 써서 자신이 어떻게 느끼고 있는지를 말한다(잠 25:11, 엡 4:29-32).

① 그렇지 않다   ② 가끔 그렇다   ③ 대부분 그렇다   ④ 항상 그렇다

34. 좀처럼 남을 판단하지 않으며, 도리어 중재하고 화해시키는 역할을 한다(마 7:1-5).

① 그렇지 않다   ② 가끔 그렇다   ③ 대부분 그렇다   ④ 항상 그렇다

35. 사람들이 나더러 '제대로 사랑할 줄 아는 사람'이라고 말한다. 그런 사람이 되는 것은 나의 최종 목표이기도 한다(요 13:34-35, 고전 13).

① 그렇지 않다   ② 가끔 그렇다   ③ 대부분 그렇다   ④ 항상 그렇다

합계 _____

원칙7 : 천천히, 그리고 진심을 담아 이끌라

36. 하나님의 역사를 꾸준히 이뤄가기 위해 하나님과 단 둘이서 충분한 시간을 보낸다.

① 그렇지 않다   ② 가끔 그렇다   ③ 대부분 그렇다   ④ 항상 그렇다

37. 일주일에 하루, 꼬박 스물네 시간을 비워 안식을 지킨다. 그때는 일을 모두 멈추고 쉬면서 하나님을 기뻐하고 묵상한다.

① 그렇지 않다   ② 가끔 그렇다   ③ 대부분 그렇다   ④ 항상 그렇다

38. 교회 사역이나 그밖에 그 어떤 일보다도 결혼 생활을 지키고 아이들을 돌보는 일에 우선순위를 두고 있다는 사실을 가장 가까운 이들도 인정한다.

① 그렇지 않다　② 가끔 그렇다　③ 대부분 그렇다　④ 항상 그렇다

39. 필요하다면, 스스로에게든 다른 이들에게든, 까다롭고 불편한 질문을 던질 수 있다.

① 그렇지 않다　② 가끔 그렇다　③ 대부분 그렇다　④ 항상 그렇다

40. 리더십을 발휘해야 할 범위를 거룩한 일과 세상적인 일로 나누지 않는다. 리더십 기능 가운데 계획하고 실행하는 일도 기도하고 설교를 준비하는 일만큼 뜻 깊고 중요하게 여긴다.

① 그렇지 않다　② 가끔 그렇다　③ 대부분 그렇다　④ 항상 그렇다

합계 _____

결과 분석표

- 문항 하나하나에 답을 표시하고 점수를 합산하라. 예시된 샘플을 참조하여 분석표에 합계를 적어 넣으라.
- 점수를 도표에 점으로 표시하고 각 점을 연결하여 그래프를 만들라.
- '정서적인 성숙의 수준'을 보고 자신의 정서적인 건강이 영역별로 어느 수준에 있는지 해석하라. 어떤 패턴을 볼 수 있는가?

[실례]

영역A	문항	합계
일반적인 신앙 형성과 훈련	1-7	24/28

영역B

	문항	합계
원칙1 : 이면을 들여다 보라	1-6	20/24
원칙2 : 과거의 영향력을 차단하라	7-12	11/24
원칙3 : 겸손하고 부드러운 마음을 가지라	13-19	12/28
원칙4 : 한계라는 선물을 받아들이라	20-25	14/24
원칙5 : 슬픔과 상실감을 받아들이라	26-30	16/28
원칙6 : 제대로 사랑하기까지 예수님을 닮아가라	31-35	14/20
원칙7 : 천천히, 그리고 진심을 담아 이끌라	36-40	15/20

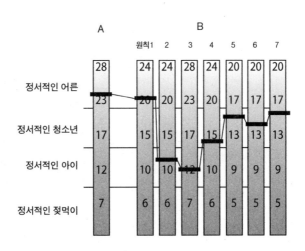

[당신의 점수는?]

영역A	문항	합계
일반적인 신앙 형성과 훈련	1-7	___ /28

영역B

	문항	합계
원칙1 : 이면을 들여다 보라	1-6	___ /24
원칙2 : 과거의 영향력을 차단하라	7-12	___ /24
원칙3 : 겸손하고 부드러운 마음을 가지라	13-19	___ /28
원칙4 : 한계라는 선물을 받아들이라	20-25	___ /24
원칙5 : 슬픔과 상실감을 받아들이라	26-30	___ /28
원칙6 : 제대로 사랑하기까지 예수님을 닮아가라	31-35	___ /20
원칙7 : 천천히, 그리고 진심을 담아 이끌라	36-40	___ /20

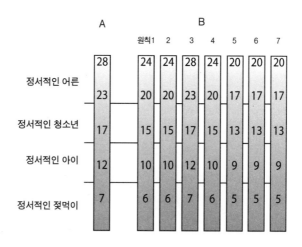

분석표 해석 : 정서적인 성숙의 수준[1]

정서적인 젖먹이

젖먹이들이 그렇듯, 누군가를 보살펴 주기보다는 보살핌을 받고 싶어 한다. 건강한 방식으로 느끼고 그것을 표현하는 데 어려움이 있으며 다른 사람들의 정서적인 세계에 들어가 보는 경우는 거의 없다. 끊임없이 코앞의 만족을 좇아 움직이며 종종 다른 사람들을 자신의 필요를 채우는 수단으로 이용하면서도 자신의 행동이 그들에게 어떤 영향(또는 상처)을 주는지 인식하지 못한다. 주위로부터 사려 깊지 못하고 둔감하며 자기중심적이라는 평가를 받는다.

정서적인 아이

아이들이 그렇듯, 자기 생각대로 살아가며 원하는 것이나 필요한 것은 뭐든지 받아들인다. 대체로 만족스러워하고 정서적으로 잘 적응하는 것처럼 보인다. 하지만 실망, 스트레스, 분노가 일어나거나 끔찍한 일에 맞닥뜨리면 금방 내면이 엉클어진다. 의견 차이를 개인적인 공격으로 해석하고 쉽게 상처를 받는다. 일이 생각처럼 풀리지 않으면 불평하거나 불끈 화를 낸다.

위축되거나 교묘히 감춘다든지 일부러 시간을 질질 끌기도 한다. 빈정대거나 복수의 기회를 노리는 경우도 있다. 누군가와 마주앉아서 그들에게 무엇을 원하고(또는 기대하고) 있는지에 대해 사랑이 넘치는 성숙한 방식으로 조용히 토론하기가 힘들다.

정서적인 청소년

십대 청소년들이 그렇듯, 성숙한 어른들의 사회에 무리 없이 '편입하기' 위해서 어떻게 처신해야 하는지 잘 안다. 건설적인 비평을 받으면 마음속에서 위기감과 경계심을 느끼고 즉시 방어적이 된다.

누군가에게 베푼 사랑을 무의식적으로 머릿속에 기록해 두고 있으므로 나중에 거기에 상응하는 대가를 요구한다. 갈등 상황에 부닥치면 자기 과오를 인정하기는 하지만 상대방의 잘못을 집요하게 부각한다. 자신보다는 상대편이 더 잘못했음을 입증하려는 것이다. 제 한 몸 살아가기도 힘에 부치다 보니, 누군가가 고통이나 낙심, 필요 따위를 토로할 때 자기 상념에 빠지지 않고 진심으로 귀를 기울여 주기가 어렵다.

정서적인 어른

다른 사람을 변화시키고 싶어 한다든지 비난하거나 판단하지 않고 순수하게 존경하며 사랑할 수 있다. 상대가 무엇을 줄 수 있느냐, 또는 어떻게 행동하느냐에 따라서가 아니라 있는 그대로 소중하게 여긴다. 자신의 생각과 감정, 목표, 행동에 대해서 스스로 책임진다. 의견이 다른 이들에게도 적대감 없이 자신의 신념과 가치관을 밝힌다. 한계, 능력, 약점 따위에 관해서 정확한 자기 평가를 내릴 수 있다.

그리스도의 절대적인 사랑을 받고 있음을 믿어 의심치 않으므로 남의 반응에 기대어 스스로의 가치를 가늠하려 들지 않는다. 하나님을 위한 사역과 그분과 함께 머무는 동행을 통합할 수 있다(마리아와 마르다의 경우를 생각해 보라). 크리스천으로서 단순히 주님을 섬기는 차원을 넘어 그분을 사랑하고 교제를 만끽하는 수준의 삶을 산다.

- 내용을 변조하지 않고, 영리적인 목적으로 사용하지 않으며, "《정서적으로 건강한 교회》(Pete Scazzero, Warren Bird 지음, 두란노, 2016년)에서 발췌"라고 명확히 밝힌다면 책을 구입한 독자는 누구든지 이 체크리스트를 복제하여 사용할 수 있다.

Part 3

정서적으로
건강한 교회를
만드는
7가지 원칙

Chapter 6

원칙1 :
이면을 들여다보라

정서적으로 건강한 교회의 교인들은 예수 그리스도께서 변화시키고자 하시는 일들이 어떻게 되어가고 있는지 자문하면서 자기 마음속을 깊고도 철저하게 통찰한다. 인생은 빙산 같아서 인간 본연의 모습은 수면 아래 깊은 곳에 잠겨 있음을 잘 알고 있으므로, 예수 그리스도를 닮아 가는 데 방해가 되는 수면 아래 부분을 깨닫게 하시고 또한 변화시켜 주시도록 하나님께 요청한다.

독약나무가 되버린 사역

바브라 킹솔버(Barbara Kingsolver)의 소설 《포이즌우드 바이블》(*Poisonwood Bible*)[1]의 주인공 네이선 프라이스 목사는 벨기에령 콩고(현재의 콩고민주공화국 - 역자 주)에 하나님 말씀을 전하려는 굳은 의지와 불같은 열심을 지닌 인물이었다. 1959년, 벨기에령 콩고는 정치적인 혼란 중이었지만, 전쟁의 위협 따위는 네이선 목사를 주눅 들게 하지 못했다.

3개월이라는 짧은 기간 동안 제2차 세계대전에 참전했던 그는 저 유명한 바탄 죽음의 행진(Bataan Death March, 필리핀에서 포로가 된 미국과 현지인들이 일본군의 학대를 받으면서 100킬로미터 넘게 이동한 사건. 이동 과정에서 1만 명 정도가 사망했다 - 역자 주)에서 수많은 전우들을 잃었다. 네이선은 바탄 반도에서 죽어간 생명들보다 더 많은 영혼들을 구원해야겠다는 굳은 결심을 품고 전쟁에서 돌아왔다. 성경의 명령은 분명했고, 그 말씀을 향한 결의는 단호했다.

아내는 사역을 하면서 겪게 될 고초를 달가워하지 않는 눈치였지만 네이선은 아내와 네 아이들을 데리고 아프리카로 들어가 작은 마을에 자리를 잡았다. 소설은 아내 올레나와 자녀들의 시점을 오가면서 30년에 걸친 프라이스 가족의 비극적인 이야기를 풀어내고 있다. 네이선이 자기 내면을 오랜 시간에 걸쳐 철저하게 통찰하는 데 실패함으로써 결국 모두 희생자가 되고 만 것이다.

소설에서 가장 충격적인 점은 네이선이라는 목회자에게 자신과 아내, 네 자녀 하나하나, 콩고 사람들에 대한 인식이 결여되어 있다는 사실이다. 예를 들어, 원주민들은 혹시 악어 밥이 될까 싶어 아이들이 강물에서 침례 받는 것을 두려워 했지만, 네이선은 그 이야기를 귀담아 듣지 않았다. 원주민의 언어를 구사하는 문제도 마찬가지였다. 원주민들이 쓰는 말은 억양에 따라 의미가 달라졌는데, 어떤 단어는 제대로 발음할 때는 '영광스럽고 인자하시며 사랑이 많으신'이란 뜻이었지만 미국식 강세가 들어가면 '독약나무'라는 의미로 바뀌어 버렸다. 설교가 끝날 때마다 네이선은 "예수님은 독약나무입니다!"라고 외쳤다. "예수님께 영광을 돌립니다!"를 잘못 발음했던 것이다. 소설 말미에서 그의 딸 에이다는 이렇게 말한다. "항상 '독약나무 성경'을 외치면서도 스스로는 오직 진리만 선포한다고 믿었던 양반, 난 그의 딸로 태어났다."

이 실화 소설은 가혹한 생활 조건과 시시각각 달라지는 정치적인 위기 상황뿐 아니라 가족들이 '아버지의 신앙'(또는 잘못된 신학)에서 헤어나는 과정을 따라간다. 아버지 네이선은 바로 그것 때문에 사람들을 효과적으로 사랑할 수 없었던 것이다. 그는 일종의 기계장치였다. 무의식적이고 반사적으로 하나님을 지향하고 움직였다. 영혼을 얻고 하나님을 위해 일하는 데 열과 성을 다했다.

아내 올레나는 남편에게 고분고분 순종해야 한다고 배운 여인이었다. 그녀에게는 가족들이 콩고에서 새로운 생활을 시작하면서 겪는 고통을 덜어 줄 만한 힘이 없었다. 남편의 행동이 불러온 결과들에서 아이들을 지켜 낼 능력을 갖추지 못했던 것이다. 결국 막내가 희생되고 만다. 식구들과 다른 선교사들이 간곡히 설득하는 데도 불구하고 네이선이 요지부동, 피난을 가지 않겠다고 고집을 부렸던 탓이다. 책의 종반부에서, 네이선은 결혼 생활이 처참히 무너져 내리는데도 여전히 하나님의 사역을 성실히 수행한다. 신혼 시절, 올레나는 이렇게 탄식했다.

> 네이선은 습관적으로 나를 외면했어요. 생활에 대해 불평이라도 할라치면, 저녁상에 차려진 음식을 씹으면서 은근슬쩍 눈길을 돌려 버리곤 했습니다. 일부러 인형을 망가트리고 나서 가지고 놀 장난감이 없다고 칭얼대는 아이를 대하는 것 같았어요. 미치지 않으려면 아픈 상처에다 부드러운 덧신을 댄 뒤에 그렇게 하는 게 얼마나 좋은지 떠들어 대는 법을 배워야 했습니다.[2]

그들의 결혼 생활은 줄곧 그런 식이었다. 물론 네이선은 극단적인 사례이며, 소설의 작가 역시 부당하게 교회를 겨누고 있다는 비난을 받아 왔다.[3] 문제는 네이선의 경우가 남의 일이 아니라는 점이다. 인정하고 싶지 않겠지만, 사실 목회자를 포함해서 많은 크리스천 지도자들이 깊고 철저하게 내면을 살피는 데 실패했던 네이선과 유사한 길을 가고 있다. 시간이 흐를수록 그에게 내면적인 깊이가 결여되어 있다는 사실이 드러났다. 특히 아이들이 성장하고 마침내 아내가 떠나면서 더욱 분명해졌다. 비극적인 일이지만, 외면적인 세계가 무너져 내린다 해도 네이선은 자기 내면을 들여다보지 않을 것이다.

물 밑에 감춰진 빙산의 위력

정말 무서운 점은 삶에 대한 왜곡된 환상 속에 안주하기 쉽다는 점이다. 진실이 아닌 것이라 할지라도 금방 익숙해져서 그게 올바른 것인 양 느낀다. 어떤 사람과 가까이 지내면서 함께 일하다 보면 누구나 그가 가진 모순과 그것을 합리화하는 여러 가지 술수를 언젠가 알아채게 마련이다. 그러나 사랑이 넘치는 성숙한 방식으로 그것을 지적해 줄 만한 용기와 기술을 가진 이는 그다지 많지 않다.

처음 예수를 믿은 후 15년간 크리스천으로 사는 동안 (물론 주님을 알기 전 19년 동안도 마찬가지지만), 내면, 마음의 심연, 또는 영혼을 깊이 들여다본 적이 거의 없다. 그러면서도 하루에 평균 두세 시간씩 기도하고, 성경을 읽고, 주님의 음성을 듣고, 죄를 고백하고, 경건의 일지를 쓰면서 하나님과 교제했다. 일주일에 한 번씩은 꼬박꼬박 집 근처 예수회 수도원에 들어가서 하루 종일 금식하며 기도했다. 지금도 그렇게 한다.

그렇지만 나는 단언할 수 있다. 깊고도 철저하게 내면을 통찰하지는 못했다. 어떻게 그럴 수가 있었을까? 마음을 살펴 주시도록 하나님께

〈그림 1〉 드러난 부분보다 드러나지 않은 부분이 훨씬 더 많은 빙산.
이처럼 인간 본연의 모습은 수면 아래 90퍼센트 정도 잠겨 있다.

기회를 드리지 않았던가? '내면을 깊고도 철저하게 들여다보라'는 부르심과 관련해서 가장 걱정스러운 부분은 거의 대부분의 사람들이 자신은 이미 그렇게 하고 있노라고 자부한다는 점이다. 나도 여러 해 동안 그렇게 믿으며 살았다.

하지만 유감스럽게도 실제로는 예수님의 변화시키시는 손길이 수면 아래 저 깊은 기층(基層)까지는 미치지 못했었다. 수면 위보다 물 밑에 잠긴 부분이 훨씬 더 거대한 빙산, 내 삶은 바로 그 빙산 같았다. 내면세계는 보이지 않았지만 가시적인 생활을 좌지우지하고 있었다.

그림에서 보는 것처럼 빙산은 전체의 고작 10퍼센트만 수면 위로 나타난다. 바로 그만큼이 우리가 의식하고 있는 삶의 영역이다. 그러나 빙산의 감춰진 90퍼센트 부분과 부딪힌 탓에 타이타닉 호가 침몰했다는 사실을 잊어서는 안 된다. 헤아릴 수 없을 정도로 많은 리더들이 삶의 수면 아래 깔려 있는 어떤 힘이나 동기들 때문에 결국 파멸에 이르거나 모순투성이로 살아간다.

솔로몬은 그 점을 한마디로 잘 지적하고 있다. "모든 지킬 만한 것 중에 더욱 네 마음을 지키라 생명의 근원이 이에서 남이니라"(잠 4:23). 하나님의 은혜와 사랑을 믿고 자신의 내면을 깊이 들여다보는 작업은 두려운 일일 수 있다. 어떻게 해야 하는지 아는 사람도 별로 없다. 나 역시 그랬다.

유엔 사무총장을 지낸 다그 함마르셸드(Dag Hammarskjold)는 사람들이 자기 외면을 살피는 데는 정통하게 되면서도 인격적인 내면세계를 파악하는 일과 관련해서는 동일한 기술을 개발하지 않는다고 지적했다. 그는 이렇게 썼다. "우리가 떠나야 할 가장 먼 여행은 자기 내면을 찾아가는 여정이다."4 대다수 인간들은 내면을 향한 먼 여정에 나서기보다는 사물을 능숙하게 다루고 여러 가지 상황을 통제하는 등 무슨 일을 해내는 능력을 갖추는 데 훨씬 더 신경을 쓴다.

고통스러운 껍질 벗기

이 책을 읽는 독자들은 가면을 벗고 고통스럽지만 솔직하고자 하는 자세를 가질 필요가 있다. 예수님께서는 "진리를 알지니 진리가 너희를 자유롭게 하리라"고 말씀하셨다(요 8:32). 나는 그걸 '가면을 벗는다'는 말로 표현한다. 에덴동산의 아담과 하와가 그랬던 것처럼, 우리도 하나님 앞에서 벌거벗고 참 모습을 드러내기보다는 진실을 가리고 자신을 숨기려 들기 때문이다. 태초부터 이것이 죄의 근원이었다(창 3:1-19).

정직하게 자신을 드러내는 것은 고통스러운 과정이다. 결과적으로는 진리가 우리를 자유케 하고 하나님을 향해 더 다가설 수 있게 해 주지만 우리는 이 진리를 처음에는 피하고 싶어 한다.

C. S. 루이스의 작품 《나니아 연대기》(Chronicles of Narnia)에 등장하는 이야기들 가운데 '새벽 출정호의 항해'(Voyage of the Dawn Treader) 편은 깊고 철저하게 내면을 통찰하면서 하나님을 좇는다는 게 어떤 것인지를 그려내고 있다. 주인공인 소년 유스터스는 이기심과 고집, 불신의 결과로 몸집 크고 추하게 생긴 용으로 변한다. 다시 어린 소년으로 돌아가고 싶어도 제힘으로는 어찌해 볼 도리가 없다. 그때 고귀한 사자 아슬란(예수님을 상징한다)이 나타나서 유스터스가 몸을 씻을 수 있도록 아름다운 우물로 인도한다. 하지만 용의 몸을 하고 있는지라 우물에 들어갈 수가 없다.

아슬란은 옷을 벗으라고 말한다. 그제야 유스터스는 자신이 뱀처럼 허물을 벗을 수 있다는 사실을 기억해 낸다. 그러고는 스스로 한 꺼풀을 벗어던진다. 허물이 땅에 떨어지자 한결 살 만해진다.

하지만 우물로 들어가려는 순간, 아직 단단하고 거친 데다가 비늘이 촘촘히 박힌 껍질이 아직 남아 있다는 사실을 알게 된다. 낙심, 고통과 더불어 아름다운 우물에 들어가고 싶다는 간절한 소망에 휩싸인 유스터스는 스스로에게 묻는다. "도대체 몇 껍질이나 벗어내야 하는 거지?"

그렇게 세 번 껍질을 벗고 나서 유스터스는 포기를 결심한다. 해낼 수 없을 것만 같은 생각이 들었던 것이다. 아슬란 "네 옷은 내가 벗겨야 해"라고 말한다. 유스터스는 어떻게 반응했을까?

어쨌든 발톱이 너무 무서웠지만 그때는 정말 될 대로 돼라 싶은 상태였어. 그래서 등을 땅에 대고 그냥 누워서 사자가 껍질을 벗기게 내버려 두었어. 처음에는 발톱이 얼마나 깊이 박혔던지 곧장 심장까지 들어오는 줄 알았어. 이윽고 껍질을 벗겨내기 시작했는데, 평생 그렇게 끔찍했던 적은 한번도 없었어. 그래, 사자는 그 끔찍한 껍질을 확 벗겨내서 (생각해 보면 나도 세 번씩이나 그렇게 껍질을 뜯어냈었지. 다만 그때는 그렇게 죽을 맛은 아니었어) 풀밭에 내려놓았어. 여태까지 벗겨낸 것들보다 훨씬 더 두껍고, 어둡고, 마디가 졌더군. 나는 부드럽고 연해졌어. 그런데 사자가 나를 붙잡더니. 물에다 던져 넣는 거야. 잠깐이었지만 아주 욱신거리더라고. 그리곤 정말 유쾌해졌어. 헤엄을 치고 물장구를 치기 시작하자 곧 팔에서 통증이 말끔히 사라졌어. 그제야 이유를 알았지. 다시 아이로 돌아왔던 거야. **조금 있으니까 나를 끄집어내서 옷을 입혀주더군. 발톱으로. 지금 내가 입고 있는 이 옷을.** [5] (강조는 필자가 추가)

C. S. 루이스가 잘 표현해낸 것처럼, 지금까지와는 전혀 다른 쪽으로 방향을 돌린다는 것은 마치 하나님의 발톱이 몸을 깊숙이 파고들어와 심장을 도려내는 것 같은 느낌을 준다.

고통, 새로운 삶을 시작하게 하는 자극제

　하나님께서는 종종 고통이라는 도구를 써서 사람을 변화시키신다. 지난 20년 동안 목회자로 일한 경험에 미뤄볼 때, 대다수 사람들은 무언가 불편하고 괴로운 일이 없으면 좀처럼 자신의 내면을 깊고 철저하게 들여다보려 하지 않는다. 특히 중년층에 이런 현상이 두드러지게 나타난다. "변화를 추구하는 고통보다 현상을 유지하는 수고가 더 커질 때 변화가 시작된다"라고 하는데, 그것은 맞는 말이다.[6]

　우리는 흔히 고통을 통하여 변화를 향한 갈망을 키워간다. 고통을 겪으면서 "변해야 해. 삶 속에서 뭔가 돌파구를 찾지 않으면 안 돼. 이렇게 '교회 놀이'를 계속할 수는 없지"라고 생각하게 되는 것이다. 리더 훈련을 받고 있는 젊은이들 가운데 더러 정서적인 성숙과 영적인 성숙을 통합한 제자훈련 모델에 명민하게 반응하고 의미있는 변화를 체험하는 경우를 볼 수 있다. 위기상황이 닥친 것도 아니고 처절한 고통도 없지만, 그들은 성장하고 또 성숙한다. 반면에 변화가 더딘 일부의 사람들에게는 위기와 극단적인 고통이 촉진제가 되는 게 아닌가 싶다.

　부여된 고통의 강도와 삶의 이면을 정직하게 돌아보는 수준 사이에는 직접적인 상관관계가 있는 듯하다. 배우자가 기존의 생활 방식으로는 더 이상 못 살겠노라고 나선 직후라든지 약물중독이나 윤리적인 문제에서 헤어나지 못할 지경이 되고 나서야 크리스천으로서 새로운 삶의 여정을 시작하는 이들이 허다하다.

　한편 나의 경우에서 보듯, 달리 선택의 여지가 없는 처지에 몰린 후에 마지못해 자기 내면을 성찰하기 시작하는 사례도 있다. 가끔은 교회가 분열되거나 위기상황이 닥치는 바람에 리더들이 집단적으로 더욱 새롭고 철저한 방식을 통하여 스스로의 마음을 살펴보게 되기도 한다. 간단히 말해서, '현재의 자아'라는 빙산의 이면을 파고 들어가려면 불편과 고통을 자신의 일부로(그것이 좋은 것이든, 나쁜 것이든, 추한 것이든) 새롭게 받아들일 수 있어야 한다는 것이다.

정서적으로 건강한 교회의 교인들은 정기적으로 내면을 점검한다. 그런 습관이 몸에 붙으면 그 경험을 통하여 교회 안에서 어떻게 훈련을 받거나 다른 사람들과 관계를 맺어가야 할지를 포괄적으로 파악할 수 있다. 자신과 다른 사람의 자아를 들여다본다는 게 정확하게 어떤 것일까? 거기에는 두 가지 중요한 요소가 있다. 하나는 자신의 느낌과 행동을 정확하게 파악하는 것이고 다른 하나는 '왜?'(why)라는 동기를 묻는 것이다.

1. 자신의 느낌과 행동에 대한 정확한 인식을 키우라

예수님께서는 스스로 어떤 존재인지를 완벽하게 알고 계셨다. 붙잡혀 가시기 전날 저녁, 주님은 종의 자리에 서서 열두 제자의 발을 씻기기 시작하셨다. 가룟 유다까지도 예외가 아니었다. 사도 요한은 당시의 상황을 이렇게 기록했다. "저녁 먹는 중 예수는 아버지께서 모든 것을 자기 손에 맡기신 것과 또 자기가 하나님께로부터 오셨다가 하나님께로 돌아가실 것을 아시고"(요 13:3). 자신이 누구이며 무슨 일을 행하고 있는지 깊이 인식하셨다.

그렇지 않았더라면 가족과 친구, 제자들의 소망이나 일반 대중의 종교 문화적인 기대를 저버리고 자신을 향한 하나님의 특별한 계획에 따를 수 없었을 것이다. 우리도 마찬가지다. 자신이 어떻게 느끼고 행동하는 지에 대해 정확하게 인식하면, 종전과는 다른(하나님의 뜻에 합당한) 방식으로 살아가며 새롭고 건강한 관계 유형을 개발할 용기를 얻을 수 있다.

성경은 예수님을 강렬하고, 가식이 없으며, 정서적인 경험의 소유자며, 망설임 없이 감정을 표출하고, 다른 사람들을 당황스럽게 만들지 않으면서도 자유로우셨던 분으로 묘사한다. 주님은 감정을 억누르거나 누군가에게 전가하지 않았다. 오히려 세상에서 사역하시는 동안 줄곧 처음부터 끝까지 인간의 감정을 모두 체험하셨음을 볼 수 있다. 대니얼 고울만(Daniel Goleman)이 만들어 널리 퍼트린 용어를 빌어 표현하자면, 예수님은 '감정적으로 성숙한'(emotionally intelligent) 분이었던 것이다.[7]

- 마음이 몹시 비통하여 깊이 괴로워하셨다(요 11:33).
- 나사로의 무덤가에 가셨을 때, 그리고 예루살렘 성을 굽어보시면서 우셨다(요 11:33-36, 눅 19:41).
- 제자들을 야단치셨다(막 10:14)
- 성전을 오염시킨 상업주의에 분노하셨다(요 2:13-17).
- 놀라움을 나타내셨다(마 8:10).
- 열두 제자들과 함께 있고 싶다는 정서적인 기대를 품으셨다(눅 22:15).
- 홀로 된 여인들과 문둥병자, 앞을 보지 못하는 이들을 불쌍히 여기셨다(마 20:34, 막 1:41, 눅 7:13).[8]

예수님께서는 스스로에 대해서 뿐 아니라 다른 사람들과의 관계에 있어서도 똑같이 반응하셨다. 복음서를 읽노라면, 그리스도께서 사람들의 행동 이면에 무엇이 깔려 있는지 분별하시고 거기에 맞게 대처하시는 무수한 사례들을 만날 수 있다. 쉬운 예로, 사역을 갓 시작하셨을 무렵 많은 사람들이 기적을 보고 따라다녔지만 주님은 그들에게 몸을 의탁하지 않으셨다(요 2:23-24). 그들의 마음이라는 빙산의 실체를 알고 계셨기 때문이다. 그밖에도 예수님께서 사람들, 특히 열두 제자로 구성된 소규모 공동체를 안팎으로 완전히 변화시키시기 위해 수면 아래 감춰진 부분을 들춰내시는 모습을 곳곳에서 볼 수 있다.

경우에 따라서는 특정한 상황에 대한 신체적인 반응을 면밀히 살피는 간단하고도 유용한 훈련을 통해서 감정에 관심을 기울이는 과정을 시작할 수도 있다. 위장에 생긴 혹이라든지, 긴장성 두통, 이갈이, 깍지나 팔짱을 끼는 습관, 손바닥의 발한(發汗), 뒷목이 뻣뻣해지는 증세, 발 떨기, 불면증 등의 반응이 일어나는지 관찰하는 것이다. 그리고 스스로에게 묻는다. "지금 내 몸이 어떤 감정에 관해 이야기하고 있는 것일까?" 어떤 이들에게는 신체 반응을 인식하는 훈련이 올바른 방향으로 나가는 중요한 발판이 된다.

껍질뿐인 사역, 빌의 경우

허다한 교회 지도자들이 자동항법장치 노릇을 하고 있다. 너무 분주해서 삶의 안팎에서 실제로 무슨 일이 일어나고 있는지 꼼꼼히 돌아볼 여유가 없는 것이다. 대다수 크리스천들이 자기중심적인 반면 자기성찰에는 인색한 게 아닌지 정말 걱정스럽다. 다들 자신의 감정을 파악하고 그 동기가 무엇인지 알아내려고 씨름하기보다는 다른 사람들이 나를 어떻게 생각할지에 더 신경을 쓴다.

빌은 캠퍼스 선교 단체를 통해 크리스천이 되었으며 보수성향의 명문 신학교에 입학했다. 공부를 마치고 고향인 뉴욕으로 돌아온 그는 컴퓨터 컨설턴트로 취직했다. 자비량 사역자로서 가르치고 관리하는 은사를 교회를 세우는 일에 사용하려는 뜻이었다. 이미 결혼한 상태였고 아이들도 넷씩이나 있었다.

그런데 그렇게 다양한 은사와 능력을 갖추고 있는데도 빌의 사역은 실속이 없었다. 무언가 모자라는 게 있었다. 빌은 뉴 라이프 펠로십 교회에서 성경을 가르치고 소그룹들을 이끌었지만 자기 자신을 나누어 주지 않았다. 누군가가 감정을 인식하는 일의 중요성에 관해 처음으로 물었을 때, 빌은 강한 거부감을 나타냈다. "감정에 의존하지 마세요. 감정 따위는 떨쳐버려야 합니다."

그러던 어느 날, 빌의 세계가 통째로 내려앉는 사건이 일어났다. 아내로부터 더 이상 당신을 사랑한다는 확신이 들지 않으며 결혼해서 함께 살면서도 행복감을 느끼지 못했다는 고백을 들었던 것이다. 빌은 당시를 이렇게 기억했다. "얼마나 놀랐던지 삶에 엄청난 구멍이 뚫린 것 같았습니다."

빌 부부는 헤아릴 수 없는 아픔을 겪으면서 성장한 사람들이었다. 아내 애쉴리는 늘 자신에게는 저만의 감정을 누릴 권리조차 없었다고 이야기했다. 빌에게는 유년시절 동네 아이들에게 정서적인 학대를 받은 경험이 있었다. "어렸을 때는 무척 외로웠어요. 같이 어울려 놀려고 다가가면 아이들은 죄다 달아나버렸어요. 친구가 되고 싶었는데 돌아온 것은 따돌림뿐이었어요." 결국 빌은 딱딱한 껍질을 뒤집어쓴 채 좀비처럼 자신의 참 모습을 드러내지 않게 되었다. "마음속에서 일어나는 일들을 아무하고도 나누지 않았습니다. 아내에게도 마찬가지였어요."

결혼 생활이 너무나 힘들었던 나머지 빌은 마침내 자기 삶의 이면에 무엇이 존재하는지, 그리고 정서적으로 왜 그렇게 메마른 상태에 이르렀는지 다시 생각하기 시작했다. 빌은 곧 자신이 느끼는 외로움의 실체가 무엇인지 파악해냈다. 바깥세계의 고통과 혼란에서 자아를 지키기 위해 스스로 높은 담장을 쌓았다는 사실을 깨달았던 것이다. "기름칠이 잘 된 엔진, 그러나 콘크리트 울타리에 갇힌 엔진처럼 움직였습니다. 감정 신호가 고도의 이성적인 사고에 묻혀 버린 일종의 정서적인 블랙홀이었던 셈이죠."

빌을 생각할 때 가장 인상 깊은 점은, 수면 아래 감춰진 자신의 빙산을 처리하는 내면적인 작업이 진척되어 갈수록 다른 사람들을 대상으로 하는 사역이 함께 넓어지고 깊어졌다는 사실이다.

다음 두 해 동안 소그룹 모임을 인도하면서 얼마나 잘 가르치고 훌륭한 리더십을 발휘했던지, 멤버들이 깜짝 놀랄 정도였다. 약점을 솔직 담백하게 나눌 줄 알게 되었으며 가정과 직장, 교회에서 하나님 말씀대로 살려고 무진 애를 썼다. 이제는 남의 허물을 바로잡겠다고 달려드는 대신 똑같이 부족한 인간으로서 동등한 수준에서 관계를 맺었다. 자기 '본질'을 인식하면서부터는 정죄하는 마음도 많이 누그러졌다.

빌의 변화는 의미심장한 것이어서 그가 이끄는 소그룹에서 공부했던 어느 40대 남성은 "하나님께서 빌 같은 인물을 오늘날처럼 그렇게 겸손하고 경건한 사람으로 바꾸실 수 있는 분이라면, 나도 한 번 노력해 봐야겠다"라고까지 했다.

치열한 자기 내면과의 대면

어떤 이들은 감정이나 행동에 관심을 쏟는 것을 탐욕스럽고 이기적인 일이라고 생각한다. 감정을 인식하는 문제를 제자훈련의 핵심 요소로 다루었다는 얘기는 거의, 아니 전혀 들어본 적이 없다.

그리스도의 장성한 분량까지 성숙해가는 일과 관련해서 여러 가지 중요한 문제들이 있지만, 감정과 느낌을 정직하게 살펴보는 일은 그 가운데서도 핵심이라고 할 만 하다. 이런 내면적인 통찰은 나르시시즘을 부추기는 자기중심적인 반성으로 빠지지 않는다. 궁극적인 목표는 복음을 통하여 우리 모두가 변화되는 것이다. 수면 위로 보이는 빙산뿐만 아니라 수면 아랫부분까지 달라져야 한다. 그리하여 마침내는 하나님과 이웃을 더욱 사랑하는 사람이 될 것이다.

자신의 감정과 행동들은 물론, 그것이 다른 사람들에게 어떤 영향을 미치는지에 대해 정확하게 인식하는 작업이 전제되지 않는다면 누군가의 삶 속으로 깊이 침투해 들어간다는 것은 거의 불가능에 가깝다. 자신의 세계에도 들어가지 못하는 사람이 어떻게 타인의 세계에 진입할 수 있겠는가?

창조주 앞에서 쏟아 놓던 욥의 울부짖음, 하나님 말씀으로 인하여 중심이 '불붙는 것' 같았던 예레미야의 고뇌(렘 20:9), 광야에서 모세가 겪었던 갈등, 하나님으로부터 버림받았다고 생각했던 다윗의 번민 등과 같은 이야기가 성경에 나온다. 이런 이야기들을 읽다 보면, 하나님께서 세우신 지도자들은 그들을 둘러싼 온갖 감정이나 느낌, 현실 등과 씨름하는 동안 모질고 고통스러운 상황을 무릅쓰고 한결같이 정직했음을 알 수 있다. 그들이 살아 낸 삶의 이야기가 그토록 강렬하게 다가오는 이유가 바로 거기에 있다.

2. "왜?" 또는 "무슨 일이지?"라고 물으라

우물가에서 사마리아 여인과 대화하시면서(요 4장) 예수님께서는 계속해서 "왜?"라는 질문을 하셨다. 왜 한낮에 우물에 나왔지? 창피해서 그랬을까? 왜 남편을 계속 바꾸었지? 어떤 공허함을 채우고 싶은 걸까? 주님은 이처럼 생명과 관련된 더 큰 질문들을 다루시기 위해서 여인의 행동, 그 이면으로 들어가셨던 것이다.

사마리아 여인은 슬쩍 화제를 돌리려 했다. 수면 위에 드러난 부분에 대해서만 이야기하고 싶었던 것이다. 그래서 여인은 예배드리기에 가장 좋은 장소가 어디냐고 예수님께 물었다(요 4:20). 대답 대신 주님은 빙산처럼 수면 아래 잠겨 드러나지 않은 삶을 살펴보자고 부르셨으며, 여인의 부도덕한 생활방식을 사랑에 대한 채워지지 않는 갈증의 상징으로 여기셨다.

예수님께서는 다른 사람들을 향해서도 "왜?"라는 질문을 던지셨다. 언젠가는 외면적인 행위의 문제에 대해서는 열을 올리면서 내면과 관련된 까다로운 작업에는 소극적인 바리새인과 서기관들을 꾸짖으셨다. "무리를 다시 불러 이르시되 너희는 다 내 말을 듣고 깨달으라. 무엇이든지 밖에서 사람에게로 들어가는 것은 능히 사람을 더럽게 하지 못하되"(막

7:14-15). 주님은 행동의 이유와 동기, 마음이 지향해야 할 방향을 다시 설정해 주시려 노력하셨다(막 7:21).

나의 경우, 일단 무슨 일을 하고 있고, 어떻게 느끼며, 그것이 다른 사람들에게 어떤 영향을 주는지 인식하기 시작한 뒤에는 스스로에게 "왜?"로 시작하는 곤란한 질문들을 던져야 했다. 예를 들자면 이런 것들이다.

- 집에 있거나 교회에 있든지, 왜 나는 항상 모임에 늦게 가지?
- 주일예배 후에 설교에서 은혜 받은 게 하나도 없었다는 말리타의 이야기에 왜 그렇게 마음이 상했을까? 또는 왜 그런 말에 조금도 상처받지 않았을까?
- 왜 어떤 특정한 사람을 피하고 있지?
- 왜 오늘 오후 2시에 열리는 모임에 가기가 두렵지?
- 해리에게서는 일주일 내내 전화 응답이 없다. 왜 해리와 만날 생각만 해도 미칠 것만 같아지는 것일까?
- 왜 나는 그렇게 절박하게 목회에서 성공하고 싶어 하는 것일까? 내가 얼마나 소중하고 가치 있는 존재인지 인정받자는 것인가? 아니면 은사와 달란트를 잘 관리하는 선한 청지기이기 때문인가?
- 왜 교회에서 까다로운 인물과 부딪히지 않으려 하지? 겸손과 화평의 모델이 되고 싶은가? 아니면 거절당하고 싶지 않아서인가?
- 왜 나는 응답 전화를 걸고 이메일을 보내는 일에 한사코 매달리는가? 교인들을 기쁘게 해주고 싶어서인가? 아니면 모든 사람들

이 나를 유능한 목회자로 알아주었으면 하는 걸까?

마음속 깊은 곳에 어떤 것이 자리 잡고 있는지 면밀히 살펴볼 수 있게 해주는 이런 유의 질문들을 던진다는 것은 아무리 너그럽게 생각해도 불편한 일임에는 틀림없다.

과거에는 내가 잡아 놓은 일정과 계획을 그대로 이루어 달라고 하나님께 간구하는 일에 시간을 투자했다. 하지만 이제는 감정의 보따리를 싸들고 혼자 한적한 곳으로 나가서 하나님 앞에 열린 마음으로 묵상하면서 "왜"라는 질문과 씨름하고 주님의 음성을 기다리는 일에 더 많은 시간을 들인다.

리처드 포스터는 베스트셀러 《훈련의 기쁨》(Celebration of Discipline)의 서두에 "오늘날 지식인들이나 재주꾼이 더 많이 필요한 게 아니다. 절실하게 요구되는 사람은 깊이가 있는 이들이다"라고 적었다.[9]

나는 영성훈련을 100퍼센트 신뢰하는 사람이다. 영성훈련의 목적은 하나님과 이웃을 더욱 잘 사랑하게 되는 것이다. 그러자면 감정에 충실할 뿐만 아니라 정확하게 파악하고 있으며, "왜?"라는 질문을 적절하게 사용하고, 하나님과 사람들 앞에서 자신을 살필 줄 아는 정서적으로 건강한 제자가 되어야 한다는 뜻이다.

"지금 이 상황에서 솔직하게 어떤 감정을 느끼고 있지? 무슨 일이 일어나고 있는 것일까?"라고 묻자면 용기가 필요하다. 분노, 수치심, 괴로움, 미움, 슬픔, 질투, 공포, 우울 등 통상 부정적인 정서로 분류하는 감정들에 대해서는 특히 그렇다.

블레이즈 파스칼은 이렇게 썼다. "조용한 방에 혼자 앉아 있을 수 없다는 것. 인간의 모든 비참함은 거기서 비롯된다."[10] 여기서 혼자 침잠한다는 말에는 어째서 이런 느낌이 드는지 자신의 감정과 생각을 살피고 그것들을 하나님 앞에 정직하게 가지고 나가는 행위가 포함된다. 나는 이렇게 묻곤 한다. "이것에는 어떤 의미가 있습니까? 하나님께서 말씀하시고자 하는 것은 무엇입니까? 제 삶에 대한 이야기입니까? 다른 사람들과 관련된 말씀입니까?"

3. 복음과 정서적인 건강을 연결하라

일단 삶의 이면을 보기 시작하면 조만간 깜짝 놀랄 만큼 추악한 심연과 맞닥뜨리게 된다. 어느 청교도 현자는 이렇게 말했다. "하나님께서 우리 죄 가운데 1퍼센트만이라도 직접 볼 수 있게 해주신다면, 너무 놀라서 당장 숨이 끊어지고 말 것이다."

삶의 이면으로 들어간다는 것은 마치 안전망 하나 없이 150미터 상공에 걸린 밧줄 위를 걸어가는 듯한 느낌일 수 있다. 복음은 바로 그 안전망 같은 존재다. 복음은 마음속 심연을 탐색하기 위하여 외줄타기의 모험을 감행할 유일한 근거가 된다.

복음은 우리가 감히 상상할 수 없을 만큼 죄와 흠투성이지만, 예수님께서 대신 죽으심으로 인하여 감히 기대조차 할 수 없었던 용서와 사랑을 받고 있다는 사실을 알려준다. 예수 그리스도를 믿고 신뢰하는 순간 위대한 교환이 일어나는 것이다. "하나님이 죄를 알지도 못하신 이를 우리를 대신하여 죄로 삼으신 것은 우리로 하여금 그 안에서 하나님의 의가 되게 하려 하심이라"(고후 5:21).

우리 교회에서는 정기적으로 소그룹 인도자들과 목회자, 수습 과정을 밟고 있는 리더들을 대상으로 지도자 모임을 갖는다. 함께 공부하면서 복음과 정서적인 건강을 통합하는 데 2년이라는 시간이 걸렸다. 그동안 갈라디아서와 로마서를 깊게 연구해가며 인격 형성 영역(한계를 설정하고, 가족을 세워 갈 계획을 세우며, 경계를 확정하는 등)과 기술 개발 영역 모두를 추구했다. 그 기간 동안 소그룹과 성경공부 반을 비롯한 다양한 현장에서 복음과 정서적인 건강이 직접 연결되는 사건들이 일어났다.

복음이 마음의 이면을 깊이 들여다보는 일과 어떻게 만날 수 있는지 알기 쉽게 설명하기 위해서 지금부터 두 가지 사례를 나눠보려고 한다.

나를 입증할 필요가 없다

나는 복음을 사랑한다. 이미 10년 전부터 교회에 다녔지만, 복음을 제대로 알기 전에는 나의 초라함과 방어기제들, 약한 부분, 어린 시절 당했던 학대 등을 어떻게든 숨기려고 했다. 사실 나는 늘 숨기고 살았다. 분노를 숨기고, 질투와 교만, 조건적인 사랑, 이기심, 상처, 실수, 약점, 불완전함을 숨겼다. 크리스천 사회에서는 그런 것들이 받아들여지지 않는다고 생각했다. 철저하고 완전하지 않으면 사랑을 받을 수도 없고 용납될 수도 없다고 믿었다. 누가 그런 내 말에 귀를 기울여 주겠는가? 그러므로 어떻게 해서든지 내가 능력 있고, 강하며, 완벽하고, 의로운 사람이라는 걸 증명해 보여야 했다.

과거에는 이웃을 사랑하기가 너무나 힘들다는 생각이 들 때마다 절망이 찾아왔다. "크리스천이면서도 기독교의 핵심 원리를 실천할 힘이 없구나!"라는 탄식이 뇌리를 떠나지 않았다. 차츰 내가 자기 의(義)에 기대어 하나님의 환심을 사려한다는 사실을 깨달았다. 나도 모르는 사이에 이른바 '사랑해서, 사랑하지 않으서'를 반복하는 데이지 심리(daisy mentality)를 갖게 된 것이다. 영적으로 얼마나 잘 살고 있느냐에 따라 "주님이 나를 사랑해서, 사랑하지 않으실 거야, 사랑해서, 사랑하지 않으실 거야"를 되풀이했다.

갈라디아서를 공부하면서 나는 예수 그리스도의 복음에 대하여 새롭게 파악하게 되었다. 아무에게도 나를 입증해 보일 필요가 없었다. 그때까지는 아무 의식 없이 그런 식으로 살았었다. 그리스도께서 나를 위해 세상에 오셨다가 돌아가시고 다시 부활하신 덕분에 하나님의 완전한 용서와 사랑을 받았던 것이다. 그리스도께서 나를 소중히 여기시고 사랑하며 용서하시므로 아무것도 애써 입증할 이유가 없다는 사실이 얼마나 감사한지 모른다. 이 모습 그대로 정말 자유로울 수 있다. 뭐든지 감추는 생활은 끝났다.

이제는 실패에 대해 자유로워졌으며 약점과 필요를 다른 사람들과 거리낌 없이 나눌 수 있다. 내게 문제가 있다면 얼마든지 인정할 수 있다. "잘 모르겠습니다"라고 말할 수 있고, "내가 잘못했습니다. 용서해 주세요"라고 시인할 수 있다. 세상 모든 문제에 대한 해답을 쥐고 있는 게 아님을 분명히 인식하고 있으며 누군가를 돌봐 줘야 한다는 부담감 없이 편안히 즐거움을 누릴 수 있다.

겉치레 할 필요가 없다

지난 몇 년 동안 뉴 라이프 펠로십 교회에 다니면서 복음의 진리를 받아들이고 복음을 통해 자유로워지는 데 큰 도움을 받았다. 그리스도의 의가 장차 하나님 앞에서 나를 눈부시게 꾸며 줄 결혼 예복이 될 것이라는 상상에 한 여성으로서 큰 감명을 받았다. 그리스도께서 희생하심으로 말미암아 내가 "거룩하고 흠 없고 책망할 것이 없는 자로" 하나님 앞에 설수 있다(골 1:22)는 말씀을 묵상하면서 정서적인 차원에까지 복음의 진리를 받아들였다.

이사야서 62장 5절에서 "신랑이 신부를 기뻐함 같이 네 하나님이 너를 기뻐하시리라"는 말씀을 만났던 생각이 난다. 처음 든 생각은 '이게 틀림없는 사실일까? 정말 하나님께서 나를 이처럼 뜨겁게 사랑하실까?' 하는 것이었다. 하지만 금방 그리스도께서 돌아가신 덕분에 내가 하나님의 사랑을 받게 되었다는 데 생각이 미쳤다. 십자가 사건은 내 삶 전체를 지탱하는 토대다. 나는 내 존재의 핵심에 이르기까지 완전한 사랑을 받고 있다. 하나님께서는 인격적으로, 그리고 정서적으로 나를 사랑하신다.

자기 백성을 사랑하시는 하나님의 감정을 묘사한 구절들을 묵상하고 개인적으로 적용할 때마다 복음의 진리가 '마음속 저 깊은 곳'까지 스며든다. 나는 하나님께서 나의 가장 깊은 곳까지 어루만지시고 치료해 주시는 것이 곧 그분의 정서적인 사랑이라고 생각한다. 기뻐 춤추고 싶게 만드신 하나님께서 또한 나를 소중히 여기신다는 사실을 나는 분명히 알고 있다.

그리스도를 통하여 하나님 앞에 사랑받는 자녀로 설 수 있다는 사실을 알면, 자신의 진정한 자아에 담긴 혼란스럽고 어두운 측면을 살펴보는 일에 주저함이 없어진다. 예를 들어, 자신을 통제하는 데 문제가 있다는 사실과 맞닥뜨릴 수도 있지만, 그렇다 하더라도 솔직하게 자신을 돌아보고 그것을 위해 기도할 수 있으며 거리낌 없이 다른 사람에게 이야기할 수도 있다.

자신을 통제하지 못하는 문제는 물론이고 어떠한 유형의 죄라도 하나님을 놀라게 할 수 없으며 주께서 주신 신분을 위협지도 못한다는 사실을 잘 알고 있기 때문이다. 하나님께서는 그리스도의 죄 없음을 보시고 나를 사랑하는 자녀로 삼아주셨다. 내가 의로워서가 아니다. 그리스도의 의로우심이 내 자아상의 토대이므로 스스로에게든 하나님에게든, 누구에게든 겉치레를 할 필요가 없다.

자유롭게 하시는 하나님의 은혜

루터는 갈라디아서 주석 서문에서 복음은 아무리 가르치고, 강조하고, 되풀이해도 오히려 부족하며, 그리스도인의 의로움은 행동과는 전혀 별개의 문제라고 썼다. "의로움을 얻기 위해 무슨 일을 할 필요도 없고, 무슨 대가를 치를 필요도 없다. 어떤 분이 일하시도록 열어드리고 의로움을 받으면 그뿐이다. 그분은 바로 하나님이시다."[11]

하나님께서는 복음을 통하여 우리가 안전하게 이면을 통찰할 수 있는 환경을 조성해 주셨다. 자신이 사랑받을 만한 존재이며 가치 있는 존재임을 증명할 필요가 없어진 것이다. 간혹 실수를 저지른다 해도 상관없다. 유혹에 넘어가거나 심지어 다른 이들에게 용서받지 못할 잘못을 저질렀다 해도 자연스럽게 그분 앞에 나갈 수 있다. 위험을 무릅쓴다든지 실패할 수도 있다. 어째서 그런가? 하나님께서는 수면 아래 감춰진 빙산의 나머지 90퍼센트를 이미 파악하고 계시며, 그리스도 안에서 우리를 완전히, 그리고 총체적으로 사랑하시기 때문이다.

뉴 라이프 펠로십 교회에서는 "무언가 증명하려 하지 말고 있는 그대로 자연스럽게 살라"는 말을 자주 쓴다. 하나님과의 관계에 있어서 결정적인 요소는 내가 과거나 현재에 쌓은 경력이라든지 성과 따위가 아니다. 내 이력서에는 예수님의 과거 기록만이 선물로 남아 있을 뿐이다.

자유롭게 하시는 하나님의 은혜에 관한 말씀은 자아와 관련된 고통스러운 진실에 직면할 용기를 준다. 자신의 참모습에서 달갑지 않은 사실을 찾아내기 위해 높이 걸린 밧줄 위로 첫발을 내딛을 때 예수 그리스도의 복음이라는 안전망이 아래에서 우리를 지켜 줄 것이기 때문이다.

영적 미성숙을 드러낸 결혼식

질과 조수아는 겨우 몇 개월 정도 뉴 라이프 펠로십 교회에 출석했던 친구들이다. 의대생이었던 둘은 사랑의 도피행각을 벌인 끝에 이 책을 쓸 즈음에는 고향으로 돌아와서 그 다음 달에 정식으로 결혼식을 올릴 준비를 하고 있었다. 조수아의 부모는 성대한 피로연을 열고 싶어 했으므로 그동안 연회장을 확보하는 한편 식단을 짜거나 꽃과 장식물의 색을 결정하고 좌석을 배정하는 데 온 힘을 쏟아왔다. 지난주에 연회장 측에서는 질과 조수아에게 1,200만 원을 지불해 달라는 청구서를 보내왔다. 비용의 절반은 피로연에 들어간 비용이었다.

그 문제로 속을 끓이던 질은 우리 부부를 찾아왔다. "아버님이랑 어머님이 비용을 치르셨을 거라고 생각했어요. 피로연을 그렇게 치르자는 것은 그분들 의견이었거든요. 그래서 누가 돈을 낼지에 관해서는 한 번도 이야기해 본 적이 없었어요. 시어머니 될 분께서 식탁부터 장식까지 모든 용품의 색을 고르셨어요. 저는 빨간색을 아주 좋아하는 데 어머니는 분홍색을 선택하시더라고요." 질은 애써 미소를 지으며 불평을 계속했다. "어머니는 벌써부터 제가 고집이 세다고 생각하셔요. 실제로 어머니는 중국 사람이고 저는 인도네시아 사람이라는 게 얼마쯤은 문제가 되는 것 같아요. 저를 위해서 기도해 주세요. 시어머니를 위해서도요."

그러나 문제는 이러한 상황에는 정서적인 성숙을 통합해 낼 영성이 필요하다는 점이다. 기도가 중요하기는 하지만 그것 말고도 질이 해야 할 일은 한두 가지가 아니다. 지금까지는 빙산 가운데 겉으로 드러난 10퍼센트를 보고 있을 뿐이다. 질이 수면 아래 감춰진 부분을 통찰하는 과정을 잘 지나가도록 돕자면 멘토로서 우리는 어떤 일을 해야 할까?

아내와 나는 질과 함께 앉아서 다가오는 결혼식을 둘러싸고 솔직함이 부족한 게 아니냐고 도전할 것이다. 질에게는 진정성이 모자랐으며, 세 가지 커다란 영역에서 솔직할 필요가 있었다.

첫째로, 질은 자신에게 솔직해져야 했다. 마음속에서 정말 어떤 일이 일어나고 있는가? 진정 어떻게 느끼고, 무엇을 원하며, 어떤 소망을 가지고 있는가? 바로 이런 것들이 수면 아래 잠겨 있는 부분들이었다. 아내와 나의 조언은 질이 그 사실을 깨닫는 데 부분적으로나마 도움이 되리라고 생각한다.

둘째로, 조수아에게 솔직할 것을 권유했다. 질은 조수아와도 솔직한 대화를 나누지 않았다. 조수아를 어떻게 생각하며 그에게 무엇을 원하고 있는가? 조수아의 감정은 어떤 상태며 무슨 소망을 품고 있는가? 우리 부부는 시간을 내서 질과 조수아가 이런 과정을 잘 통과할 수 있도록 상대방의 얘기를 경청하는 기초적인 기술들을 가르칠 것이다.

셋째로, 부모에게 알려서 축하를 받는 대신 멀리 달아나는 쪽을 택한 이유를 묻고 함께 살펴볼 것이다. 양가 부모들은 질과 조수아의 행동을 어떻게 생각하고 있는가? 혹시 도피 행각은 이면에 감춰진 더 큰 문제에서 비롯된 표면적인 증상에 불과한 게 아닌가? 이 과정의 목표는 질과 조수아가 부모의 입장이 되어 생각해 보도록 하는 것이다. 정당한 경계(boundary)가 어디까지며 부모들이 개입해서는 안 될 선은 어디까지인지 바르게 이해할 수 있도록 돕자면, 우리는 제3자적인 입장에 서야 할지도 모른다.

아울러 결혼의 본질이 무엇이며 부모를 공경하고 바르게 사랑하며 건강한 결혼 생활을 꾸려간다는 것이 무엇인지에 대해 성경이 가르치는 바를 살펴보는 일도 중요할 것이다. 모두 함께 둘러앉아 조수아와 질이 벌였던 도피 행각에 대해 저마다의 느낌을 나누면서 아버지와 어머니의 이야기에 진심으로 귀를 기울이는 장면을 상상할 수 있겠는가? 질과 조수아가 충분히 성숙했다고 상상해 보라. 마음의 풍파를 겪을 만큼 겪어서 이제는 방어적인 감정 없이 부모가 꿈꾸는 자녀의 결혼식 이야기를 경청할 여유가 생겼다고 생각해 보라.

시간이 있다면 선대(先代)의 가족 상황이 당대에 어떤 영향을 미치고 있는지 살펴보는 데 도움이 되도록 가계도를 그려 보게 할 수도 있다(여기에 관해서는 다음 장에서 다룰 예정이다). 그리고 클라우드와 타운센드가 쓴《노(No)라고 말할 줄 아는 그리스도인》시리즈를 추천해 줄 것이다.[12] 이처럼 놀라운 훈련 기회가 생겼을 때 각자 자신의 이면을 들여다보도록 아내와 나는 그들과 함께 기도하고, 방향을 제시하며, 필요한 것들을 가르칠 것이다.

질로서는 하나님께서 인격 저 깊은 곳에 들어오셔서 복잡한 상황과 씨름해 주시도록 열어드리지 않는 한, 질로서는 시부모와 남편, 그리고 자기 자신을 제대로 사랑할 길이 없다. 이것이 바로 하나님께서 우리를 독생자의 형상에 이르도록 빚어 가시는 방법이다(갈 4:19). 그 길은 참으로 번잡한 과정일 지도 모른다.

실제로 정서적인 건강을 추구하는 교회는 대단히 번잡스러운 곳이다. 아무것도 가리지 않은 '뼈대'가 고스란히 드러나는데다가, 문제와 긴장이 사라져 버리기를 기대하거나 아예 없는 척 무시해 버리기보다는 솔직하고 직접적으로 거기에 대처하기 때문이다.

4. '단장한 이미지'를 떨쳐 버리라

수전 하워치(Susan Howatch)의 책 《단장한 이미지》(Glittering Image)는 영국국교회의 성직자로 서품 받은 찰스 애쉬워드 박사의 영적인 여정을 따라간 글이다. 찰스는 30대 후반에 독신이 된 남성으로서 교회에 대한 충성심과 고결한 인격을 갖추었으며 대중의 존경과 윗사람들의 신망을 한 몸에 받는 인물이었다. 캔터베리 대주교는 친구이기도 한 그에게 스타브리지에 가서 그곳 주교인 자뎅이 생활 중에 어떤 도덕적인 실수라든지 스캔들을 저지르지 않았는지 조사해 달라고 부탁했다.

찰스 애쉬워드는 카리스마가 넘치는 58세 자뎅 주교와 병약한 아내, 그리고 그녀가 데리고 있는 아름다운 조수 라일 크리스티 사이의 관계에서 진한 의혹의 냄새를 맡았다. 그리고 얼마 지나지 않아서 자댕 주교가 이중생활을 유지하는 중이며 스스로 그것이 하나님의 뜻이라고 확신하고 있다는 사실이 드러난다. 아내는 몸이 성치 않은 데다가 성적인 욕구를 전혀 느끼지 못했으므로 자댕 주교는 라일 크리스티와 관계를 맺었던 것이다. 모두가 아내의 진심 어린 축복 속에 이뤄진 일이었다. 주교와 라일은 찰스가 나타나기 전까지 5년 동안 남편과 아내로 비밀스러운 삶을 살아왔다.

상황이 얼마나 복잡하고 스트레스가 심했던지 찰스는 거의 정신 이상 직전까지 몰렸고, 급기야 절망적인 심정으로 술을 잔뜩 마신 채 명망 높은 대로우 신부의 집 문간에 쓰러진다. 신부는 분별력이 뛰어나다는 평판이 자자한 사람이었다.

대로우 신부와 함께 지내는 동안 찰스는 서서히 자신이 사람들 앞에 내세워 온 공적인 인격, 즉 언제나 품위 있고 세련되게 '단장한 이미지'의 이면을 파고들어가기 시작한다. 그리고 애써 부인해 왔던 부정적인 감정들과 사람들과의 관계에서 나타나는 모순적인 행동을 스스로 깨닫고 인정하기 시작한다. 예를 들어 자신도 아름다운 조수 라일에게 키스하려 했는데, 만난 지 채 24시간도 지나지 않았을 때 일어난 일이었다. 뿐만 아니라 하나님의 일을 하기 위해서 하나님의 이름으로 거짓말을 했다. 괴로움을 덜어 보려고 몰래 술을 잔뜩 마시기도 했다.

대로우 신부가 잔인하리만큼 솔직해지라고, 그리하여 삶이라는 빙산의 이면으로 들어가 보라고 권했을 때, 찰스는 못하겠노라고 거절한다. 그는 아버지를 비롯해서 다른 사람들이 '나를' 단단히 붙들고 있다고 설명한다.

"나라니, 누굴 말하는 거죠?" 대로우 신부가 다시 묻는다.

"진정한 자아. 단장한 이미지."

"아, 그렇군요." 대로우 신부가 말을 받았다. "물론 그게 세상이 볼 수 있는 유일한 찰스 애쉬워드겠지요. 하지만 지금 당신은 세상에서 떨어져 있잖아요, 안 그래요? 나는 다른 사람들과는 달라요. 두 개의 애쉬워드가 존재한다는 것을 알고 있기 때문이죠. 나는 여태껏 아무도 만나 본 적이 없는 당신의 또 다른 자아에 관심이 이어요. 그 자아가 그럴듯하게 단장한 이미지를 벗어버리고 그처럼 오랫동안 괴롭혀온 흉측한 짐 보따리를 내려놓을 수 있도록 돕고 싶어요."

"그 친구는 나오지 않을 거예요."

"왜죠?"

"신부님이 좋아하지도, 인정해 주지도 않을 테니까요."[13]

마침내 찰스 애쉬워드는 그동안 단장한 이미지가 삶을 짓눌러왔음을 의식하고 거기에 정면으로 맞서기에 이른다. 다른 사람들의 사랑과 인정을 얻기 위해 엄청나게 많은 시간과 에너지를 쏟아 부었음도 알게 된다. 성숙한 카운슬러의 도움을 받아가며 찰스는 '단장한 이미지'를 뒤집어쓴 거짓 인격을 만들어낸 원인부터 그 방법까지 뿌리를 캐기 시작한다.

객관적인 시각을 가지고 그동안 어떻게 살아왔으며 그것이 현재의 인격을 형성하는 데 어떤 기여를 했는지 통찰하는 작업은 자유를 얻기 위해 거쳐야 할 필수 과정이다. 찰스의 경우에는 그 과정을 함께 통과해 줄 믿을 만한 친구가 있어서 결정적인 도움을 받을 수 있었다. 지금까지의 경험을 바탕으로 정서적으로 건강한 교회의 두 번째 원칙, 현재를 짓누르는 과거의 부정적인 영향력을 깨트린 사람들 편으로 넘어가 보자.

Chapter 7

원칙2 :
과거의 부정적인 영향력을 차단하라

정서적으로 건강한 교회에서는 교인들의 과거가 어떤 방식으로 그리스도와 이웃을 사랑하는 현재의 능력에 영향을 미치는지 알고 있다. 성경말씀이나 삶의 체험을 통해서 현재의 인격과 과거의 인격이 복잡하게 얽히고설켜 있다는 사실을 계속 인식해 왔기 때문이다. 수없이 많은 요인이 작용해서 한 인격을 형성하게 되지만, 특별한 경우가 아니라면 어려서부터 성장한 가정이야말로 현재의 인격을 빚어내고 계속 영향을 미치는 가장 중요하고도 강력한 체계라고 볼 수 있다.

"칼바람 앞에 맨몸으로 서 있는 것 같았다"

《단장한 이미지》를 읽었던 기억이 마치 어제 일처럼 또렷하다(6장을 보라). 갈등하고 있던 문제를 어떤 좋은 친구에게 털어놓은 적이 있었는데, 그때 추천받은 책이었다. 마침 내가 태어나서 성장한 과거의 가정이 현재의 내 모습에 영향을 미치는 게 아닐까 막 의혹의 눈길을 보내기 시작하던 참이기도 했다.

대로우 신부의 영적인 지도를 받아가며 자아를 찾은 이후에, 찰스 애쉬워드는 처음으로 아버지와 자신이 성장한 가정의 유형을 제대로 볼 수 있었다. 찰스는 아버지의 인정과 칭찬을 얻기 위해 발버둥치면서 평생을 보냈다. 아버지는 찰스를 명문 학교에 입학시키는 등 당시 영국 중산

층 가정으로서는 최상의 기회를 부여했으며 기회가 있을 때마다 "예의 바르고 품위를 잃지 않는 삶을 살라"고 주의를 주었다. 도덕성, 의무, 능력, 정직 등의 덕목들이 항상 찰스를 짓누르고 있었다.

언젠가 찰스와 아버지 사이에 의견이 갈려서 식구들이 말다툼이 생기자, 아버지는 어머니의 얼굴을 사정없이 후려쳤다. 나중에 어머니더러 함께 도망치자고 이야기해 봤지만 잔뜩 겁을 낼 뿐이었다. 그리고 누가 말하지 않아도 가족 전체가 알아서 지켜야 할 원칙 하나를 입에 담았다. "남들이 알면 뭐라고 생각하겠니? 아무 일도 없었던 것처럼 해야 한다. 아무도 오늘 일을 알아선 안 돼."

다시 터져 나오려는 울음을 참으며 어머니는 말을 맺었다. "아빠랑 엄마는 정말 행복하단다. 가끔씩 아빠가 힘이 드셔서 그럴 뿐이야."

이제 찰스는 신학박사 학위를 받고, 교수가 됐으며, 캔터베리 대주교의 보좌관으로 일했다. 1930년대 영국국교회에서 성공의 사다리를 차근차근 올라가고 있었던 것이다. 하지만 과거에 잘못된 성향들이 지금껏 그리스도 안에서 자유롭게 살지 못하도록 가로막고 있다는 사실은 새카맣게 모르고 있었다.

찰스는 아버지를 증오하면서 동시에 사랑했다. 그리고 아버지를 사랑하지 않는 자신을 경멸했다. 용서하고 사랑하는 문제를 놓고 죽을 만큼 갈등했다. 감추어 두었던 삶의 그 한 자락을 펼쳐 보인 뒤에 찰스는 그 체험을 "칼바람 앞에 맨몸으로 서 있는 것 같았다"라는 말로 표현했다.

소설을 다 읽고 나서, 나는 어린 시절에 일어난 중요한 사건들 가운데서 오늘의 내 모습을 만드는 데 영향을 주었음직한 것들을 골라 적기 시작했다. 엄마, 아빠, 형제자매들과의 관계를 곰곰이 돌아보았다. 난생

처음, 현재의 리더십이나 결혼 생활의 영향을 미치고 있는 과거의 감정보 따리나 마무리짓지 못한 일이 없는지 심각하게 고민했다.

나는 '칼바람 앞에 맨몸'으로 섰다. 마음 같아서는 예수님과 함께 다시 한번 죽어야 하는 이 좁은 길에서 얼른 달아나고 싶었다.

그동안 쌓아온 신학 지식은 내가 그리스도 안에서 새로운 피조물이며 이전 것은 지나갔다고 말하고 있었다(고후 5:17). 열아홉 나이에 예수님을 믿은 이래로 그리스도께서는 여러 가지 방법으로 삶을 변화시키셨다. 로마서와 갈라디아서, 에베소서에서 바울이 역설하듯, 크리스천이 된 순간 하나님께서는 나를 용서하시고 법적으로 죄의 형벌에서 자유롭게 풀어 주신다고 선언하셨다. 하나님께서는 상속자의 모든 권리를 내게 부여하셨으며 양자로서 멋진 생활을 누릴 수 있도록 성령님을 보내 주셨다.

그랬다. 내 어린 시절에는 기복이 많았다. 누구나 다 그런 게 아닌가? 삶 속에서 벌어지는 온갖 문제를 부모님 탓으로 돌릴 만한 사건은 분명히 없었다. 구성원들 사이에 사랑이 넘치는 가족, 또는 안정되고 특별한 결함이 없는 가정 출신의 경우에는 일반적으로 하나님의 자녀답지 않은 행동이나 대인관계 방식을 찾아내는 데 훨씬 더 많은 시간이 걸린다.

나의 태도는 늘 이런 식이었다. "나는 하나님의 자녀야. 성경만이 행동의 근거가 될 수 있어. 이제 예수님의 주인 되심을 인정하고 세상에서 하나님 나라 사역을 확장시키는 일에 헌신하면서 세상을 살아가야지. 집안 식구들이나 친인척들과는 달리 나는 정말 많은 일을 하고 있어. 예를 들어, 원망하는 마음을 품지도 않아. 설거지를 하고 아이를 돌봐 주기도 하지. 말이 아니라 행동으로 주님을 따라가는 거야. 나는 다양한 문화권에서 온 이들과 함께 일해."

여기에 열거한 일들은 모두 피상적인 것들뿐이다. 어린 시절 내가 성장한 가족들이 얼마나 나를 지배하고 있는지, 특히 뉴 라이프 펠로십 교회라는 영적인 가족을 이끌어 가는 데 얼마나 큰 영향을 미치고 있는지 전혀 알지 못했다. 그러나 진실은 내가 나의 이야기를 조사하고 나의 과거가 내가 다른 사람을 사랑하는 능력에 부정적으로 영향을 미칠 수도 있다는 사실을 돌아보는 데 저항했다. 그러나 속내를 들여다보면, 개인사를 찬찬히 살펴보고 과거가 다른 사람들을 사랑하는 능력에 부정적인 영향을 미치고 있지 않은가 돌아보는 일에 저항감을 느끼고 있었다.

종종 "목사님, 우리 가족이 완벽하지는 않습니다만, 다른 집들보다는 훨씬 단란하다는 것만은 확실합니다"라는 이야기를 듣는다. 하지만 그게 중요한 게 아니다. 너나할 것 없이 모든 가정이 망가져 가고 있다는 게 문제다.

인간이란 존재가 다 그렇지만, 나 역시 아담과 하와의 피를 이어받은 사람이다. 하나님께 불순종한 이후, 아담과 하와는 하나님과 상대방으로부터 자신을 숨기고 방어하려는 생각을 품게 되었다.

하나님과 타인으로부터 자신을 보호하려는 인간의 의지는 지배, 속박, 공포, 무시, 부정, 회유, 갈등, 외로움, 걱정, 좌절, 분노, 비난 등 다양한 방식으로 표출된다.

과거를 들여다보다

아내와 함께 양가 부모님의 입장에서 우리 결혼 생활을 살펴보면서 처음으로 아주 간단한 가계도를 그려봤던 일을 잊을 수가 없다. 가계도란 2-3대에 걸쳐 가족 구성원과 상호관계에 대한 정보를 한눈에 볼 수 있도록 그려낸 그림이다.[1]

우리는 각자 어머니와 아버지를 그려 넣고 그들의 일반적인 특성 몇 가지를 적었다. 갈등을 어떻게 풀었는가? 분노를 표현할 줄 알았는가? 성 역할을 이해하고 있었는가? 자녀를 돌보았는가? 어린 시절에 부모가 세상을 떠났다든지 형제자매가 오랫동안 병원 신세를 지는 일처럼 정서적으로 충격을 줄 만한 사건이 있었는가?

아내와 나는 의자에 기대앉아 서로를 바라보았다. 그리고 10년 가까운 결혼 생활을 생각할 때 부인할 수 없는 무언가가 있음을 말없이 표정으로 공감했다. 부모님의 결혼 생활은 여러모로 아내와 나의 삶에 긍정적인 기여를 했지만, 무의식적으로 건강하지 못한 성향까지 받아들였다는 사실에 정말 깜짝 놀랐다. 그리스도께서 우리의 삶 어느 곳에나 계시기는 하지만, 결혼한 부부의 상호관계까지 구체적으로 변화시키시지는 않았던 것이다.

삶을 변화시키는 주님의 권세가 우리 부부의 광범위한 영역(이 책에서는 '정서적인 건강'을 말한다)에 영향을 미치지 못하고 있음을 깨달았다. 성경 말씀을 피상적인 차원 이상으로 삶의 여러 영역에 적용하고 통합하는 능력이 우리에게 없었으므로, 교회에서 아내와 내가 멘토로서 상담하고 조언해 준 이들 역시 생활 곳곳에서 난관을 헤쳐 나가지 못하고 주저앉았다. 성경공부, 기도와 금식, 소그룹모임, 그 밖의 어떤 것으로도 변화를 일으킬 수가 없었던 것이다. 나는 벌거벗은 임금님이 된 기분이었다.

그렇다. 그게 진실이었다. 그런 나를 모델로 삼았으므로 뉴 라이프 펠로십 교회의 폭은 한없이 넓어졌지만 깊이는 한없이 얕아질 수밖에 없었다. 지난날을 돌아보고 과거가 현재에 남긴 흔적과 씨름하고 싶어 하지 않는 나의 태도는 모든 교회 식구들에게 깊은 영향을 미쳤다. 삶의 이면에 감춰진 문제를 성찰하는 교인이 거의 없었다. 과거를 들여다보고 그것이 현재 자신의 모습에 어떤 그림자를 드리우고 있는지 살피는 이는 더더구나 없었다. 돌아보면, 어떻게 미숙한 결혼 생활을 유지하는 성숙하지 못한 리더였던 내가 교인들을 성숙하게 키우는 게 가능한 것처럼 자신을 속일 수 있었는지 황당하기만 하다.

다윗 왕과 그의 가정

십계명에는 아주 자극적인 하나님 말씀이 들어 있다. "나 네 하나님 여호와는 질투하는 하나님인즉 나를 미워하는 자의 죄를 갚되 아버지로부터 아들에게로 삼사 대까지 이르게 하거니와 나를 사랑하고 내 계명을 지키는 자에게는 천 대까지 은혜를 베푸느니라"(출 20:5-6). 가정과 관련된 긍정적인 유산이 천 대까지 이어진다니, 이 얼마나 다행스러운 일인가! 하지만 하나님께서는 당대(當代) 사람들이 저지른 죄 역시 자녀에게 이어지고 다시 손자와 증손, 심지어 고손(高孫) 대로 전승된다고 분명히 말씀하신다. 우리 아이들이 아들딸을 낳아서 몇 대에 이르고 한 사람이 80세까지 산다고 가정하면, 오늘 내린 결정의 영향이 2318년까지 지속된다는 말이다. 그것이 4대다.

〈표 3〉의 가계도를 살펴보면, 세 가지 문제가 세대에서 세대로 유전

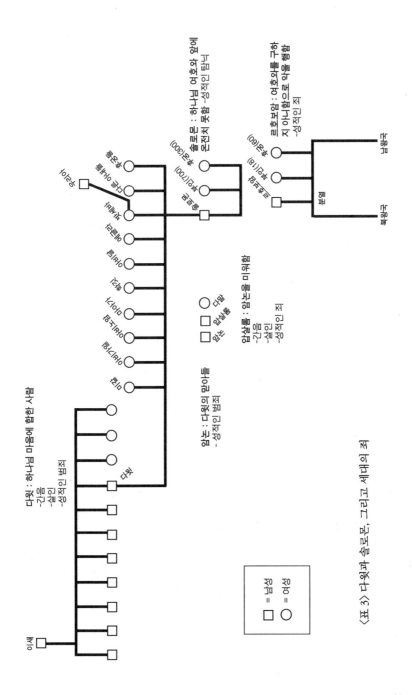

다윗 : 하나님 마음에 합한 사람
- 간음
- 살인
- 성적인 범죄

암논 : 다윗의 맏아들
- 성적인 죄

솔로몬 : 하나님 여호와 앞에
온전치 못함 -성적인 탐닉

르호보암 : 여호와를 구하
지 아니함으로 악을 행함
-성적인 죄

압살롬 : 암논을 미워함
- 간음
- 살인
- 성적인 죄

후궁(300)
부인(700)

부인(18)
후궁(60)

□ = 남성
○ = 여성

□ 남존 ○ 다말
□ 압살롬

여호람

르호보암
아비야

□ 이새

<표 3> 다윗과 솔로몬, 그리고 세대의 죄

157

되고 있음이 명확하게 드러난다. 첫째로, 하나님을 향한 마음의 문제다. 알려진 정보가 많지 않지만, 다윗의 아버지 이새는 분명히 신실한 사람이었다(삼상 16장).

성경은 다윗을 '하나님 마음에 합한 사람'이라고 평한다. 하나님의 백성들이 대대로 주님을 경배하는 데 사용할 수 있도록 수많은 시편과 악곡을 썼던 그는 걸출한 영적인 거인들 사이에 우뚝 서 있다.

하지만 40-50대에 이르렀을 무렵, 용모가 뛰어난 여인 밧세바와 통간하고 남편 우리아를 살해하는 등 하나님과의 관계를 망가트리는 죄를 저질렀다. 잘못을 뉘우치기는커녕 죄를 은폐하고 사람들을 속였으며 권력을 남용하는 길을 선택했다. 다윗의 이런 결정은 수대에 걸쳐 그의 가족과 이스라엘 백성 전체에 악영향을 끼치게 된다. 여러 해 동안 조금씩 바른 됨됨이가 흐트러져 가더니 급기야 이처럼 어처구니없을 정도로 분별력이 무너져 내리고 말았던 것이다.

다윗의 아들 솔로몬은 하나님을 위해 성전을 지었지만, 성경은 그의 마음이 "하나님 여호와 앞에 온전치 못했다"라고 표현했다. 솔로몬은 이스라엘의 하나님께 드리는 예배와 주위를 둘러싸고 있는 이방 잡신들에게 바치는 제사를 뒤섞어 버렸다. 3대째에는 영적인 수준이 바닥까지 퇴보한다. 솔로몬의 아들 르호보암은 이스라엘의 하나님을 버리고 우상을 숭배하고 이방 민족의 혐오스러운 관습을 추종했다.

두 번째는 성적인 죄의 문제인데, 이것 역시 다윗의 가계도에서 뚜렷하게 볼 수 있다. 고대 근동의 이방 군왕들처럼 다윗도 여러 아내를 거느렸다. 밧세바와 간음을 저지르기도 했다. 맏아들 암논은 이복누이 다말을 욕보이고 영원히 씻지 못할 불명예를 안겨 주었다. 솔로몬은 700명의 아내를 맞아들이고 300명의 후궁을 둠으로써 아버지가 저지른 성적인 범죄를 계속 이어갔다. 솔로몬의 아들 르호보암은 18명의 아내와 60명의 후궁을 거느렸다(대하 11:21). 축첩은 고대 근동지역에서 정치적인 동맹을 맺기 위해 흔히 사용되는 방법이었지만, 동시에 하나님의 계명을 정면으로 위반하는 행동이기도 했다(신 17:17).

셋째로, 세대마다 가족이 분열되고 동기간의 경쟁이 극렬했다. 우선 다윗은 형제들과 다소 긴장관계에 있었다(삼상 16-17장). 그의 아들 압살롬은 여동생을 욕보인 데 대한 복수로 형 암논을 살해했다. 당연히 가정은 풍비박산이 나 버렸다. 결국 원한을 품은 압살롬은 스스로 왕위에 올라서 예루살렘을 정복하고 자기 아버지를 죽일 계획을 세웠다. 곧 내란이 벌어졌고 2만 명이나 되는 사람들이 목숨을 잃었다(삼하 18:7).

솔로몬의 아들 르호보암 역시 가족붕괴를 겪음으로써 선대의 전철을 그대로 밟았다. 열두 지파가 모여 단일 체제를 이루었던 이스라엘은 마침내 열 지파가 연합한 북 왕국과 두 지파가 뭉친 남 왕국으로 갈라지고 말았다. 그렇게 '갈라진 가족'이 타국에 끌려가 종살이하게 되는 것은 시간 문제였다.

죄는 세대에서 세대로 전달된다. 하나님께서는 우리가 정신 차리고 자신의 내면을 깊고도 철저하게 통찰할 수 있도록 이 모든 사적을 기록하게 하셨다(고전 10:6). 교회 생활과 관련해서 이러한 기록들이 암시하고 있는 바는 분명하다. 사람들이 성장한 가정을 먼저 이해하지 않고는 과거의 영향에서 벗어나도록 도울 길이 전혀 없다는 것이다. 현재의 모습에 드리워진 과거의 그림자를 제대로 파악하지 못하는 한, 교회 안팎의 여러 가지 관계들에서 똑같은 유형을 되풀이할 수밖에 없다.

다음 세대로 전달되는 축복과 죄악

창세기 12-50장을 읽으면서 아브라함과 이삭, 야곱의 가족사를 추적해 보면 한 세대의 축복, 또는 죄악의 유형이 다음 세대로 전달되는 또 하나의 생생한 사례를 만날 수 있다. 아브라함에서 시작된 축복은 말할 수 없이 소중한 것으로 오늘날 우리에게까지 이어지고 있다. 하지만, 축복의 경우와 똑같이 세대에서 세대로 전해지는 죄와 정서적인 미숙에 주목하는 독자는 거의 없다. 〈표 4〉의 가계도를 살펴보자.

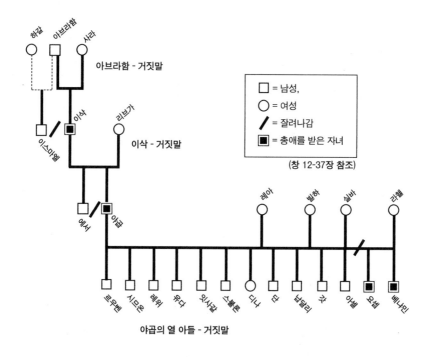

〈표 4〉 아브라함, 이삭, 야곱과 세대의 죄

가계도를 보면 최소한 세 가지 공통적인 유형이 뚜렷하게 보인다. 우선 4세대 모두에서 거짓말이라는 유형이 점차 강도를 더해가며 나타난다. 겁에 질린 아브라함은 사라가 자기 아내가 아니라고 두 번씩이나 속인다. 리브가와 이삭의 결혼 생활도 온통 거짓말과 책략으로 점철되어 있다(창 27장). 야곱은 관계를 맺고 있는 거의 모든 이들에게 끊임없이 거짓말을 해대며 속임수의 수위를 한층 높였다. 사실 야곱이라는 이름 자체가 '속이는 자'라는 뜻이다. 4대째에는 야곱의 열 아들들은 막내동생 요셉이 죽은 것처럼 꾸미는 사건이 벌어진다. 거짓말이 들통나지 않도록 밤을 새우고, 장사를 지내고, 애도 기간을 갖는 등 온갖 시늉을 다 해 보였던 것이다.

두 번째 공통적인 유형은 세대마다 부모 가운데 적어도 어느 한 쪽에게는 '편애하는' 자녀가 있었다는 점이다. 아브라함은 이스마엘을 사랑했지만 사라는 집에서 내보내고 싶어 했다. 이삭은 에서를 아껴서 마음껏 축복을 주려고 작정했다. 야곱은 요셉을 편애하다가 나중에는 열두 형제의 막내 베냐민을 사랑했다.

세 번째는 동기간의 경쟁과 관계 단절이 3세대에 걸쳐 계속 긴장상태를 유발했다는 점이다. 이스마엘과 이삭의 불화는 결국 서로 등을 돌리고 결별하는 결과를 가져왔다(이러한 긴장상태는 오늘날까지도 중동 지역에서 아랍인과 유대인 사이에 계속되고 있다). 야곱이 에서의 축복을 가로챈 뒤로, 둘은 공개적인 적대 관계가 됐다. 요셉은 성년이 된 이래 대부분의 세월을 형들과 떨어져서 살았다.

1. 자신의 가족이 어떤 영향을 미쳤는지 살펴보라

뉴 라이프 펠로십 교회의 멘토링이나 리더훈련, 또는 제자훈련 과정에는 하나님께서 속하게 하신 가정의 가계도를 그려 보는 시간이 있다. 극소수의 예외가 있기는 하지만, 역시 가족은 한 사람이 현재 가지고 있는 모습에 영향을 미치는 가장 강력하고도 결정적인 집단이다.

다음은 어떻게 과거가 현재에 영향을 주고 있는지 이면을 파악하기 위해 사용하는 질문들이다.

1. 부모, 보호자, 조부모, 형제자매, 아들딸 등 식구의 상호관계 형용사를 두세 단어로 표현해 보라.
2. 아버지와 어머니(또는 보호자)나 조부모의 결혼 생활은 어떠했는지 설명해 보라.
3. 가정에서 갈등이 일어날 경우 어떻게 처리했는가? 분노나 긴장은 어떻게 해소했는지에 대해서도 이야기해 보라.
4. 세대와 세대 사이에 어떤 문제들이 있었는가?(예 : 불륜, 상실, 학대, 이혼, 우울, 정신질환, 임신중절, 혼외 자녀)
5. 가족들이 자신의 감정에 대해 얼마나 자유롭게 표현했는가?
6. 가족과 성에 관한 이야기를 자유롭게 하는가? 아니면 전혀 거론되지 않았는가? 거기에는 어떤 메시지가 담겨 있었는가?
7. 결혼 외의 관계를 통해서 아이를 가졌다든지 근친상간, 재정적인 부정 등 식구들끼리만 알고 함구하는 '비밀'이 있었는가?
8. 가족들은 무엇을 '성공'으로 여겼는가?

9. 돈을 어떻게 사용했는가? 영적인 문제들이나 휴가, 친척들과의 관계는 어떻게 다루었는가?

10. 식구들이 가지고 있는 민족적인 정서가 당신이 형성되는 과정에 어떻게 영향을 미쳤는가?

11. 가족들 사이에서 '영웅'으로 인정받는 사람이 있었는가? 또는 '희생양'이나 '실패자' 취급을 당하는 인물이 존재했는가? 그 이유는 무엇이었는가?

12. 집안에 어떤 중독증 같은 것이 있었는가? 구체적으로 무엇이었는가?

13. 돌연한 죽음, 장기간에 걸친 투병 생활, 유산이나 조산, 파산, 이혼 등의 깊은 상처를 남기는 상실의 경험이 있었는가? 또는 지금 그런 일을 겪고 있는가?

여기에 답하는 것은 고통스러운 절차이지만, 진정성을 가지고 다른 이들을 이끌려 하는 이들은 어김없이 다음 세 가지 핵심적인 질문에 맞닥뜨리게 되어 있다.

1. 오늘날과 같은 됨됨이를 갖게 되기까지 가족이 영향을 미치는 과정을 보면 한두 가지 패턴이 나타나게 마련이다. 어떤 흐름이 눈에 띄는가?

2. 그리스도의 가정보다 과거의 가족사가 더 큰 힘을 가지고 삶과 사역의 모습을 빚어 가는 영역이 있는가? 어떤 분야인가?

3. '쳐서 복종시키기'가 무척 어려운 부분이 있는가? 어떤 점인가?

저마다 그리스도 안에서 자유를 누리게 하려면, 공동체의 지도자들은 섬기는 이들 하나하나에게 차마 꺼내기 힘든 이 질문을 던져야 한다.[2]

2. 삶에 중대한 영향을 미친 요소들을 찾으라

태어나고 성장한 가정을 제외하고 삶에 중대한 영향을 끼쳤는지 곰곰이 돌아보는 것은 아주 중요한 일이다. 예를 들어, 나의 경우에는 대학에서 복음주의적인 기독교의 영향을 크게 받았다. 복음에 나타난 하나님의 은혜를 깊이 이해했으며, 동시에 "아무든지 나를 따라오려거든 자기를 부인하고 날마다 제 십자가를 지고 나를 따를 것이니라"(눅 9:23)는 예수님 말씀을 토대로 금욕주의적이고 적극적인 생활 방식을 더욱 강화했다.

경우에 따라서는 이혼, 성적 · 정서적 학대, 중독, 장기간에 걸친 실직, 개인적인 배신, 우정 등의 중요한 사건들이 사람의 됨됨이를 만들기도 한다. 그러므로 "내가 현재의 모습에 이르도록 영향을 주었다든지 '왜 그런 행동을 하는지' 이해하는 데 도움을 줄 만한 사건이나 인물이 있는가? 있다면 어떤 것들인가?"라고 스스로 질문해 보아야 한다.

몇 가지 사례를 살펴보자.

- 고등학교에 들어간 지 얼마 안 돼서 경험한 몇 차례의 거절이 일생일대의 갈림길이었다는 점을 알고 받아들이는 게 존에게는 대단히 중요한 훈련 과제였다. 그런 사건들을 겪으면서 차츰 약물 중독에 빠져들었기 때문이다. 존이 거기서 빠져나오는 데는 '익

명의 중독자들의 모임'이 큰 역할을 했다.

- 고향에서 전쟁을 겪으면서 받은 상처는 샬럿과 네이선에게 큰 영향을 미쳤다. 거기서 비롯된 대표적인 결과물로 지나친 공격 성향과 분노를 폭발시키는 태도를 들 수 있는데, 제자훈련 과정에서 그 둘을 중점적으로 다뤄야 했다.

- 피에르는 읽기장애(dyslexic)가 있다는 이유로 '정신지체아' 취급을 받았던 적이 있었다. 이런 경험은 그의 자아상에 뚜렷한 흔적을 남겼으며 하나님과 다른 사람들을 신뢰하기 힘들어하는 원인이 되었다.

- 베트남 전쟁에 사병으로 참전했던 켄은 권위에 대해 불쾌한 감정을 갖게 되었다.

- 이긴 자만이 살아남는 재즈계에서 직업 음악가로 경쟁하며 살아온 탓에 론은 자신과 남에게 한 치의 여유도 허락지 않는 완벽주의를 갖게 되었다. 그는 하나님의 무조건적인 사랑과 그리스도 안에서 베풀어 주시는 은혜를 받아들이기 위해 무진 애를 쓴다.

- 12년 동안 뉴잉글랜드에 있는 어느 학교에서 기숙사 생활을 하면서 공부했던 테드는 중년이 된 지금도 가정생활을 따뜻하게 꾸려 나가는 데 어려움을 느낀다.

- 자폐증에 걸린 아들 덕분에, 캐시는 몸이 불편한 식구를 둔 가정에 민감하게 되었다.

위의 사례에 등장하는 주인공들은 서로 다른 위치에서 그리스도와 동행하는 여정을 계속하고 있지만, 주님이 보여 주신 성숙함에 이르려면 저마다 어떤 경험이 있으며 그것이 현재 그들의 모습에 어떤 영향을 미쳤는지 긍정적인 측면과 부정적인 측면 모두를 살펴보는 과정을 반드시 거칠 필요가 있다.

새로운 출생, 영적인 가족으로

어떤 바람직하지 못한 행동으로 이어지는 기질을 가지고 있다 하더라도, 영적인 가족의 일원으로 새롭게 태어나서 성장할 수 있는 가능성과 현실성이 열려 있다는 사실을 잊어서는 안 된다.

예수님께서는 크리스천이 되는 것을 새로운 출생과 비교하여 설명하셨다(요 3:3-5). 사과나무를 심어 놓고 복숭아 열매가 열리기를 학수고대한다고 생각해 보라. 가지치기를 해줄 수도 있고 아예 철사로 복숭아 열매를 나무에 매달아 놓을 수도 있다. 그래도 여전히 사과가 열릴 것이다. 정 복숭아를 얻고 싶다면 사과나무를 갈아엎고 복숭아나무를 심어야 한다.

새로운 열매를 얻자면 새로운 뿌리가 필요하다. 더욱 기도에 힘쓰며 더 부지런히 교회에 다니기로 작심하고 열심을 낸다든지 나쁜 행동을 그만둬야겠다고 결심했지만, 그것도 가지를 조금 다듬는 정도에 지나지 않는다. 뿌리를 뽑아내야 한다. 새로운 나무가 필요한 것이다.

예수님께서는 하나님의 직접 개입을 통해서만 변화가 가능하다고 선포하셨다. 뿌리, 즉 우리가 어떤 사람인지를 규정하는 기초가 완전히 변해야 한다. 거듭남이라는 말은 우리 마음 바탕에 참다운 생명과 권능을 심으셔서 마침내 뿌리까지 변화시키시는 하나님의 활동이라고 설명할 수 있다. 그렇게 심은 씨앗은 점점 자라서 꽃이 피고 열매가 맺히게 된다. 초자연적인 새 씨앗에서 나온 열매다. 우리는 새 마음, 새 기질, 새 영을 받게 될 것이다.

예수님의 가족으로 입양됨

신약성경은 예수님을 믿는다는 것은 곧 새로운 가정, 즉 예수님의 가족으로 입양됨으로써 영적으로 거듭나는 것이라고 말한다. 일단 거듭난 뒤에는 인종, 문화, 빈부, 성 등의 모든 장벽을 뛰어넘어 범세계적인 가정의 형제자매가 된다(갈 3:28을 보라). 새로운 가계도에 편입되는 것이다.

언젠가 예수님께서 사람들을 가르치시는 집으로 어머니와 형제들이 찾아온 적이 있었다. 주님을 에워싸고 있던 사람들이 밖에 식구들이 와 있다고 말씀드리자 이렇게 대답하셨다. "누가 내 어머니이며 동생들이냐 하시고 둘러앉은 자들을 보시며 이르시되 내 어머니와 내 동생들을 보라 누구든지 하나님의 뜻대로 행하는 자가 내 형제요 자매요 어머니이니라"(막 3:33-35).

믿는 사람들에게는 이제 교회가 '첫 번째 가정'이다.[3] 사실 가족이야말로 성경이 교회를 묘사하는 데 사용한 가장 중요한 은유라고 할 수 있다. 앤더슨(Anderson)과 건지(Guernsey)는 그 사실을 제대로 짚어 냈다.

교회는 하나님의 새로운 가족이다. 영적인 거듭남을 통해서 하나님의 새로운 식구로 입양된 우리는 예수님의 형제자매가 된 것이다. 결과적으로 우리는 서로 형제요 자매다. 부부라 할지라도 남편과 아내이기 전에 예수 그리스도 안에서 형제이고 자매다. 자녀들도 마찬

가지다. 자식이기 이전에 아버지 어머니의 형제요 자매다.[4]

3. 교회라는 새로운 가정에서 다시 양육받으라

바울은 한 아이가 이전의 신분과 상관없이 양부(養父)와 새롭고 영구적인 관계를 맺는 로마제국 입양제도의 몇 가지 핵심사항들을 원용하여 복음을 설명했다. 입양이 확정되면 과거의 채무는 모두 청산되고 절대적인 안정, 보증, 보호, 그리고 아들 신분에 합당한 권위를 얻는다. 당장 '아바'(Abba, 아빠)라는 호칭을 사용할 수 있는데, 이는 자녀가 아버지를 부를 때만 쓰던 울림이 강한 말이었다.

크리스천으로서의 새로운 정체성을 함축적으로 규정하는 가장 중요한 요소와 특성은 생물학적인 혈연이 아니라 예수님의 피다. 이제 새로운 삶을 살 수 있도록 새 이름(크리스천)과 새로운 유산(자유와 영광, 소망을 비롯해서 헤아릴 수 없이 많은 자원들), 새 힘(성령)이 주어진다. 하나님의 성품에 참여하는 자가 될 뿐만 아니라(벧후 1:4), 하나님 가정의 자녀로서 기도를 통해 절대적인 보호와 안정, 자유, 친밀감, 자기 확신을 향유할 수 있다(눅 11:5-13). 내면적인 삶에 예수님의 생명이라는 새로운 원동력이 생긴다.

예수님께서는 아무 주저함 없이 "아버지나 어머니를 나보다 더 사랑하는 자는 내게 합당하지 아니하고 아들이나 딸을 나보다 더 사랑하는 자도 내게 합당하지 아니하며"(마 10:37)라고 말씀하시면서 생물학적인 혈연을 뛰어넘어 주님께 나오도록 초청하셨다. 신약성경 시대에 살던 크리스천들은 건강한 교회 생활의 맥락을 떠나서는 건강한 가정생활을 상상조차 할 수 없었다. 지역교회는 진정한 의미에서 한 인간이 다시 태어나고 성장하는 곳이었다.

여기서 한 가지 의문이 생긴다. 그렇다면 요즘 교회들은 왜 그렇지 않은가? 언뜻 보면 크리스천들은 기도하고, 말씀 보고, 교회에 다니며, 헌금을 하는 등 주변 사람들과 전혀 달라 보이는데, 조금 깊이 들어가 보면 별다른 차이를 느낄 수 없는 까닭은 무엇인가?

새 출발을 했지만 여전히 철부지이다

예수를 믿고 '크리스천'이라는 새로운 이름으로 하나님의 가정에 입양되었다 하더라도 과거가 다 지워지는 것은 아니다. 주님은 우리를 기억상실증에 걸리게 하거나 응급으로 정서적·영적 재건수술을 해주시지 않는다. 과거를 용서해 주시만 지워 버리시지는 않는다. 새 출발을 했다고는 하지만 우리는 아직 젖을 먹는 갓난아이에 지나지 않으며 삶 가운데서 하나님께 영광을 돌리고 예수님을 따르기를 거부하는 부분들에 대하여 날마다 죽어야 할 철부지의 입장이다.

우리는 모두 생활 전선에서 뼈가 부러지거나 깊은 상처를 입든지, 아니면 다리에 총을 맞은 채 예수님의 가족으로 입양된다. 하나님의 관심사는 부러진 뼈를 고치고 상처를 감싸는 일이다. 상처와 약점은 그대로 남겨 두신다. 그렇게 몸을 추스른 뒤에 우리는 '상처 입은 치료자'로서 다시 다른 사람들의 아픔을 고쳐 주러 나가는 것이다.

제자훈련에는 삶을 좌우하는 여러 가지 주요 요인들과 아울러 각자 태어나고 성장한 가정이 개인에게 미친 긍정적인 영향과 부정적인 영향을 정직하게 성찰하는 과정이 반드시 포함돼야 한다. 이것은 참으로 어려운 일이다. 그러나 어린 시절을 보낸 가정을 되돌아보고 그것이 성장과정에 어떤 영향을 미쳤는지 이해하는 정도에 따라 인식의 수준은 물론 파괴적인 유형을 깨트리고 건설적인 유산을 넘겨 주며 하나님과 사람에 대한 사랑을 키워 가는 능력이 크게 달라진다.

하나님께서는 아직 해방되지 못한 영역에 주님을 받아들여서 그분이 의도하신 즐겁고 자유로운 삶을 누리라고 우리에게 권유하신다.

교회의 활동을 통해서

정서적으로 건강한 교회를 세워 가는 과정이 다 그렇지만, 제자훈련을 통하여 이 원칙을 실행하기 위해서는 우선 리더들이 삶으로 모범을 보이는 일로부터 출발해야 했다. 담임목사로서 진지하게 지난날을 통찰함으로써 현재에 드리우고 있는 과거의 그림자를 걷어 내는 작업을 시작했다. 곧이어 교역자들과 운영위원들이 뒤를 따랐다.

평생 하시디즘(신비주의적인 경향을 띠는 유대교의 분파 - 역자 주)을 따랐던 어느 늙은 랍비가 세상을 떠나며 남겼다는 말은 참으로 옳은 이야기다.

> 어렸을 때는 세상을 바꿀 궁리를 했어. 나이가 좀 더 들고 보니 야심이 너무 컸다는 생각이 들어서 나라를 바꿀 작정을 했지. 그런데 시간이 갈수록 그것도 너무 큰 꿈이라는 깨달음이 생기더군. 그래서 이번엔 우리 동네를 바꿔 보려고 했어. 그것마저 힘들다는 것을 알고 다음에는 가정을 변화시키려고 노력했지. 이제 나이가 들만큼 들고 보니 나를 바꾸는 데서 시작할 걸 그랬다는 후회가 드는구나. 자신을 바꾸는 일부터 했더라면 이어서 가정을 바꾸고, 마을을 바꾸

고, 더 나가서 나라를 변화시켰을 수도 있었을 텐데. 그리고 누가 알겠느냐? 세상까지 변화시켰을지.[5]

과거에 대해서 결정적인 인식을 얻을 수 있도록 사람들에게 간단한 가계도를 그리게 하는 일은 뉴 라이프 펠로십 교회의 리더훈련과 멘토링에서 빼놓을 수 없는 과정이 되었다. 교인들이 인격 형성의 단계와 경로를 스스로 파악할 수 있도록 돕는 것이다. 매주 성경말씀을 가지고 설교를 할 때, 나는 속으로 끊임없이 묻는다. "성장기를 보낸 가정이나 그밖에 다른 영향을 받아 오늘의 내가 형성됐다. 그렇다면 지금 전하는 이 말씀은 현재의 모습으로 나를 만들어 준 방식들과 어떤 차이가 있는가?"

예를 들어, 최근 몇 주 동안 계속해서 야고보서를 본문으로 설교했는데 그 가운데 사람을 판단하고 어느 한쪽에 치우치는 문제를 드러내는 일과 관련된 메시지가 있었다(약 2:1-13). 본문을 개인적으로 적용하면서 나는 내가 태어나고 자란 가정에서 사람들의 등급을 매기던 방식을 가지고 씨름했다.

상당한 부를 축적했거나 교육 수준이 높은 인물을 어떻게 보았는가? 가난하고 배우지 못한 사람들에 대해서는 어떤 평가를 내렸는가? 문화라든가 피부색, 인종적인 집단, 정치성향 등이 다른 이들과 어떻게 의사소통을 했으며 어떤 태도로 대했는가? 하나님께서 부자와 가난한 사람, 또는 사회계층이나 문화 인종이 다른 사람들을 바라보시던 시각과는 어떠한 차이가 있는가? 그리스도의 가족으로 거듭난 지금, 사람들을 바라보고 대하는 방식 가운데 달라져야 할 점은 무엇인가?

이러한 자기검증은 하나님 말씀이 삶 속에서 행하시는 고유한 역할,

즉 주님의 방식으로 우리를 다시 양육하시는 모습을 엿볼 수 있는 모델이 된다. 뉴 라이프 펠로십 교회의 일부 소그룹들은 책별로 성경을 연구하는 대신 과거의 세력을 차단하는 일과 직접 관련된 주제를 선택해서 공부하고 있다. 가령, 아내와 내가 지난 4년 동안 참석했던 소그룹은 성경말씀을 토대로 자기통제, 건설적으로 분노를 처리하기, 정정당당하게 싸우는 법(갈등 해소법), 용서와 회복, 인성과 정서적인 부담, 서로 존중하는 분위기 만들기 등의 주제들을 공부했다. 모임 시간에는 얼마쯤 틈을 내서, 저마다 나름대로 이런 문제들을 해결하는 방법을 찾아내기까지 어린 시절부터 성장해 온 가정과 그밖에 다른 요인들이 어떻게 작용했는지 토론한다. 정말 감동적인 시간이다.

뉴 라이프 펠로십 교회에는 결혼했거나 또는 결혼을 앞두고 있는 남녀들을 대상으로 한 사역이 대단히 많다. 다른 교회들도 그렇겠지만, 우리 교회에도 혼합 가족(blended family)들이 있다. 수련회나 카운슬링, 부부 소그룹 모임을 가질 때마다 그들이 태어나서 성장한 가정이 어떻게 결혼과 가족에 대한 이해를 형성해 왔는지의 문제를 강도 높고 비중 있게 다룬다. 우리는 이 원칙을 미혼 남녀들에게, 특히 이성과 교제중인 이들에게 더욱 철저하게 적용하려고 한다.

뉴 라이프 펠로십 교회에는 미국 내부의 다양한 인종집단 출신들은 말할 것도 없고 아시아, 유럽, 아프리카, 중동 등 세계 구석구석에서 이주한 사람들이 출석하고 있다. 어떤 이들은 힌두 문화권, 또 어떤 이들은 이슬람 문화권 출신이다. 우리 교회 제자훈련에서는 그들 각자의 가정과 문화가 부모에 대해 어떤 충성 개념을 갖게 했는지 인식하도록 돕는 것을 중요하게 여긴다. 자녀들은 부모와 가정에 대해 어떤 의무감을 가지고 있는가? 그들이 교회에 가지고 들어온 것들 가운데 기꺼이 흡수해야 할 긍정적인 유산은 무엇인가? 민족성 가운데 복음의 명령과 상충되는 부분(마 10:21)에는 어떤 것들이 있는가?

마지막으로, 심각한 우울증, 주의력결핍과잉행동장애(ADHA), 양극성장애(기분이 너무 좋거나 우울한 것을 주된 증상으로 하는 장애. 과거에는 조울증이라는 표현을 썼다 - 역자 주), 약물이나 알코올 중독, 중증인격장애나 학대 등의 생물학적 요인이 있을지도 모른다는 판단이 서면, 단순히 지역교회 수준 정도가 아니라 더 깊은 차원에서 과거의 영향을 다뤄 줄 상담전문가를 동원한다.

4. 교회 가족이 곧 자기 가족이 되도록 이끌라

스스로 태어나고 성장한 가족을 객관적으로 살피기 시작하는 데는 커다란 용기가 필요하다. 이탈리아계 미국인의 혈통을 가진 나에게는 가족의 연약한 부분을 정면으로 바라보기 시작하기가 끔찍하리만치 힘들었다. 가문에 대한 충성심이 대단히 깊어서, 수대에 걸쳐 전해 내려온 집안의 불문율에 의문을 제기하는 것을 배신행위로 느낄 지경이었다. 하지만 일단 첫걸음을 내딛고 나자, 나의 과거가 현재 이끌고 있는 교회 식구들에게 얼마나 부정적인 영향을 미치고 있는지가 분명하게 드러났다.

첫째로, 어린 시절 내내 나는 형제들과 더불어 어머니의 막역한 친구로 지냈다. 어머니는 결혼 생활과 개인적인 삶이 모두 행복하지 못했다. 나는 어머니가 아버지라는 벽에 가로막혀 있는 기쁨과 행복을 찾아내기만을 간절히 바라며 어린 시절을 보냈다. 어린 딸이 다 커서 영원히 행복하게 살게 되는 멋진 미래를 꿈꾸는 자애로운 부모가 된 듯한 심정이었다. 가정의 문제를 모두 바로잡아야 한다는 책임감을 내면화시켰다.

시간이 갈수록 나는 그런 역할에 익숙해졌다. 게다가 목회자까지 됐으니 안성맞춤이 따로 없었다. 이제는 모든 사람들의 고민을 해결해 주고 삶을 더 행복하고 멋지게 만들어 주려 들었다. 어떻게 다른 사람들을 보살피고 그들의 이야기를 들어 주어야 할지에 관해서라면 이미 집안에서 익히 배운 터였다. 하지만 다른 사람들이 나를 도울 수 있도록 마음을 여는 방법이라든지 자신을 돌보는 비결에 대해서는 아는 바가 거의 없었다.

그러니 교인들에 관해 필요 이상으로 많은 책임을 떠안고 허덕일 수밖에 없었다. 교회에서 누군가가 개인적인 고민을 가지고 있으면, 어떻게 해서든지 '기분이 좋아지게 만들어주는 게' 내가 할 일이라고 생각했다. 어린 시절 식구들 틈에서 크면서 어떻게 행동했는지를 제대로 인식한 뒤에는 행동을 바꾸기가 훨씬 쉬워졌다. 뿐만 아니라, 힘이 미치지 않는 나머지 부분들은 더 균형 잡힌 방식을 통해 잘 돌아가도록 그냥 놓아 두고 나는 일주일에 닷새, 50시간만 일할 수 있게 되었다.[6]

둘째로, 빵 굽는 일을 했던 아버지는 당신의 직업을 사랑했다. 세계 대공황이 한창이던 열두 살 때 할아버지가 갑자기 세상을 떠난 뒤로 아버지는 지금까지 줄곧 가족들의 생계를 책임져 왔다. 그에게 일이란 곧 삶이었다. 정말 맹렬하게 일했고 결국 뉴욕 시 일원에서 이탈리아식 빵을 가장 잘 굽는 장인이 되었다. 아버지의 목표는 자식들 넷을 모두 대학에 들여보내서 공부시키는 것이었다. 대학이라면 당신은 문턱에도 가 볼 수

174

없었던 곳이었다.

그런 아버지에게서 나는 일에 몰두하는, 최고가 되고 성공하기 위해 뛰고 또 뛰는 열정을 물려받았다. 그리고 아버지가 그랬던 것처럼, 여가 활동과 가족을 위해서는 좀처럼 시간을 내지 않는 결혼 생활을 시작했다. 나에게도 일이 곧 삶을 의미하게 되었다. 법률가, 의사, 교사, 교회 지도자, 그밖에 무슨 일을 했더라도 마찬가지였을 것이다. 어디를 가든지 아버지가 걸어간 길을 그대로 따라갔다. 나는 교회 리더들에게 매년 더 커지고, 발전하고, 강해지고 싶어 하는 열정을 그대로 물려주었다. 아버지가 그랬던 것처럼 기력은 점점 떨어져갔다. 하나님 나라가 확장시키는 일을 하고 있다고 생각했지만, 실제로는 그리스도가 아닌 교회에서 가치와 의미를 찾고 있었다. 그러느라고 가장 가까운 사람들을 소홀히 하고 있었다. 그것까지도 아버지를 빼다 박았다.

오직 복음적인 가치관을 기준으로 개인적인 가족사를 진지하게 돌아보는 작업을 통해서만 '성공을 향해 질주하는' 기관차에서 내릴 수 있었다. 대신 안식일마다 쉼과 만족, 기쁨과 평강(롬 14:17)을 누리면서 기도하고 묵상하셨던 주님을 따라가는 방법을 천천히 배우기 시작했다.

셋째로, 아마 이것이 가장 중요한 대목일 텐데, 나는 리더들에게 '버림받을지도 모른다는 두려움'을 전염시켰다. 어린 시절, 거절의 문제로 갈등했었는데, 그것이 오늘 내 모습을 구성하는 토대로 마음속 깊은 곳에 자리 잡았다. 결과적으로 누군가가 불만을 느끼거나 교회를 떠나면 (지역 교회 목회자에게는 다반사로 일어나는 일이다) 나는 당황해서 어쩔 줄 몰랐다.

내 삶에 드리운 과거의 그림자는 교회 식구들 사이에 엄청난 혼란을 일으켰다. 누구를 만나든지 그에게 맞춰서 시각이 달라졌다. 내가 무엇을 원하고 있는지 속마음을 이야기하면 식구들이 교회를 떠날 것만 같았다. 몇 년 동안 그렇게 진실을 외면하고 살았다. 더 심각한 문제는 결함이나 약점, 죄 등의 문제를 가지고 당사자와 직접 마주서는 일이 거의 없었다는 점이다. 특히 지적을 받아들일 것 같지 않은 상대에게는 입도 떼지 않았다. 어떻게든 갈등을 피하려 했으며 모두가 좋아하고 계속 함께 지낼 수 있다면 일이 잘못된 데 대한 비난을 기꺼이 감수했다. 이런 식의 행동이 낳은 끔찍한 열매에 대해서는 2장에서 스페인어 교인들을 담당하던 목회자가 분열을 일으키고 떠나간 경험을 다루면서 이미 이야기한 바 있다.

갈등은 지극히 정상적인 삶의 일부다. 사람들은 흔히 문제를 확산시키거나, 도망치거나, 공격 성향을 드러내거나, 상황이 실제보다 더 나쁘다고 가정하거나, 또는 삼각구도(예를 들어, '갑'이 직접 '을'을 만나서 갈등을 해소하는 대신 괴로움을 덜기 위해 '병'을 만나는 식)를 취하는 등 다섯 가지 방식 가운데 하나를 택해서 갈등을 해소하려 한다. 성장과정에서 나는 회피하는 방식을 선택했다. 갈등을 속으로 꽁꽁 감추고 다툼을 가라앉히려 애썼다. 결국 교회라는 새로운 가정에까지 그리스도께서 의도하셨던 바와 전혀 다른 행동유형을 끌어들였던 것이다.

그러나 내가 태어나서 성장한 가정은, 비록 세상 모든 가정과 마찬가지로 인간의 타락과 동시에 변질되기는 했지만, 한편으로는 죽는 날까지 감사해야 할 만큼 수많은 선물을 안겨 주었다. 가정을 통해서 하나님께서는 다른 사람들에게 대단히 민감할 수 있는 마음을 주셨다. 덕분에 나는 어렵지 않게 상대방의 고통을 함께 느끼며 측은하게 여기는 마음을 진지하게 표현할 수 있게 되었다. 형식적인 자세에 그치지 않고 실질적인 방식으로 위로하는 방법도 거기서 배웠다.

뿐만 아니라 하나님께서는 가족들을 사용하셔서 나로 하여금 책읽기와 공부를 좋아하고 인간을 향해 열정을 품으며 음악과 미술을 사랑하게 해주셨다. 과거의 긍정적인 면과 부정적인 면 모두를 이용하여 목회자로서 교회를 섬기고 인도하기에 합당하도록 나를 빚어 내셨던 것이다.

하나님께서는 부모를 공경하라고 명령하셨다. 성인이 된 지금 생각해 보면 아버지 어머니를 주신 하나님을 경외하고 그분께 감사하라는 의미가 아닐까 한다. 나는 거기에 보태어 개인사와 과거, 우리가 태어난 장소와 시간들에 대해 하나님께 감사하라는 뜻으로 확대해서 해석하고 싶다.

좋은 일이든 궂은일이든 모두 감사드리는 것, 그것이 하나님의 뜻이다. 누가 해칠 수도 있고, 스스로 잘못된 선택을 할지도 모른다. 요셉이 형들의 배신으로 긴 세월 동안 얼룩진 삶을 살고 난 뒤에 배운 진리를 잊어서는 안 된다. "당신들은 나를 해하려 하였으나 하나님은 그것을 선으로 바꾸사 오늘과 같이 많은 백성의 생명을 구원하게 하시려 하셨나니"(창 50:20).

5. 몇 사람이 테이블에 있는지 기억하라

목회적인 리더십은 물론 운영위원회, 소그룹, 선교, 행정 차원의 리더십을 부여하는 데까지 대상자가 가정 문제에 얼마나 성숙한지를 고려하는 까닭이 무어냐는 질문을 종종 받는다. 여기에 대한 대답은 '재앙

육'(reparenting)이라는 개념과 밀접한 관련이 있다. 어떤 사역을 이끌든지, 관련자들은 십중팔구 집에서 정서적인 '짐 보따리'를 지고 오게 마련이다. 여섯 명과 모임을 갖는다 해도 실제로는 눈에 보이지 않는 수많은 사람들이 테이블에 앉아 있는 셈이다.

〈표 5〉는 담임목사를 도울 개인비서를 채용하는 까다로운 문제를 다루기 위해 모인 운영위원회를 묘사한 도표다. 담임목사는 적어도 2주 안에는 임금이 지급될 수 있도록 위원회의 승인을 청원해 두었다. 그러나 다른 곳에도 재정을 지출하기로 했기 때문에 담임목사의 청원을 받아들이자면 남은 회계연도 동안 재정 상황이 빡빡해질 수밖에 없다. 회의에 참석한 여섯 사람은 저마다 독특한 불문율과 가치관, 행동방식을 가진 가족체계 출신이다.

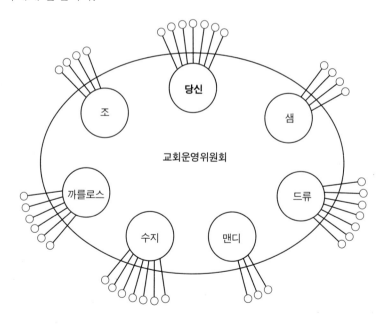

〈표 5〉 가족 관계를 통해 얻은 개인적인 경험들
운영위원회에 참석한 일곱 가족[7]

위원장인 조는 어느 소프트웨어 회사의 유능하고 열성적인 이사다. 모험을 즐기는 인물로 머릿속으로는 이미 부족한 예산을 메우기 위해 시간 외 근무를 해야겠다고 결심하고 있었다. 혹시 교만하다는 인상을 줄 수도 있으므로 나머지 위원들에게는 마음속 결심에 관해서는 한 마디도 하지 않을 작정이다. 물론 아내는 달가워하지 않을 테고, 입에 불평을 달고 사는 날이 다시 시작될 것이다.

까를로스는 생활고와 싸워가며 시내에서 식구들끼리 하드웨어 가게를 운영하고 있다. 그는 담임목사를 위해 개인비서를 채용한다는 건 분별없는 짓이라고 생각한다. 한 번도 그런 식으로는 사업을 해보지 않았다. 담임목사의 얘기를 듣자니 속이 쓰리다. 그렇게 사리에 맞지 않는 일을 하려고 하다니, 무덤에 묻힌 아버지가 벌떡 일어날 일이었다. 하지만 감정을 솔직하게 드러내기가 두려웠던 까를로스는 신앙적인 방법이 무엇인지 알려 주시도록 하나님께 합심으로 기도하자고 제안한다.

수지는 법학 계열의 학위까지 받았지만 지금은 두 아이를 키우는 전업주부다. 그녀는 당황스럽고 부끄럽다. 하루에 거의 한 갑 정도 담배를 피우고 있는 데다가(물론 운영위원들은 전혀 모르는 일이다) 최근에는 큰아이가 고등학교를 중퇴하기까지 했다. 운영위원의 가족이라면 좀 모범적이어야 하는 게 아닐까? 몹시 외로웠고 누구라도 좋으니 친구가 필요했다. 수지는 자신 있게 조언했다. "목사님, 원하는 대로 하세요."

아직 미혼인 맨디는 소아과 전문의로 나날이 번창하는 병원을 운영한다. 의사 셋과 간호사 다섯 명이 함께 일하고 있으며 최근에는 빌딩을 사서 병원 규모를 늘렸다. 담임목사의 권유로 작년에 운영위원회에 들어왔는데, 성장과 변화를 기대하고 참여했다는 뜻을 분명히 밝혔다. 모험을 두려워하지 않는 맨디는 가족 가운데 처음으로 학사 이상의 학위를 받은 여성이었다. 의과대학에 다니는 동안 성적인 학대와 관련된 소송에서 승소하기도 했다. 담임목사가 교회를 운영하는 일을 맡아 달라고 최종적으로 요청했을 때, 얼마나 기뻤는지 모른다.

드류는 협동목사와 장로라는 두 가지 역할을 해내고 있다. 따라서 특별히 유력한 임무를 담당한다. 그는 그게 싫지 않다. 하지만 요즘 담임목사 때문에 마음이 편치 않다. 자기는 모든 보물을 은쟁반에 담아다 바치기만 하는 듯한 느낌이 들었다. 홀어머니 밑에서 성장한 드류는 형편상 어쩔 수 없이 직장생활을 하면서 대학과 신학교를 마쳤다. 그로서는 담임목사가 또 다른 특전을 누리려한다는 게 못마땅하다. 드류는 자리에 앉아서 생각한다. "내 맘대로 되는 게 왜 이렇게 없는 거죠? 어째서 저 양반 혼자 모든 것을 다 차지하는 걸까?"

마지막으로, 샘은 화가 잔뜩 난 채 테이블에 앉아 있다. 3주 전, 담임목사가 설교를 하면서 미혼, 특히 미혼남성들만을 겨냥해서 비판을 해 대는 것처럼 보였기 때문이다. 샘은 왜 목사가 용기 있게 찾아와서 얼굴을 맞대고 이야기하지 못하는지 이상하기만 하다. 하지만 담임목사에게 터놓고 자기감정을 털어놓지는 않았다. 대신 여름이 오면 교회를 떠나야겠다고 생각하고 있다. 샘이 성장한 가정에서는 갈등이 생기면 늘 "절이 싫으면 중이 떠난다"라는 식으로 처리했다. 샘은 비용 지출에 찬성하지 않는다.

이 모임에서 성숙한 영적 지도력을 발휘하려면 리더는 두말할 것도 없이 지금부터 이야기하는 세 가지를 생각해야 한다.

1. 다음 단계로 범위를 넓히기 전에 우선 자신이 가지고 있는 동기와 이유, 목표, 계획, 과거와 현재의 가족역동(family dynamic, 가정안의 여러 가지 힘과 요소들의 상호작용 - 역자 주) 등 내면을 깊이 통찰해야한다. 스스로의 느낌과 생각을 정확하게 파악하고 그것을 운영위원들에게 직접적이고도 정확하게, 그리고 정중하게 표현할 필요가 있다.

2. 모임의 구성원들이 각자의 관심사와 감정을 솔직하게 표현할 수 있도록 이끌어야 한다. 모임에서 드러나는 부분은 지극히 일부에 불과하다. 결정을 미루고 구성원 각자의 내면과 서로의 관계 속에서 어떤 일들이 진행되고 있는지 이야기하는 시간을 가질 것을 제안하고 싶다.

   그때 리더는 강력한 리더십을 발휘하고 방향을 제시해야 한다. 거리낌없이 자기 속을 털어놓을 수 있을 만큼 안전한 환경을 조성할 필요가 있다. 경우에 따라서는 미리 적절한 지침과 경계를 설정해 놓고 나누기 시작하는 게 좋을 수도 있다. 예를 들어, '당신' 또는 '그들'이 아니라 '나'라는 말로 이야기를 시작하게 하는 식이다. 모임 구성원들에게 "요즘 무슨 일이 여러분의 삶에 가장 큰 영향을 미치고 있습니까?"라는 정도의 질문을 던지는 게 좋다. 그리고 한 사람 한 사람에게 10분을 주고 나중에 서로를 위해 함께 기도한다.

3. 위원들이 하나님과 동행하는 가운데 더욱 성숙해지도록 돕자면 그들을 개별적으로, 또는 집단적으로 만나 볼 필요가 있다. 예수님을 기억해야 한다. 주님은 수많은 군중들을 이끌고 다니셨지

만 세 명, 많아야 열두 명에게 초점을 맞추어 삶 전체를 투자하셨다. 교회를 광범위하게 변화시키기 위하여 나는 부교역자와 장로들에게 나 자신을 있는 그대로 드러내는 일부터 시작했다.

교회를 '저마다 자신의 개인사를 통째로 들고 나오는 장소'라고 생각하면 질리는 느낌이 드는 게 사실이다. 하지만 이것은 교회를 대단히 정확하게 표현한 말일 뿐만 아니라, 교회를 이끌어 가는 과정에서 부딪히는 복잡다단한 상황들을 이해하는 데도 도움이 된다.

교회의 성숙도는 절대 리더십의 성숙도를 뛰어넘을 수 없다. 바라건대, 지체들이 자기 눈에서 들보를 제거한 뒤에(마 7:1-5) 무언가로 그 자리를 채워야 할 때, 리더들이 삶으로 새로운 생활방식의 모델을 보여 주고 힘을 북돋워 주면 좋겠다.

자기부인으로 성장한 구스타보와 낸시

태어나서 성장한 가정과 크리스천으로서 오늘을 사는 삶 사이에 긴밀한 관계가 있다는 사실에 주목하면서부터, 뉴 라이프 펠로십 교회는 의미심장한 도약을 경험했다. 헤아릴 수 없이 많은 사람들이 과거가 어떻게 현재에 영향을 미치는지 깊이 통찰한 끝에 성장에 이르렀다. 한 가지 예를 들어 보자.

구스타보와 낸시는 지난 4년 동안 소그룹에서 활동했다. 10남매 중 막내였던 구스타보의 어머니는 자신이 낳은 세 자녀 모두 언제나 반에서 1등을 해야 하고, 언제나 바른 생활을 해야 하며, 항상 모르는 게 없어야 한다고 믿는 사람이었다. 구스타보와 형제들은 지금껏 최선을 다해서 공부하고 일했다. 감정이나 연약함은 입에 올릴 수조차 없었다. 좌절이나 실패(자전거를 타고가다 넘어지는 따위)를 겪기라도 할라치면 당장 질책이 돌아왔다. "일어나. 거기 주저앉아 있지 말고 어서 움직여!" 정서적인 체험이라든지 감정을 나누는 경우는 좀처럼 없었다.

게다가 전에 일하던 일터에서 부당한 혐의를 뒤집어쓰고 명예스럽지 못하게 자리에 쫓겨났다. 그 탓에 마음속으로 다른 사람을 신뢰하기가 더 어려워졌다. 구스타보가 그런 대인관계 방식을 자신이 이끌던 모임과 교회 소그룹에 끌어들였다고 상상해 보라. 그는 무슨 상처를 받았다든지 연약하다든지 하는 모습을 거의 드러내지 않았다. 구성원 사이의 사랑이나 연대감은 대단히 피상적이었다. 물론 성경 내용은 잘 가르쳤다.

하지만 아무도 그가 연약한 사람임을 알 수 없었다. 구스타보는 자신이 좀처럼 솔직하게 단도직입적으로 이야기하지 못한다는 사실에 자주 화가 났다. 새로 시작하는 프로젝트 때문에 일거리가 산더미같이 늘어날 게 뻔해도 "안되겠습니다"라고 말하지 못했다. 교회에서 무슨 일을 맡겨도 언제나 "예"라는 대답뿐이었다. 당연히 지칠 수밖에 없었다.

반면 낸시는 서로 사랑하고 베푸는 가정 출신이었다. 구스타보와 함께 봉사하면서 언제나 둘이서 최선의 성과를 내고 싶어 했다. 낸시 역시 한계를 설정하고 "안돼요"라고 말하는 일에는 젬병이었다. 세 자녀 중에 장녀로서 심정적으로 아버지에게 기대는 의존도가 높아서 부친의 감정과 죄책감, 걱정, 상처를 모두 자기의 것으로 받아들일 정도였다. 낸시는 아버지를 기쁘게 해드려야 한다는 책임감을 느끼고 있었다. 아버지가 부정적인 감정들을 떨쳐내지 못하는 듯하면 무슨 죄를 지은 것 같은 느낌이 들었다. 항상 '착한 일'을 하면서 아버지를 보호하려고 노력했다.

낸시는 이런 대인관계 방식을 자신의 결혼 생활과 교회에서 그리스도를 섬기는 일에 고스란히 전이시켰다. 낸시는 모든 사람들을 잘 보살피고 그들이 만족하고 있는지를 확인해야 직성이 풀리는 위대한 관리인이었다. 스스로 느끼고 생각하거나 독립된 한 인간이 될 여유는 거의 없었다. 그녀는 피곤했다. 지치고 외로웠다.

과거의 가족 체계가 어떻게 일터와 가정, 교회에서 맺고 있는 현재의 관계에 영향을 미치고 있는지 정직하게 살펴보고 나서야 구스타보와 낸시는 극적으로 달라질 수 있었다. 처음에는 변화가 무척 힘들었다. 둘다 자신이 나무랄 데 없는 가정, 다른 사람들에 비해서는 더더군다나 그런 가정 출신이라고 생각하기 때문이었다.

하지만 유감스럽게도 새로운 가족(예수님의 가족)의 가정 역동보다 그들이 나고 자란 가정의 가족 역동이 일상생활을 더 강하게 지배하고 있는 게 슬픈 현실이었다. 구스타보와 낸시는 마치 부모에게 효도하는 게 먼저고 하나님 나라에 충성하는 것은 그 다음이라는 듯 살았다.

구스타보가 일터나 교회의 소그룹모임에서 다른 사람들에게 자신의 연약함을 표현하기 시작하는 데는 고통스러운 자기부인(눅 9:23)이 반드시 필요했다. 그에게는 성기신 문제가 있을 때 자기주장을 펴기 시작한다는 것, 기계처럼 돌아가는 게 아니라 무언가를 느끼기 시작하는 것이 곧 하나님을 향한 믿음의 몸짓이었다.

낸시가 집에서나 교회에서 한 사람 한 사람에 대한 책임감을 버리고, 저마다 자기 짐을 지도록(갈 6:5) 맡겨 두며, 자신으로서는 모든 사람의 필요를 채울 수 없다는 사실을 인식하게 되는 데도 고통스러운 자기부인이 필요했다. 한없이 소중한 하나님의 자녀로서 자신을 돌보고 휴식을 취하며 삶을 '즐기는' 행위는 어쩐지 집안에 존재하는 묵시적이며 은밀한 규칙을 어기는 듯한 느낌을 주었다. 적어도 그녀는 그렇게 생각했다. 낸시에게는 그것이 곧 죽음과도 같았다.

그러나 정말 놀라운 것은 하나님 나라에서는 죽어야 생명을 얻는다는 사실이다. 우리는 의를 얻기 위하여 하루하루 죽고 있는 것이다.

6. 뒤로 돌아가는 데 그쳐서는 안 된다

"가계도를 그려봤어요. 이젠 가족사에 관해서라면 훤히 다 알죠."

가끔 이렇게 말하는 이들이 있다. 그때마다 아직도 멀었구나 싶은 생각이 든다. 인간은 저마다 이루 말할 수 없이 복잡하고 독특한 존재다. 죽었다 깨나도 물에 잠긴 빙산의 전모를 완벽하게 파악하지 못한다.

과거로 돌아가는 것 그 자체가 목적이 되어서는 안 된다. 발이 묶여 미래를 향해 나가지 못할 때 우리는 과거로 돌아간다.

6장에서 이야기한 것처럼, 뉴 라이프 펠로십 교회에서 목회하면서 리더십 정체를 경험했다. 얼마나 심각했던지 한 발자국도 내딛을 수 없을 것만 같았다. 교회가 한창 성장하는 중이었으므로 리더십을 행사해야 할 굵직굵직한 이슈들이 꼬리를 물었지만 한쪽에 밀어 놓고 지냈다. 개인적인 결정을 내리고, 부교역자와 핵심 사역자들을 살피고, 일을 나눠 맡기는 계획서를 작성하고, 시간을 내서 모임들을 계획하고, 갖가지 프로젝트들을 세세하게 챙겨야 하지만 누가 대신 해주길 바라면서 세월만 허송했다.

속으로 중얼거렸다. "그건 관리고 행정이야. 누가 대신 맡아서 처리하는 게 당연해. 목회자가 할 일이 아니란 말이지." 솔직히 말하자면 오해를 사고, 친근한 관계에 금이 가고, 식구들이 교회를 떠나는 게 두려웠다.

그러다 뼈아픈 좌절의 순간을 맞았다. 강단에서 전한 메시지의 흔적을 사역자들의 움직임 속에서 찾아볼 수가 없었다. 문제는 그 식구들이 아니라 바로 내게 있었다. 앞으로 나가기 위해서는 두 갈래 가계에 뿌리내린 역학관계를 깨트려야 했다.

우선, 외가 쪽으로는 1923년부터 기업을 소유하고 있었는데, 뒤죽박죽 복잡한 일들이 끊이지 않았다. 언뜻 생각하기에도 내게는 그처럼 커다란 조직을 경영하기에는 전문적인 기술이 턱없이 부족했다. 시간을 투자해서 공부를 해본 적도 없었다. 그래서 늘 누군가에게 일을 맡겼다. 직접 개입했다가는 사업을 망칠 것만 같았다. 하지만 결국은 집안에서 건네준 지침들에 따르는 대신, 직접 리더십 기술들을 배우기로 했다. 개인적인 차원으로든 교회로든, 성장 과정은 그야말로 놀라웠다.

둘째로, 가족과 가문에 절대 충성하는 이탈리아계 미국인의 정신적 유산이 있었다. 선친은 틈만 나면 날 무릎에 앉혀 놓고 그 얘길 하고 또 했었다. 그런 까닭에 유급 사역자를 내보내는 게 더없이 힘들었다. "한 번 함께하기로 했으면 가족이 된 셈이니 죽을 때까지 같이 간다"라는 집안의 신조를 배신하는 느낌이었다. 하지만 교회의 자원들을 움직이는 청지기가 되어 소명을 이뤄가는 게 당회의 감독을 받는 담임목회자의 역할이다. 교회의 필요와 기대는 시시때때로 달라진다. 그러므로 하나님의 일꾼인 목회자의 지위 역시 교회와 그 자원, 사역자들의 효용성에 관해 주님이 주시는 가르침에 따라 그때그때 변할 수밖에 없다.

이제 나만의 가계를 꾸리고 이끈 지 14년이 된다. 그럼에도 불구하고 그리스도와 동행하면서 새로운 상황들에 부닥칠 때마다 끊임없이 새로운 사실들을 깨닫게 된다. 잊지 말라. 뒤로 돌아가 스스로 살피는 작업을 절대로 멈추지 말라.

8장에서는 내면세계, 특히 개인사의 내면을 깊고도 철저하게 통찰할 때 어떤 일이 벌어지는 살펴보려 한다. 더없이 연약하고, 투명하며, 연약해지는 경험을 하게 될 것이다.

Chapter 8

원칙3 :
깨지고 상한 심령으로 살라

정서적으로 건강한 교회에서는 교인들이 깨지고 상한 심령으로 살면서 인도함을 받는다. 하나님 나라의 리더십은 애당초 누군가를 휘어잡는다든지 통제하거나 군림하는 것과는 거리가 멀다는 사실을 제대로 이해한다. 하나님 나라의 리더십은 오히려 실패와 고통, 의문과 갈등을 통해서 이끌어 가는 리더십이다. 세상에서, 그리고 불행스럽게도 많은 교회들에서 흔히 볼 수 있는 리더십 모델과는 현저하게 다른 방식이다.

삶의 폭풍우를 맞았을 때

1900년 9월, 텍사스 주 갤버스톤 섬 주민들은 노동절 휴가를 맞아 멕시코만의 차가운 물에 몸을 담그고 전에 없이 계속되는 늦더위를 피하고 있었다. 그때까지만 해도 사상 최악의 허리케인이 섬을 휩쓸어서 3만 7천명 주민 가운데 거의 절반을 죽음으로 내몰거나 삽시간에 길거리에 나앉게 만들리라고는 아무도 짐작하지 못했다. 하지만 그 운명의 토요일 밤, 평균 풍속이 시간당 200킬로미터에 이르고 순간 최대 풍속이 초속 88미터를 넘는 허리케인이 갤버스톤 섬을 강타했다. 요즘 흔히 쓰는 말로 표현하자면, '초대형 허리케인'이나 '초특급 폭풍'이었던 셈이다.

갤버스톤 뉴스가 내보낸 공식적인 기상예보는 "토요일은 강한 북풍을 동반한 강우. 일요일은 비온 뒤 갬"으로 되어 있었다. 그러나 갑자기 돌풍이 불어 닥친 것이다. 오후 1시부터 비는 폭풍우로 돌변했고 오후 5시가 되면서 바람이 허리케인 수준에 이르렀다. 저녁 8시에는 수위가 정상치보다 6미터나 높아졌다. 불과 몇 시간 만에 가옥 대부분이 완전히 사라지거나 간신히 지붕만 드러낼 정도로 침수됐다. 바람에 날려간 집도 적지 않았다. 멀리서 열대 폭풍이 불어오고 있다는 보고가 주초에 접수됐지만, 기상당국은 별다른 경계 조처를 취하지 않았다.

갤버스톤 기상청장을 지내고 퇴역한 아이작 M. 클라인은 "이번 경우에는 허리케인이 접근하고 있다는 사실을 감지할 만한 통상적인 징후가 나타나지 않았다"고 했다. 아이작 자신부터 바닷가에서 고작 세 블록 떨어진 곳에 살고 있었지만, 어처구니없게도 임신 중이었던 아내(익사했다)와 형, 그리고 집 안의 아이들을 대피시켜야겠다는 생각을 조금도 하지 않았다. 어째서 그랬을까? 아이작 클라인은 갤버스톤에 심각한 타격을 입힐 만한 허리케인은 없을 것이라고 예보한 바 있었다. 허리케인이 급성장중인 갤버스톤 시에 심각한 위해를 끼칠 수도 있다는 일각의 우려를 그는 '터무니없는 망상'이라고 일축했다.

갤버스톤 시는 클라인의 전문적인 진단을 일부 참작해서, 방파제를 세우자는 제안을 불필요하며 소모적인 지출이라는 이유로 기각했다. 결국 그 아름다운 도시에 살던 수많은 시민들은 어떤 폭풍우라도 견뎌낼 수 있다는 자신감을 갖게 되었다. 물론 순간 최대 풍속이 초당 88미터에 이르는 돌풍이 불어 닥치리라고는 꿈에도 생각지 못했다.

그만한 바람이면 30톤의 하중으로 집의 겉벽을 후려치는 것이나 다름없다. 아마 아름드리 거목이라도 성냥개비처럼 부러져나가고 말 것이다. 150미터 폭에 30미터의 높이, 3.6톤의 무게를 가진 파도가 덮치리라는 것도 예상 밖의 일이었다. 파도의 파괴력은 상상을 초월했다. 시간당 약 48킬로미터를 움직이면서 907톤의 전방 운동량을 만들어냈는데, 이는 견고하게 지은 포대(砲臺)를 휩쓸어버리고도 남을 만한 힘이었다.[1] 얼마나 많은 주민들이 물에 빠져 숨을 거뒀던지, 사체가 몇 달 동안이나 물가로 밀려나왔다. 이른바 기상전문가인 아이작 클라인도 이런 강도를 가진 폭풍을 전혀 예측할 수 없었다.

아이작이 나름대로 폭풍을 견뎌낼 만큼 안정되고 단단히 고정된 집을 세웠던 것처럼, 나 역시 힘이 닿는 데까지 최선을 다해서 리더가 될 준비를 갖췄다. 기독교계의 광대한 병참기지로부터 지식과 기술, 경험을 공급받아 축적했다. 인간, 시험, 난관, 환경 등 제아무리 강한 허리케인이 휘몰아친다 해도 꺾이지 않고 싶었다. 예수님을 죽은 자 가운데서 다시 살리신 바로 그 권능(엡 1:19-23)이 오늘 내 안에 있음을 실감하며 살려고 노력했다. 내 안에 있는 이가 세상에 있는 이보다 크시다(요일 4:4)는 사실을 끊임없이 되새겼다. 그리고 다윗처럼 기도했다. "내가 주를 의뢰하고 적진으로 달리며 내 하나님을 의지하고 성벽을 뛰어넘나이다"(삼하 22:30).

나는 흔들리지 않고, 견고하며, 한결같으며, 신실한 사람이 되기로 마음먹었다. 하나님께서는 열심과 달란트, 풍부한 경험을 선물로 주셨다. 하나님과 그분의 교회를 위해 싸우는 용사요, 전사요, 종이 될 작정이었다. 하지만 이런 준비들을 갖추면서 나는 공식적으로든 비공식적으로든, 성경이 영적인 권위와 리더십에 이르는 가장 중요한 통로라고 가르치는 '상함'과 '약함'이라는 길을 무시하고 지나갔다. 결국 무방비 상태에서 엄청난 폭풍을 맞고 말았다.

1. '약함'의 신학을 개발하라

아담과 하와가 에덴동산에서 죄를 저지른 이후에도 하나님께서는 사랑을 품고 두 사람을 찾으셨으며 돌아와서 서로 교통할 수 있는 길을 마련해 주셨다. 주님은 '바람이 불 때 동산에 거니시는'(창 3:8) 아담과 하와를 찾으셨으며, 부끄러움을 가릴 수 있도록 옷을 지어 주셨다(창 3:21). 그리고 때가 되면 그들을 감쪽같이 속여 넘겼던 뱀을 짓밟아 버리시겠다고 약속하셨다(창 3:15).

잘 알다시피, 타락을 심판하시기 위해 하나님께서는 삶의 씨줄과 날줄 사이에 '가시덤불과 엉겅퀴'(창 3:18)라는 형벌을 심으셨으며, 그 순간부터 모든 인생들이 얼마나 고통스럽고, 고단하고, 낙심하며 살아야 할지 알려 주셨다. 주님은 관계(창 3:16)와 일(창 3:17-19)이라는 두 가지 주요한 영역에 걸쳐 저주를 내리셨다.

이제 관계는 수고와 불화투성이가 될 것이라고 말씀하셨다. 결혼 생활과 가정, 교회, 일터 등 어디를 가든지 사람들에게 실망하게 될 것이다. 친밀감은 사라지고 술수와 세력 다툼, 깔아 뭉개기, 유혹, 자기 방어, 관계를 회피하는 태도 등이 그 자리를 채우게 될 것이다. 외로움이 기승을 부릴 것이다.

세상에 나가서 열심히 일해보지만 대가로 돌아오는 것은 좌절과 실패뿐이다. 땅은 본질적으로 거칠어질 것이다. 무슨 일을 하든지 가시와 엉겅퀴가 따를 것이다. 목표에 도달하고 무언가를 성취할 수도 있겠지만, 결단코 거기서 완전한 만족을 느끼지는 못할 것이다. 세상에서 일하는 동안 무언가 불안하고 어딘가 부족한 듯한 느낌이 내내 따라다닐 것이다.

이생에서 삶의 모든 교향곡은 미완성인 채로 남아 있을 것이다.[2]

왜 그렇게 하셨을까? 하나님께서는 우리가 무릎을 꿇고 주님을 찾도록 하기 위해, 다시 말해서 구세주가 필요하다는 사실을 절감할 수 있도록 이런 형벌을 내리신 것이다. 그런데 문제는 우리가 가시와 엉겅퀴에 걸려 깨지기보다는 도망치거나, 싸우거나, 숨어 버린다는 데 있다.

현실에서 '도피'하거나

어떤 이들은 몇 가지 형태의 중독 행위들로 고통을 덮어 버림으로써 현실에서 도망치려 한다. 지극히 국소적인 부분에 집중하는 방식으로 삶을 회피하자는 것이다. 허다한 크리스천들이 고통을 겪고 있지만, 그저 거기서 도망치려 하거나 차라리 감각을 마비시키려 든다. 수없이 많은 교회당을 세우는 일에 몰두하면서 삶의 고통을 덜고 싶어 하는 목회자가 얼마나 많은지 모른다. 수많은 사람들이 식구들 사이에서 벌어지는 불쾌한 관계들을 피하는 방편으로 교회 사역에 온 힘을 쏟아 붓고 있다. 그밖에도 자기 삶 가운데 망가진 영역들을 정직하게 통찰하는 게 두려워서 아이들 돌보는 데 푹 파묻혀 지내는 여성들이 얼마나 많은가? 집안은 형편없이 무너져 가는데도 삶의 모든 에너지를 직장에서 출세하는 데 바치는 남성들은 또 얼마나 많은가?

싸우거나 분노하며

개중에는 삶이 뜻대로 돌아가지 않는다고 화를 내고 비통해 하거나 난폭해지는 이들도 있다. 크리스천 가운데 영혼에 착 달라붙어 있는 분노를 제대로 처리하지 않고, 영적인 포장지를 뒤집어 씌우는 경우(마치 그것이 '예수님의 의분'(義憤)이라도 되는 양 터무니없는 얘기를 하는 식이다)가 얼마나 많은 가? 그런 이들일수록 자신의 분노를 빗나간 정치인이라든지 교리적으로 흠이 많은 크리스천들에게 쏟아 낸다. 생활 중에 고난을 만났을 때 스스로 깨어지기보다는 도리어 하나님께서 기도에 응답해 주시지 않는다거나 자신이 옳다고 생각하는 방식으로 세상을 움직이지 않으신다고 화를 내는 크리스천들이 교회 안에 얼마나 흔한지 모른다.

은폐하며 과장하고

또 다른 부류는 자신이 얼마나 상했고, 금이 가 있고, 깨지고, 약하고, 한계가 많은, 불완전한 존재인지를 감추면서 삶을 꾸려간다. 나 역시 여러 해 동안 그런 식으로 살았다. 그런데 몇 년 전, 짧은 틈을 내서 교회 성장 관련 집회에 강의하러 몇몇 지역을 여행하다가 더할 나위 없이 통렬한 본보기가 될 만한 일을 겪었다. 나는 가는 곳마다 '잘 돌아가는 일' 중심으로 우리 교회의 성공 사례를 발표했다. 교회를 이끌어 가고 소그룹의 하부 조직을 세우는 방법과 관련해서 지배와 통제라는 개념을 전달했다. 참가자들이 대단한 관심을 보였다. 나는 중간휴식 시간이나 식사 시간을 가리지 않고 자유롭게 전문적인 견해를 나눴다.

하지만 사실은 실망과 좌절을 교묘하게 숨기고 있었다. 개인적인 삶에 대해서도 그랬고 교회에 대해서도 마찬가지였다. 스스로 생각해 봐도 정도 이상으로 사실을 과장하고 있었다. 겉으로 보기에는 성공하고 있는 듯 했다. 얼마쯤 성과를 올린 것은 사실이었다. 그러나 나중에야 깨달았지만, '성공'에 초점을 맞추는 것이야말로 내가 얼마나 상했고, 금이 가 있고, 불완전하며, 한계가 많은 존재인지 적나라하게 직시하는 것을 회피하는 수단이었다. 뿐만 아니라 결국 공허함만 남게 되는 잘못된 가치관까지 심어 주었다.

테네시 주에서 열리는 교회 성장 회의 강연을 부탁하는 초청을 받았던 기억을 잊을 수가 없다. 예정되어 있던 강사가 병이 나는 바람에 받게 된 초청이었다. 사례금도 중요하지만 더 이상 강연하러 갈 수가 없었다. 그런 집회들에 참석해서 이야기할 때마다 내 영혼에서는 무언가가 죽어 가고 있었다. 온전한 진실을 이야기하지 않고 있다는 아주 불편한 느낌이 들었다. 하나님께서는 이루 헤아릴 수 없는 큰일들을 행하셨던 것만큼은 틀림없는 사실이지만 그 기사에는, 그리고 나에게는 다른 측면이 있었던 것이다.

모든 사람이 깨지고, 상하고, 금이 가고, 불완전하다. 이것이 모든 인간의 숙명이다. 삶 속에서 진실을 부정하고 싶어하는 사람들이라 할지라도 예외일 수 없다.

영성을 드러내는 두 가지 유형

〈표 6〉은 교회, 또는 크리스천이 영성을 드러내는 두 가지 상반된 방식을 정리한 것이다. 첫 번째는 교만하고 방어적인 것이 특징이며(적절한 용어가 없어서 일단 이렇게 적는다) 두 번째는 깨지고 연약하다는 특색을 갖는다. 어느 쪽이 자신을 가장 잘 묘사하고 있는가?

교만하고 방어적인 유형	깨지고 약한 유형
1. 부족함과 결함을 감추고 비호한다.	1. 솔직하고 연약하다. 적절한 상대에게 자신을 있는 그대로 드러낸다.

2. '긍정적이고 강하며 성공적인' 부분에 초점을 맞춘다.	2. 자신의 참모습 가운데 약하고, 부족하며, 유한한 부분들을 인식하고 있으며 거리낌 없이 실패를 인정할 수 있다.
3. 대단히 감정적이며 방어적이다.	3. 누구나 쉽게 다가설 수 있으며 외부 세계에 대해 열려 있다.
4. 자연스럽게 다른 사람들의 결점이나 실수, 죄에 먼저 눈이 간다.	4. 어느 부분이 약한지 알고 있다. 동정심이 있으며 서둘러 남을 판단하지 않는다.
5. 누가 묻지 않아도 자신의 의견을 많이 이야기한다.	5. 말하기는 더디 하고 듣기는 속히 한다.
6. 사람들에게 다가가지 않는다.	6. 다른 사람들에 대해 개방적이며, 부드럽고, 호기심이 많다.
7. 내면에서 일어나고 있는 일들을 남들에게 제대로 보여 주지 않는다.	7. 기꺼이 상처받기 쉽고 연약한 마음을 보여 준다. 그래야 그리스도의 권능을 볼 수 있지 않겠는가?
8. 상황들을 대부분 직접 통제하고 싶어 한다.	8. 사람들로 하여금 가서 일하도록 기회를 줌으로써 상호 신뢰를 쌓아간다.
9. 스스로 강하고 선하다는 느낌을 갖기 위해서 의로워져야 한다.	9. 실수와 약점을 인정하고 "내가 틀렸어"라고 말하는 가운데 하나님의 능력이 저절로 드러난다는 점을 이해한다.
10. 다른 사람들을 비난한다.	10. 자신에 대해서 스스로 책임지며 대부분 '당신'이나 '그들'이 아니라 '나'를 중심으로 이야기를 풀어간다.
11. 종종 적의를 품으며 좀처럼 용서를 청하지 않는다.	11. 다른 사람들의 원망을 사지 않으며 필요하다면 언제든지 용서를 구할 수 있다.
12. 기분이 상하면 안하무인이 된다.	12. 화가 나면 어찌 된 영문인지 파악하기 위해서 여러 가지 문제들을 곰곰이 살핀다.
13. 고통스러운 현실을 부정하거나, 회피하거나, 도망친다.	13. 비록 고통스러울 지라도, 정직하게 이면에 감춰진 것들을 통찰한다.
14. 고난 가운데 있는 이들이 스스로 자신을 바로잡고 변화할 수 있도록 문제의 해답과 설명을 제시한다.	14. 고난을 당하는 이들과 함께하며 별다른 불편함 없이 애매한 상황을 인정하고 "모른다"고 말할 수 있다.
15. 부당한 대우를 받으면 반드시 자신이 옳음을 입증해야 직성이 풀린다.	15. 부당한 대우를 받아도 너그러이 눈감아 준다.

16. 요구를 많이 하는 편이다.	16. 정중하고 온유하게 권리를 주장한다.
17. 자의식이 무척 강하고 남들이 어떻게 생각할지에 신경을 많이 쓴다.	17. 남들에게 어떤 인상을 남길지 보다는 하나님을 더 의식한다.
18. 사람들을 하나님을 위해 소모할 자원으로 본다.	18. 사람들을 더불어 기뻐하고 즐거움을 누릴 선물로 본다.

〈표 6〉 크리스천이 영성을 드러내는 두 가지 방식

바울의 영적인 권위와 연약함

사도 바울은 아마도 세상에 존재했던 가장 위대한 크리스천일 것이다. 바울은 신약성경 가운데 거의 절반을 썼으며 1세기 무렵의 기독교 세계를 크게 확장시켰다. 오늘날까지도 그를 능가하는 기록은 나오지 않고 있다. 그런 바울조차도 최소한 한 번 이상 사도로서의 권위와 위치에 심각한 도전을 받았었다. 가장 중요한 요인은 약함과 깨어짐을 바라보는 바울의 시각과 연관이 있다.

고린도 교회가 대표적인 경우다. 이른바 '지극히 큰 사도들'이 바울을 뛰어넘는 표적과 기사를 보이며 고린도 교회에 들어왔던 것이다. 뿐만 아니라 이들은 자기만의 독특한 계시를 말하고 하나님과 더불어 동행했던 체험들을 이야기했다. 거기에 비하면 바울이 전하는 말씀은 아주 평범해 보일 정도였다. 다들 말솜씨가 비범한 이들이었다. 예의 '지극히 큰 사도들'은 하나님께서 특별하고 독특한 권위를 주셨다고 주장하면서 차츰 사도 바울을 따르던 교인들을 꼬드겨서 자신들을 따르게 만들었다. 그들의 레이더망에는 리더로서의 자질을 키우려면 약점과 부족함을 기꺼이 받아들이게 해야 한다는 원칙 따위는 전혀 안중에도 없었다.

고린도 시민들은 오늘을 사는 우리들과 아주 닮은 점이 많았다. 그리스의 전략 요충지였던 고린도 시는 에게 해 연안에 자리잡고 있었다. 덕분에 세계에서 가장 거대하고 강력한 도시들 가운데 하나로 급부상할 수 있었다. 곳곳에서 사람들이 꾸준히 몰려들어 거대 도시를 형성했다. 인구 밀도가 높고, 다양한 민족이 모여 살며, 성적으로 전통적인 도덕률에서 벗어났던 이 도시는 뉴욕과 라스베이거스, 로스앤젤레스를 조합해 놓은 모습이었다.[3]

21세기 문화는 권력이라는 맥락에서 힘을 평가한다. 유명 인사라든지, 신체적으로 아름다운 미남 미녀라든지, 부자라든지, 프로 운동 선수라든지, 일정 수준에 오른 변호사나 의사라든지, 성공한 정치인이라면 스스로 강하다고 생각할 것이다. 똑똑한 사람들은 지적인 능력과 언변으로 대중을 압도한다. 오늘날 교회 문화는 권력과 힘에 대한 세속적인 판단을 대폭 수용했다. 교회나 사역이 얼마나 힘이 있고 성공적인지 드러내기 위해서 건물, 재정, 교인 수, 예산 규모 등에 주목하게 된 것이다.

하지만 바울은 고린도후서 12장에서 하나님으로부터 받은 환상, 계시, 성공, 은사가 아니라 연약함에 기대어 자신이 가지고 있는 리더십의 진정성을 주장한다. 사도 바울은 그의 삶을 겸손하게 하시고자 하나님께서 '육체에 가시'를 주셨다고 기록했다.

'가시'가 안질이나 언어 장애, 간질 같은 신체적인 질병이었는지, 아니면 사람들이 끊임없이 적대하고 오해하는 데서 오는 고통이었는지, 또는 신랄하게 몰아붙이는 성향이나 맹렬한 분노 등의 영적인 시험들이었는지에 관해서는 학자들 사이에서 의견이 엇갈리고 있다. 고대 문헌에서 '가시'라는 말은 전쟁 중에 적의 진군 속도를 늦추기 위해 땅에 박아 놓은 말뚝이라는 뜻으로 쓰였다. 바로 그 말뚝이 바울이라는 존재의 중심을 관통하고 있었던 것이다.

실체가 무엇이었든지 간에, 그 가시는 바울을 '몹시 괴롭혔다'. 그것 때문에 심하게 낙담하기도 했다. 그럼에도 불구하고 바울은 '가시'가 자신에게는 선물이라고 말한다.

> 이것이 내게서 떠나가게 하기 위하여 내가 세 번 주께 간구하였더니, 나에게 이르시기를 내 은혜가 네게 족하도다. 이는 내 능력이 약한 데서 온전하여짐이라 하신지라, 그러므로 도리어 크게 기뻐함으로 나의 여러 약한 것들에 대하여 자랑하리니 이는 그리스도의 능력으로 내게 머물게 하려 함이라. 그러므로 내가 그리스도를 위하여 약한 것들과 … 궁핍과 … 곤란을 기뻐하노니 이는 내가 약할 그 때에 곧 강함이니라(고후 12:8-10).

바울에게는 심각한 연약함이 사도됨과 하나님으로부터 받은 권위를 나타내는 상징이었다. 따라서 스스로 약해질 때 예수님의 진정한 능력과 영광이 그를 통해 샘솟을 것이라고 주장하면서 자신의 연약함을 자랑했다. '가시'는 이처럼 바울로 하여금 연약함을 통감하고 하나님께 의지할 수밖에 없도록 몰아갔다.

바울이 목회자 집회에서 설교하면서 사도 시대의 리더로서 어떤 사역을 했는지 이야기할 기회를 얻는다면, 자신이 어떻게 소아시아 지역에 21개 교회를 세웠는지부터 입에 올리지는 않을 것이다. '교회에서 리더를 양육하는 6단계 전략' 등의 제목으로 개회 설교를 하지도 않을 것이다. 모르긴 해도 우선 하나님께서 '가시'를 고쳐 달라는 기도를 어떻게 응답하지 않으셨는지 이야기할 것이다. 자신이 얼마나 연약하고 곤란을 겪고 있으며 깨지고 상한 상태인지 설명할 것이다.

그리고 이렇게 덧붙일지도 모른다. "여러분, 바로 여기에 주님의 메시지가 있습니다. 하나님께서 나 같은 사람을 쓰셨다면, 세상 누구라도 들어 쓰실 수 있다는 게 아니겠습니까? 그러므로 우리 가운데 예수님이 살아 있느냐가 중요할 뿐, 능력이나 달란트는 문제가 되지 않습니다. 하나님 나라는 주님의 권능과 힘에 달린 것이지 우리의 능력과 재주가 중요한 게 아닙니다. 여러분, 힘을 내십시오."

자신의 연약함을 통감했던 바울은 좀처럼 선두에 서고 싶어 하지 않았다. 주님께 거듭 "저는 못 하겠습니다"라고 말씀드리곤 했다. 하나님께서는 '가시'가 없어졌을 때 얼마나 견디기 힘든 상황이 벌어질지 잘 알고 계셨다. 바울이 어떻게 되었을지 상상할 수 있겠는가? 만일 바울이 자만심으로 가득 찬 인물이 되었더라면 하나님의 능력이 공급되는 통로는 두말할 것도 없이 바싹 좁아졌을 것이다.

2. '악조건'이라는 선물을 받아들이라

하나님께서 어떤 '악조건'을 선물(그것이 '육체에 가시'에 담긴 메시지를 해석하는 방법이다)로 주셨는가? 특별한 도움을 주어야 할 자녀가 있는가? 늘 정신을 바짝 차리고 정기적으로 모임에 나가지 않으면 안 되게 만드는 어떤 중독 증세와 씨름중인가? 혼자 살면서 우울, 걱정, 심각한 고립감, 외로움

따위의 정서적인 취약점을 가지고 있는가? 학대를 받았던 과거 때문에 영혼에 상처가 남았는가? 어린아이 같은 방식으로 대인관계를 유지하다 보니 이제는 정말 달라져야겠다는 생각을 하고 있는가? 신체적인 장애가 있는가? 암에 걸렸는가? 분노, 미움, 원한, 정죄의 유혹에 시달리는가?

세상은 연약함이나 실패를 막다른 골목처럼 취급한다. "넌 끝장났어"라고 말하는 것이다. 하지만 하나님께서는 "이건 나이, 인종, 사회적 지위와 상관없이 누구나 겪는 일이란다. 너를 위해 특별히 마련한 선물이지. 그러므로 네 힘과 능력이 아니라 연약함과 상함에 힘입어 삶을 이끌어나갈 수 있는 거야"라고 말씀하신다.

알아야 할 것은 하나님께서 연약함과 상함을 완전히 고쳐 주시길 원하신다는 사실뿐이다. 그런데도 연약함을 우리 삶을 향하신 하나님의 계획이고 뜻으로 생각하는 이들은 거의 없다. 그리스도 안에서 자신이 연약하고 죄투성이임을 인식하는 깊이에 비례해서 바울의 성장 속도도 빨라졌다.

- AD 49년, 14년간 크리스천으로 산 바울은 갈라디아서를 쓰면서 사도들에 관하여 이렇게 기록했다. "유력한 자들에게 사사로이 한 것은 …"(갈 2:6). 자부심과 고집이 고스란히 드러난다.

- 그로부터 6년이 지난 AD 55년, 바울은 훨씬 겸손해진 자세로 고린도 교회에 편지를 썼다. "나는 사도 중에 지극히 작은 자라"(고전 15:9).

- 다시 5년이 흘러서 예수 믿은 지 25년이 된 AD 60년 무렵, 바울은 자신을 가리켜 "모든 성도 중에 가장 작은 자보다 더 작은 나"

라고 선언한다(엡 3:8).

- 세상을 떠나기 두 해 전, 대략 30년 동안 그리스도와 동행했던 바울은 마침내 상황을 명확하게 파악할 수 있었다. "죄인 중에 내가 괴수니라"(딤전 1:15).[4]

어떻게 된 일일까? 바울은 복음에 나타난 하나님의 사랑에 대해서 점점 더 잘 이해하게 된 것이다. 연약해짐으로써 그리스도 안에서 더욱 강해졌다는 말이다. "이는 내가 약한 그 때에 강함이니라"(고후 12:10).

금이 간 항아리도 사용하신다

이 역설적인 진리를 훌륭하게 설명해 주는 예화가 있다.

옛날 인디아에 집 안에 물을 대는 머슴이 살고 있었다. 머슴은 커다란 항아리 두 개로 물을 길어 날랐다. 장대를 어깨에 메고 그 양끝에 항아리를 걸었다. 그런데 항아리 하나는 말짱했지만 나머지 하나는 굵은 금이 가 있었다. 온전한 항아리는 언제나 냇물에서 주인님의 집까지 물을 가득 실어 날랐지만 금이 간 항아리는 매일 절반밖에 담지 못했다.

머슴은 2년을 하루같이 냇가와 주인집 사이를 오갔다. 말짱한 항아리는 툭하면 자기가 해낸 일들을 뽐냈다. 금간 항아리는 온전치 못한 자신이 부끄러웠다. 제 몫의 절반밖에 해내지 못한다는 생각이 들면 말할 수 없이 비참해지곤 했다. 어느 날, 마침내 망가진 항아리는 냇가에서 머슴에게 참담한 괴로움을 털어놓았다. "제가 얼마나 창피한지 모르실 거예요. 그리고 집까지 물을 절반밖에 나르지 못해서 죄송해요. 한쪽에 금이 가서 물이 새나가 버리기 때문이죠. 제가 그렇게 물을 흘려버리는 바람에 고생한 대가를 다 얻지 못하고 계시잖아요."

그러자 머슴이 웃으면서 대답했다. "집으로 돌아가면서 길가에 핀 아름다운 꽃들을 잘 살펴보거라." 냇가에서 집에 이를 때까지, 금간 항아리는 부지런히 주위를 살폈다. "네 쪽 길가에만 꽃들이 피었고, 다른 항아리 쪽에는 아무것도 없는 걸 봤니?" 머슴이 다시 물었다. "나는 물이 샌다는 걸 진작부터 알고 그것을 잘 활용하기로 했단다. 그래서 네가 지나가는 쪽 길가에다 꽃씨를 심어 놓았어. 매일 그 자리를 지날 때마다 네가 물을 줄 수 있도록 말이야. 덕분에 지금까지 두 해 동안, 나는 아름다운 꽃을 꺾어다가 주인님 책상을 멋지게 꾸며 드릴 수 있었어. 네가 말짱한 항아리였더라면, 집을 근사하게 장식할 꽃들을 구하지 못했을 거야."

이게 바로 하나님께서 일하시는 방식이다.

약함을 받아들일 때 변화가 시작된다

겸손에 대한 책을 읽는 이들은 많지만 실제로 겸손한 사람은 드물다. 겸손에 관해서 메시지를 전하고 성경공부를 해보지만 그 또한 사람들의 마음을 파고들지 못한다. 나도 그렇지만 우리 교회 부교역자였던 루도 예외가 아니었다. 아내와 나는 식탁에 앉아 걷잡을 수 없게 곤두박질치고 있는 루와 수전 부부의 결혼 생활을 붙잡아 주려고 무진장 애를 썼다. 어떻게 해서든지 둘이 서로 존중하는 마음을 품고 상대방의 이야기를 경청할 수 있도록 돕고 싶었다. 갑자기 얘기를 나누던 루가 버럭 화를 냈다. "나한테도 잘못이 있다는 걸 알아요. 하지만 내가 다리 골절 정도의 문제를 갖고 있다면, 아내의 문제는 암 정도는 된다고요!"

루의 입장에서 아내의 흠을 찾아내고 거기에 집중하기는 쉽다. 아무런 노력도 필요 없는 일이다. 하지만 자신의 약함과 결함을 보기는 어렵다. 아니, 거의 불가능한 일이다. 루의 경우, 천부적인 기질과 성장 배경, 예수를 믿은 직후에 받은 제자훈련(이른바 신앙의 기본원리들을 잘 연습시킨다는 자부심이 대단한 어느 캠퍼스 선교 단체를 통해서 훈련을 받았다), 교회 문화 등이 치명적으로 결합돼서 스스로의 약함을 제대로 보지 못하게 가로막고 있었다. 루는 책을 아주 좋아해서 지식, 또는 더 많은 지식이 만사를 해결해 줄 거라고 생각했다.

우리 부부는 루가 아내의 이야기를 귀 기울여 듣게 하려고 애썼지만 소용이 없었다. 루는 뭐든지 다 고치고, 풀고, 조절하고, 통제할 수 있었다. 누군가에게 문제가 있으면 루는 즉시 해법을 '가르쳐' 주었을 것이다. 하지만 아내 수전이 결혼 생활 중에 느끼는 절망과 고통만큼은 어쩌지 못했다. 나는 루에게 전문적인 결혼상담가를 찾아가 보라고 권했다.

루는 속으로 생각했다. "누가? 내가? 말도 안 돼!" 한편으론 부끄럽고 또 당황스러웠다. 그리고 난생처럼 아내와 관련된 문제들을 해결하기에는 총체적으로 무능력하다는 사실을 조금씩 직시하게 되었다. 철저하게 망가진 부분에 대해 서서히 마음을 열기 시작한 것이다.

이제 루는 옛날처럼 모든 문제의 해답을 가진 것처럼 굴지 않는다. "모르겠습니다"라고 말하는 일이 훨씬 잦아졌다. 뉴 라이프 펠로십 교회에서 가르칠 때는 '자급자족'보다 '함께하는 정신'을 먼저 내세웠다. 주변의 뼈아픈 충고도 겸손하게 받아들였다. 아마도 가장 중요한 변화는 삶이 무너질 지경에 처한 사람들이 그에게 도움을 청하기 시작했다는 점이다. 모두들 루를 정말 '믿을 만한' 인물로 여기게 되었다. 교회에서 지금 루가 발휘하고 있는 독특한 장기 가운데 하나는 마음이 상한 사람들의 이야기를 잘 듣고 상담해 주는 일이다. 가르치는 사역 역시 '깨어짐의 미학'을 담고 있는데, 이전 같으면 어림도 없는 일이었다.

3. 약함을 딛고 서서 교회를 변화시키라

거의 8년 가까운 세월동안 내 '힘'과 '성공'에 기대어 교회를 이끌어 가다가 마침내 개인적인 생활과 결혼 생활에 모두 문제가 있다는 점을 모든 교인들에게 인정하자 뉴 라이프 펠로십 교회에는 지각변동에 가까운 변화가 일어나기 시작했다. 나는 아내와 더불어 치료와 회복의 여정과 거기서 벌어지는 씨름을 모두 공개해야겠다고 마음먹었다.

'나'로부터 시작하라

나는 실수와 취약점, 실패를 서슴없이 인정하기 시작했다. 심지어 회의를 하다가도 "어찌해야 좋을지 모르겠습니다"라고 말할 수 있었다. 불안, 실망, 산산이 부서진 꿈에 대해서 공개적으로 이야기했다. 이전에는 분노와 시기, 우울, 슬픔, 절망 등을 부끄럽게 생각했는데, 이제는 그 느낌을 다른 사람들과 나눴다.

1996년을 기준으로 그 이전과 이후의 설교 테이프를 들어 보면 선명한 차이를 발견할 수 있을 것이다. 1996년 이전에도 나의 약점과 갈등을 털어놓기는 했다. 하지만 그게 유리하다는 판단이 들거나 설교를 하는 데 도움이 된다고 생각될 때뿐이었다. 나의 리더십에는 여전히 허식과 자기보호라는 특징이 뚜렷했다.

1996년에 3개월 정도 안식 기간을 가지면서, 설교하면서 성공이 아니라 실패와 약점, 갈등 등을 이야기하기로 작정했다. 처음에는 조금 불편했지만, 연약함에 대한 고백은 곧 내 설교와 뉴 라이프 펠로십 교회에 혁명적인 변화를 가져왔다. 나는 본문과 씨름하는 것은 물론이고 그 말씀을 모든 사람에게 적용하기 전에 스스로 거기에 순종하는 어려움과 맞서 싸우기 시작했다. 그리고 설교하면서 그런 갈등을 공개적으로 교인들과 나누었다. 이제 우리 모두는 삶 속에서 하나님 말씀에 순종하는 같은 길을 걸으며 동일한 씨름을 하게 된 것이다.

아내와 함께 물러나 쉬면서 처음으로 결혼 생활을 찬찬히 돌아보던 일이 생각난다. 우리 부부는 그간 간직하고 있던 고통스러운 이야기들을 자질구레한 것까지 다 나누었다. 아내는 "벌거벗은 채('약한'이라는 뜻이었다) 혼자 버려진 목사님, 당신을 보게 되리라고는 꿈에도 생각지 못했어요"라고 울부짖으며 방을 뛰쳐나갔다. 도저히 감출 수 없는 그런 좌절의 물결이 우리 부부의 삶으로 밀려들어 왔다.

하지만 처음에 걱정했던 것보다 더 상황이 나빠졌다는 생각이 들지는 않았다. 오히려 더 생기가 돌고 깨끗해진 느낌이었다. 허식과 자기보호로 가득 찬 환상은 산산이 깨졌다. 그리고 그리스도와 성령님의 능력 안에서 전혀 새로운 방식으로 하나님의 사랑을 인식하기 시작했다.

'연약함을 드러내는' 변화의 물결

지위와 상관없이 모든 리더들이 거리낌 없이 자신의 연약함을 드러내고 하나님의 사랑을 자주 입에 올린다는 점은 뉴 라이프 펠로십 교회의 이례적인 특징 가운데 하나다. 최근에 어느 부교역자가 얘기한 것처럼

"목회자가 스스로 깨지고 겸손해지지 않으면 부교역자들을 야단치기가 정말 힘들다." 누구나 가르침에 순종하고, 잘못을 바로잡으려는 마음가짐이 있어야 하며, 자발적으로 그때그때 자기 앞에 놓인 문제들을 붙들고 노력해야 한다. 이곳 교회에 신앙 영웅 따위는 존재하지 않는다. 그저 하나님의 백성들일 뿐이다.

예배와 사역, 소그룹 리더들에게는 다른 사람들을 인도할 때 저마다의 연약함이 드러나는 얘기들을 들려 주라고 권유한다. 그것이야말로 뉴라이프 펠로십 교회에서 성공적으로 섬기는 일을 하는 데 꼭 필요한 자질이다. 2년 전에 뉴욕으로 이주한 애덤은 젊고 재능이 많은 리더다. 다음 이야기는 애덤이 겪은 문화적인 충돌과 그 이후의 여정을 자신의 말로 설명한 글이다.

나는 인생을 꿰뚫고 있었다. 사역? 물론 거기에도 통달했었다. 젊고, 자신만만했으며, 투지가 있었다. 20년 조금 넘게 크리스천으로 살면서, 마음속으로 '나를 기독교 세계의 정상(두말할 것도 없이 상당히 교만한 자세였다)에서 밀어낼 만큼 복잡한 문제라든가 절망적인 환경 따위는 없다'고 생각했다. 수많은 재능과 리더에게 필요한 능력, 상대의 마음을 흔드는 교묘한 기술을 다 갖췄다는 소리도 들었다. 그런 성급한 칭찬들을 얼른 무시해 버리기는 했지만, 그걸 그대로 믿고 싶은 마음이 드는 건 어쩔 수가 없었다.

결국 겸손한 영웅의 탈을 썼지만, 실제로는 방어적이며, 남의 시선에 민감하고, 종종 가르침에 순종하지 않는 크리스천이 되고 말았다. 사람들의 얘기를 들었지만 정말 귀를 기울이지는 않았다. 조바심을 내고 누구에게나, 아니 모두에게 충고를 해주려는 경향이 있었다. 그게 상대를 향한 의무고 '선물'이라고 믿었기 때문이다. 약함보다 강함을, 은혜보다 교리를, 깨진 것보다는 완전한 것을 더 귀하게 여겼다. 하나님께서 주신 능력을 가지고 자신 있게 살았다.

어린 시절, 아버지는 '약해질 때도 있겠지만 절대 다른 사람들이 눈치 채지 못하게 하라'고 가르쳤다. 나는 아버지의 충고대로 살았다. 뉴 라이프 펠로십 교회에 와서 연약함과 깨어짐에 대해 듣고 나서는 마음이 심하게 흔들렸다. 너무 모험적으로 느껴졌다고나 할까? 대단히 훌륭하고 이상적인 것처럼 들리지만, 동시에 너무 위험스럽고 실현 불가능해 보였다. 솔직하게 말해서 조금 겁이 났다.

하지만 그건 해방이었다. 은혜를 제대로 이해하고 겸손히 세상에 오신 왕의 왕께 감사하고 경배하면서 더 참신하고 새로운 눈으로 복음을 보게 되었다. 이전에는 전혀 없던 일이었다. 모든 일에 해답을 가지고 있지 않을 때조차도 하나님을 신뢰하는 법을 배웠으며, 귀 기울여 듣는 법을 배웠다. 정말 모를 때는 "모르겠습니다"라고 말하는 법을 배웠다. 은혜와 따뜻한 마음, 동정심과 겸손이라는 새로운 렌즈를 통해 사람들을 보는 방법을 배웠다.

리더십이란 언제나 강자가 되는 게 아니라 하나님에 힘입을 때만 힘을 얻는 약자가 되는 것이라는 사실을 배웠다. 나 혼자 옳다고 고집하지만 않는다면, 다른 사람들로부터 많은 것을 배울 수 있다는 것도 여러 차례 실감했다. 일반적으로 금욕적이고 냉담한 쪽보다는 진실하고 솔직하게 도와주려는 이에게 손을 내밀게 마련이라는 점도 배울 수 있었다. 내 잘못을 살피기보다는 다른 이들의 실수를 지적하기 바빴다는 점도 깨달았다.

간단히 말해서, 생각만큼 내가 완전한 인물이 못됨을 배웠다. 하나님 앞에서, 또한 사람들 앞에서 깨지고, 약하고, 상한 심령이 될 때 비로소 리더나 친구, 학생으로서 완전해질 수 있음을 기묘하고 신비한 방식을 통해 배웠던 것이다. 그 과정은 곧 해방의 과정이기도 했다.

자기 재능을 의지하지 않는 사람들

우리 교회는 구성원들이 각자 실패하고 망가진 상황 속에서 어떻게 하나님을 만났는지 간증할 수 있도록 가능한 한 모든 기회를 부여한다. 죄의 결과로 교회에 왔든 아니면 교회가 그들에게 죄를 지었든지 간에, 아무튼 사람들이 영혼에 생긴 균열을 인식할 수 있기를 바란다. 따라서 주일 예배, 기혼 또는 미혼 교인들을 대상으로 한 수련회, 소그룹 모임, 세례식 등 모든 행사들을 적극 활용하여 교인들에게 자신의 이야기를 털어놓을 수 있는 기회를 제공한다.

똑같은 예배시간에, 헤로인과 크랙(crack, 코카인을 정제해서 얻은 마약 - 역자 주) 중독에서 헤어 나와 지금 예배를 돕고 있는 찬양 인도자의 간증과 독선적이며 존경받는 중산층 가장으로서 세 자녀를 둔 어느 아버지가 포르노그래피와 힘겨운 싸움을 벌이는 고백을 듣게 되는 상황은 더 이상 낯선 일이 아니다. 주일 예배 시간에 과거 한때 여성의 옷에 집착하는 성도착증세를 가졌던 이를 초청해서 이야기를 들은 적도 있었다. 그리고 현재 그가 그리스도 앞에서 어떻게 살아가는지를 알려 주는 사진을 함께 보여 주었다. 제각각 다른 이야기들을 하지만 결국 주제는 언제나 동일하다. 우리 모두가 깨어진 사람들인데, 저마다 다른 방법으로 조각들을 봉합하려 한다는 사실이다. 우리는 교인들에게 하나님께서 쓰시는 사람은 자기 재능과 자원을 의지하지 않는 이들임을 끊임없이 상기시킨다.

- 모세는 말을 더듬었다.
- 다윗의 투구와 갑옷은 몸에 맞지 않았다.
- 요한 마가는 바울을 저버리고 떠났었다.
- 디모데에게는 지병이 있었다.
- 호세아의 아내는 음란한 여인이었다.
- 아모스가 배운 것이라곤 농사일뿐이었다.
- 야곱은 거짓말쟁이였다.
- 다윗은 간통, 살인, 권력을 남용했다.
- 나오미는 과부였다.
- 바울은 크리스천을 핍박하던 사람이었다.
- 모세는 살인자였다.
- 요나는 하나님의 뜻을 피해 달아났다.
- 기드온과 도마는 모두 의심이 많았다.
- 예레미야는 우울증에 시달리고 목숨을 버리고 싶어 했다.
- 엘리야는 고갈 상태에 빠졌다.
- 세례 요한은 하지 않아도 좋을 말을 했었다.
- 마르다는 자질구레한 일에 걱정이 많았다.
- 노아는 술에 취했다.
- 솔로몬은 지나치게 부자였고, 예수님은 너무 가난했다.
- 베드로는 죽음을 두려워했으며, 나사로는 실제로 죽었었다.

- 모세는 성질이 불같았다(성경속의 수많은 영웅들이 그랬다).

　하나님께서는 이처럼 깨진 질그릇들을 사용하셨다. "심히 큰 능력은 하나님께 있고 우리에게 있지 아니함을 알게 하려 함이라"(고후 4:7) 하시기 위해서였다. 그렇다고 해서 교인들에게 아무런 노력도 할 필요 없이 생긴 그대로 살라고 부추기는 것은 아니다. 다만 스스로에 대해 진실을 인정하는 것이야말로 변화를 시작하는 열쇠가 된다는 의미일 뿐이다. 아내와 나는 자주 "우리가 다른 사람들을 사랑하지 않음을 인정한 그날이 곧 다른 사람들을 사랑하기 시작한 날이기도 했다"라고 이야기 한다.

4. 돌아온 탕자를 본받으라

　누가복음 15장 11-32절을 본문으로 무려 일곱 번에 걸쳐 돌아온 탕자에 관해 연속적으로 설교했던 일도 우리 교회 문화가 달라지는 전환점 가운데 하나가 되었다. 〈탕자의 귀향〉이라는 렘브란트의 작품을 이용했는데, 같은 본문으로 설교하는 기간 내내 커다란 스크린에 그림을 비추게 했다. 하나님께서는 아주 특별한 방법으로 우리를 맞아 주셨다.

　렘브란트의 그림은 누가복음 15장에 기록된 예수님의 비유를 묘사한 것으로서 깨지고, 약하고, 상한 마음을 향해 방향을 잡는 데 커다란 도움을 주는 시각 자료다. 둘째 아들은 아버지의 가슴에 머리를 기댄 채 무릎을 꿇고 있다. 머리는 죄다 빠지고, 언뜻 보기에도 완전히 지치고 바싹 여위었으며, 외투도 없이 너덜너덜해진 신발을 그것도 한쪽에만 걸치고 있는 데다 옷매무새도 엉망이다. 완전히 부서진 인생의 전형적인 모습이다.

탕자의 비유를 보면, 둘째 아들은 자기 분깃(1/3)을 가지고 집을 떠났다. 중동 문화권에서 젊은 아들이 아버지가 아직 생존해 있음에도 불구하고 상속분을 요구한다는 것은 곧 "아버지, 나는 당신이 어서 죽었으면 좋겠어요. 이제부터는 아버지가 죽고 없는 것처럼 살고 싶습니다"라고 얘기하는 것이나 마찬가지였다.

둘째 아들은 그렇게 아버지를 모욕하고 가문을 더럽혔다. 하지만 상황은 점점 나쁘게만 돌아가고, 종국에는 돼지 치는 일을 하기에 이르렀다. 예수님 당시의 유대인들의 귀에는 탕자가 시궁창 중에서도 가장 더러운 똥구덩이에 빠졌다는 이야기로 들렸을 것이다. 유대인에게 돼지와 접촉한다는 것은 매춘부를 찾아가는 행위보다 4배는 더 부정하기 때문이다.

마침내 둘째 아들은 '스스로 돌이켜'(눅 15:17) 집을 향해 나섰다. 자리를 떨치고 일어나서 고향으로 돌아가기로 한 것이다. 부끄러움에 고개를 숙이고 집 쪽으로 걸어가는데, 아버지가 달려 나왔다(여기 쓰인 '달려가'라는 말은 운동 경기에 쓰이는 헬라어 어휘다). 아버지는 발을 구르며 "고생해 싸다"라고 말하지 않았다. 문 앞에 서서 기다리지도 않았다. 오히려 둘째 아들이 채 말을 끝맺기도 전에 와락 끌어안았다. 탕자의 말을 가로막고 '너는 내 아들'이라고 선포했다(눅 15:20-22).

이어서 아무도 상상치 못했던 일이 벌어졌다. 아들의 목을 안고 입을 맞췄던 것이다(눅 15:20). 하나님을 이렇게 묘사하는 종교는 다시없을 것이다. 아버지는 낡고 찢어진 데다가 불쾌한 냄새까지 나는 아들의 옷을 벗기고 가장 좋은 겉옷을 입혔다. 법적인 권위를 상징하는 인장반지를 주었으며, 가문에 속한 자유인이 신는 신발을 신겼다. 아들의 지위를 회복

〈그림 2〉 렘브란트의 〈탕자의 귀향〉

시켰던 것이다. 그리고 춤과 음악이 넘쳐나는 흥겨운 잔치를 벌였다.

탕자의 비유가 주는 메시지는 대단히 강력하다. 아버지는 곧 하늘 아버지를 의미하기 때문이다. 하나님께서 깨지고 상한 자녀들과 더불어 춤추신다는 것이다.

스스로 얼마나 가난한지 알았던 탕자

잠깐 짬을 내서 렘브란트의 그림 〈탕자의 귀향〉을 다시 한 번 자세히 살펴보자. 깨지고 상한 탕자의 모습은 곧 크리스천으로서 살아가는 삶의 전형적인 모습이기도 하다. 일부러라도 그렇게 살아야 한다. 더 이상 그림 오른쪽에 우뚝 서 있는 형처럼 살 수는 없다.

여기서 '일부러라도'라는 말이 중요하다. 엉망으로 흐트러진 차림으로 무릎을 꿇고 아버지 품에 머리를 기댄 채 그분의 손길을 온몸으로 느끼고 있는 탕자는 우리더러 고향으로 돌아가는 길에 나서지 못하도록 앞을 가로막는 세력들과 맞서 싸우라고 요구한다. 탕자는 무릎을 꿇고 있다. 자기 힘으로 살아갈 능력이 없기 때문이다. 누구에겐가 의지하지 않고는 아무것도 할 수 없게 된 것이다. 우리도 마찬가지다. 그런데도 우리는 일이 잘 돌아가면 이 진리를 너무도 쉽게 잊어버린다.

헨리 나우웬은 렘브란트의 작품을 다룬 〈탕자의 귀향〉이라는 빼어난 글에서 집을 떠난다는 것은 하나님의 사랑이 머무는 자리를 벗어나는 행위라고 묘사하고 있다. 존재의 중심으로부터 "너는 내 사랑하는 아들, 내 은총이 네 위에 임하리라"는 음성이 들리는 위치를 이탈했다는 뜻이다. 나우웬은 이렇게 썼다.

하지만 나는 거듭 집을 떠났다. 은총의 손길을 뿌리치고 사랑을 찾아 먼 길을 떠났다. 이것이야말로 내 인생 최대의 비극이며 동시에 나그네 길에서 만난 모든 이들의 비극이기도 했다. 어찌된 영문인지, 나를 부르시는 사랑의 주님 음성을 듣지 못하는 귀머거리가 됐다. (중략) 수없이 많은 목소리가 들렸다. 사방을 에워싸고 있는 암흑 세계에서 들려오는 목소리는 내가 형편없는 존재이며 성공의 사다리를 타고 올라가서 남보다 월등한 무언가를 갖추어야만 비로소 훌륭한 존재가 될 수 있다고 속삭였다.[5]

그 결과, 수많은 리더들이 사람들을 기쁘게 하고 무언가를 성취하며 인정받기 위해 안간힘을 쓰게 되었다. 그리고 끝내는 길을 잃고 말았다.

설교를 하다가 저지른 실수에 대해 정중한 지적을 받고나서 잔뜩 의기소침해진다든지, 다른 사람의 성공을 시기하고 있다는 자각이 드는 순간, 또는 죄의식 없이 "아니요"라고 말하지 못할 때마다 길에서 벗어났음을 아프게 깨닫는다. 편히 쉴 수 있는 집, 그리스도를 통하여 베풀어 주시는 하나님의 사랑을 만끽할 수 있는 집을 떠나서 엉뚱한 곳에서 무조건적인 사랑을 찾아 헤매고 있는 것이다.

속임수와 조작, 자기 기만, 세력 다툼, 왜곡 따위에 정신이 팔려 있을 때, 그리고 "너는 내 사랑하는 아들이라"고 말씀하시는 하나님의 음성을 잊어버렸을 때, 나는 집을 떠나왔다는 사실을 절감한다. 바른 길을 잃어버렸으며 이제 집으로 돌아가는 멀고 고된 여정에 나서야 한다.

나를 무시하는 교인들을 똑같이 외면함으로써 통제와 권력을 행사하려 한다면, 하나님 아버지의 포옹을 밀쳐내는 것이다. 잘 성장하도록 돕자는 의도에서가 아니라 단지 친구들 앞에서 난처하게 만드는 행동을 했다는 이유로 자녀들을 야단친다면, 길을 잃은 것이다. 누군가 이의를 제기했을 때 위협받는다는 느낌에 사로잡혀서 "그렇게도 생각해볼 수 있겠군요"라고 말하는 대신 열심히 자신을 방어한다면, 길을 잃은 것이다. 자신이 가치 있는 존재라는 느낌을 갖기 위해서 일정 규모 이상의 사역, 지위, 월급 등이 필요하다면, 길을 잃은 것이다.

내게는 렘브란트 작품의 복사본이 두 장 있다. 하나는 우리 집 피아노 위에 걸려 있고, 다른 하나는 교회 사무실에 붙어 있다. 나는 늘 집에서 달아나려고만 하는 탕자임을 자인할 수밖에 없다. 렘브란트의 그림은 정신을 바짝 차리고 집중할 수 있게 해준다.

무릎을 꿇고 아버지 품에 머리를 기댄 채 그분의 손길을 온몸으로 느끼고 있는 둘째 아들의 모습이야말로 내가 살고 싶어 하는 삶이다. 자신이 얼마나 부서지고 망가졌는지 충분히 인식할 때, "그리스도의 사랑의 넓이와 길이와 높이와 깊이가 어떠함을 깨달을 수 있게 되고 지식을 초월하는 그리스도의 사랑을"(엡 3:18-19, 표준새번역) 엿볼 수 있을 것이다.

둘째 아들은 고향에 돌아와서 아버지의 사랑을 받았다. 벌을 받지도 않았고 쫓겨나지도 않았다. 부끄러워 할 필요도 없었다. 탕자는 생명을 선물로 받았다. '상실'과 '깨어짐'에 노출된 정도에 따라 복음의 영광을 이해하고 하나님 아버지의 사랑을 만끽하는 정도가 달라진다.

탕자의 형, 상실의 초상

연약함과 깨어짐을 끝내 거부하고 밀쳐낸다면 어떤 모습이 될까? 탕자의 형이 그 초상을 잘 보여 준다. 예수님께서 말씀하신 비유의 클라이맥스는 맏아들이다. 렘브란트의 그림을 보면, 탕자의 형은 아버지와 마찬가지로 금실로 수놓은 멋진 옷을 입고 서 있다. 집안 망신을 시킨 것도 모자라 가산까지 탕진하고 돌아온 동생을 아버지가 넘치게 환대하는 모습을 정죄하는 듯한 표정으로 불쾌하게 내려다보고 있다. 그러나 형은 아우보다 더 많은 것들을 잃었다. 자신이 무엇을 잃었는지조차 모르기 때문이다. 훌륭한 태도와 도덕성 때문에 눈이 어두워진 것이다.

맏아들은 아버지 곁에서 살았지만 아버지와 동떨어지게 살고 있다. 내게는 형의 모습이 하나님 명령에 순종하는 가운데서도 얼마든지 길을 잃어버릴 수 있다는 경고처럼 보인다. 교회를 무난히 이끌어 가고, 기도하고, 성경 읽고, 복음을 전하면서도 바른 길에서 벗어날 수 있다. 하나님을 위해 열심히 움직이고 있다는 이유만으로 주님께 가까이 다가섰다고 생각하면 오해다. 실제로는 주님에게서 대단히 멀리 떨어져 있을 수도 있다.

잃어버렸던 동생에 대해 아버지가 쏟는 아낌없는 사랑에 대해 맏아들이 보인 반응은 "내가 여러 해 아버지를 섬겨 명을 어김이 없거늘…"(눅 15:29)라는 것이었다. 아버지가 무슨 일을 하고 있는지 전혀 이해하지 못했던 것이다.

혹시 내가 맏아들은 아닐까?

늘 비유에 등장하는 장자를 닮지 않도록 주의를 게을리 하지 않는 게 중요하다. 분명한 목적을 가지고 자발적으로 약함과 깨어짐을 따라가지 않는다면 누구나 맏아들처럼 될 수 있다. 개인적으로는 세 가지 징후가 있다고 생각한다.

첫째로, 분노를 처리하지 못하고 단단히 붙들고 있다면 실패한 맏아들이 된 것이다. 맏아들의 마음에는 더불어 춤출 만한 여유가 없었다. 그 마음은 충분히 이해가 간다. 탕자는 식구들을 욕보였으며 상당한 재산을 허비했다. 그렇게 방탕한 세월을 보내는 동안, 아마도 형은 동생의 몫까지 일을 해야 했을 것이다. 그러니 맏아들로서는 얼마든지 그런 반응을 보일 수 있는 일이다.

하지만 탕자의 형은 분노를 인정하거나, 씨름하거나, 겸손하게 아버지 앞에 내놓지 않았다. 어떤 이들은 이런 식으로 분노를 차곡차곡 쌓아두었다가 결국에는 폭발시킨다. 더 이상 어찌해 볼 도리가 없을 때까지 공격적인 감정을 억누르다가, 문을 쾅하고 닫는다든지, 물건을 집어 던진다든지, 앙갚음하려는 반응을 보이기 시작하는 것이다. 직장이나 가정 따위의 어느 특정한 곳에서 얻은 분노를 교회처럼 제3의 장소로 가지고 오는 이들도 있다. 나만 하더라도 뉴욕의 지겨운 교통 체증 때문에 생긴 짜증을 얼른 자리 가지 않고 꾸물거리는 '느려터진' 아이들에게 쏟아 부은 적인 얼마나 많았는지 모른다.

때로는 노여움을 내면에 축적하는 힘이 너무나도 강해서, 우울증이나 궤양, 불면증, 긴장성 두통이 생길 때까지 무려 수천 시간 분량의 분노를 집어삼키도록 영혼을 압박하기도 한다. 간혹 수동적 공격성을 보이는 경우도 있다. 약속 시간에 늦게 나타나거나, 생일을 잊어버리거나, 사랑과 존경을 보여 주지 않는다는 이유로 누군가에게 화가 난 경우 무의식적으로 상대를 공격하게 된다.

분노는 대단히 복잡한 감정으로, 리더의 위치에 있는 이들에게는 특별히 중요하다. 누구 때문에 노여움이 생겼는지, 어째서 화가 났는지 스스로도 종잡을 수 없는 경우가 드물지 않다. 이럴 때, 유일한 해결책은 하나님 앞에 꿇어 앉아 묻는 것이다. "도대체 이 분노의 정체는 무엇입니까? 어디서 비롯된 분노입니까? 지난날의 아픈 상처를 건드리는 바람에 화가 났습니까? 분노의 감정을 자극하는 이와 대화할 때, 공격적이지 않으면서도 입장을 분명하게 밝히고, 충동적이지 않고 신중하며, 서두르지 않되 기민할 수 있는 방법은 무엇입니까?"

둘째로, 투덜거리거나 불평하는 증세가 심해지면 실패한 맏아들이 된 것이다. 탕자의 형은 아버지에게 불만을 쏟아 내며 '아버지의 … 이 아들이…'(눅 15:30)라고 말한다. 가족의 품으로 돌아온 둘째 아들을 동생으로 인정하지 않았던 것이다. 공치사를 하고, 스스로 높이며, 흠을 잡으려 한다. 누군가를 향한 마음이 아버지와 닮은꼴이 아닐 때, 나는 스스로 집을 떠나 방황하고 있음을 깨닫는다.

맏아들이 동생에 대한 서운함과 실망감을 처리해 버릴 기회는 얼마든지 있었다. 하지만 비유를 보면, 탕자의 형은 다만 원망하고 분노했을 뿐이다. 음악소리를 들은 형은 즉각적인 반응을 보인다. "어째서 나만 모르고 있었지? 도대체 무슨 일이야!" 맏아들은 소외되는 게 두려웠다. 쾌활하고 시원스러운 마음이 부족했다. 과민하고, '쓰라리고', 기분이 언짢고, 불만스러웠다. 누군가를 헐뜯고 시기하는 마음이 생기면, 그건 동생의 겸손한 자리에서 형의 오만한 자세로 옮겨가고 있는 징조다.

셋째로, 공격적인 마음가짐을 도무지 떨쳐버릴 수가 없다면 실패한 맏아들이 되었다는 분명한 증표다. 9장에서 깊은 슬픔을 다루면서 용서에 대해서도 충분히 검토할 것이다. 여기서는 자신의 죄가 상상을 초월할 만큼 극악무도하다는 걸 철저하게 인식하는 데서부터 용서가 시작된다는 사실만 이야기하고 넘어가기로 한다. 다시 한 번 하나님 아버지 앞에 무릎을 꿇지 않을 수 없는 대목이다.

아버지, 아버지처럼

'약함과 깨어짐'이라는 매력 없고 반문화적인 선택을 함으로써 거둘 수 있는 가장 큰 열매는 상대가 우리에게 이끌려 들어온다는 점이다. 마치 수많은 무리가 예수님께 몰려들었던 것과 비슷하다. 주님은 스스로의 거룩함과 믿음, 관점을 놓고 타협을 벌이셨던 적이 한 번도 없으셨다. 이것저것 눈치를 보며 말씀하신 적도 없고, 죄를 지으신 적도 없다. 몸을 파는 여인들이나 부정하게 재물을 쌓는 세리 등 사회적으로 지탄을 받는 인물들까지도 사랑하신다는 사실을 드러내셨다. 그들이 여전히 죄악 가운데 있을지라도 얼마든지 주님 앞에 나올 수 있도록 환영해 주셨다.

렘브란트의 그림에 나타난 아버지의 모습을 잠시 묵상해 보자. 아버지의 손길과 표정, 무조건적인 사랑을 느껴 보라. 아버지가 쏟은 눈물과 애정으로 미루어 그간에 얼마나 마음고생을 했을지 짐작해 보라. 탕자의 비유는 아무 조건 없이 맞아 주시는 하나님의 사랑을 절절하게 전해 준다. 하지만, 다른 측면에서 보면 주님께서 어떤 사람을 부르고 계시는지에 관해서도 명확하게 지적하고 있다.

교회는 하나님, 또는 기대를 채워 주지 못하는 누군가로부터 끊임없이 도망치고 싶어 하는 탕자들이 그득하다. 또 화가 잔뜩 나서 불평을 일삼는 맏아들로 가득 차 있다. 물론 나 역시 탕자이자 맏아들이다. 그러므로 오늘날 너나할 것 없이 가장 필요한 것은 믿음의 아버지, 믿음의 어머니로 성장하도록 스스로를 밀어붙이는 일이다.

사람들은 하나님의 사랑을 실제적인 방식으로 구현해 보여 주는 누군가를 간절히 기다리고 있다. 다시 말해서 렘브란트의 그림에 나타난 아버지처럼 꼭 껴안아 주고, 사랑해 주고, 공감해 주고, 기억해 주고, 너그러이 용서해 주는 이를 갈망하는 것이다. 이런 사랑에는 조건이 없으며, 세상으로서는 이해할 수 없는 사랑, 초자연적인 사랑이다.

연약함을 드러내고 그것을 토대로 교회를 이끌어 가는 쪽으로 방향을 전환하기 시작하자, 이전보다 더 많은 이들이 나를 신뢰해 주었다. 어째서 그랬을까? 깜짝 놀랄 만한 무슨 얘기를 들어서가 아니다. 다만 그냥 믿을 만하다는 느낌을 받았던 것이다.

나는 혼돈에 빠진 사람들의 마음을 이해할 수 있었다. 방법이 궁금한가? 혼돈에 빠진 나를 보기 시작했기 때문이다. 스스로는 지나치게 섹스에 몰두하는 문제로 씨름하고 있지는 않지만, 교인들 가운데 그런 문제를 가진 이들이 가진 어려움을 공감할 수 있었다. 스무 해 넘게 마약에 빠져 거리를 헤매다가 HIV 바이러스에 감염된 처지는 아니었지만, 그런 친구들을 이해할 수 있었다. 성폭행이나 살인, 간음을 저지른 적은 없지만 마음으로는 살인과 간음이 어떤 것인지 잘 알고 있었다(마 5:22-23).

새로운 여정을 위한 기도

깨어지고 약해지는 이 새로운 여정에 나설 힘을 얻을 수 있는 기도 한 편을 소개하고 싶다.

무슨 일이든 이룰 힘을 구했지만,

겸손히 순종하는 법을 배우도록 약함을 주셨습니다.

큰 일을 도모할 건강을 구했지만,

더 나은 일을 하도록 허약함을 주셨습니다.

행복을 가져다 줄 재물을 구했지만,

지혜로워지도록 가난을 주셨습니다.

젊은 시절, 만인의 칭송을 받을 권세를 구했지만,

하나님이 필요함을 절감할 수 있도록 연약함을 주셨습니다.

삶을 즐길 수 있는 온갖 것들을 구했지만,

범사에 기뻐할 수 있는 생명을 주셨습니다.

구한 바 가운데 얻은 것 없지만,

소망하던 모든 것을 받았습니다.

입술로 드린 기도는 응답 받지 못했지만,

입 밖에 내지 않았던 기도까지 들어 주셨습니다.

그러므로, 나는 누구보다도 큰 복을 누린 사람입니다.[6]

하나님께 기대는 삶을 산다는 것

깨지고 상한 심령으로 사는 길을 선택한다는 건 곧 다양한 방식으로 남들의 시선을 신경 쓰지 않고 하나님의 사랑과 자비에 전폭적으로 기대는 삶을 산다는 의미다. 개인적으로는 완벽주의적인 성향이 있어서 실수하는 걸 죽기보다 싫어한다. 무슨 일이든 단번에 '깔끔하게' 해내는 것을 좋아한다는 얘기다.

문제는 나 또한 한낱 인간에 지나지 않는다는 점이다. 인간 이상도 이하도 아니다. 그러니 실수를 피할 도리가 없다. 다른 이들에 비해 눈곱만큼도 나을 게 없다. 정직하고 미더우며 대단히 성실한 사람이 될 수도 있지만, 동시에 말과 행동이 따로 놀고 입만 열면 헛말을 쏟아내는 거짓말쟁이가 될 수도 있다. 양쪽 다 가능하다. 성도이자 죄인이다. 그게 바로 나다.

예수님을 따르기 시작한 지 무려 30년이 지났지만 아직도 마음 깊은 곳에 죄스러운 성품이 남아 있는 게 똑똑히 보인다. 영혼에 뚫린 구멍은 지각하는 수준 이상으로 깊고도 무시무시하다. 그런데 바로 그 심연의 밑바닥에서 새 생명의 씨가 싹튼다.

깊은 수렁에 처박힌 채 두려움에 시달리며 영원히 되살아나지 못할 인간은 거의 없다. 그걸 바라셨다면 하나님은 인간에게서 엉망진창으로 망가질 가능성을 다 빼버리고 천사 비슷한 존재를 만드셨을 것이다. 혼자만의 생각인지는 모르겠지만, 인간이란 너나없이 거기서 거기다.

하지만 목회자와 지도자들은 스스로의 깨지고 상한 성품을 배경으로 가장 밝은 빛을 드러내는 역할을 한다. 이것이야말로 저마다 섬기는 식구들에게 가장 큰 선물이 될 것이다.

교인들이 고립된 굴에서 나와 자신의 삶을 살 수 있는 안전한 환경을 조성되도록 목회자는 온 힘을 다해야 한다. 교회는 은혜의 공동체가 되어야 한다. 그렇게 되면 바울처럼 "내 능력은 약한 데서 완전하게 된다"(고전 12:9, 표준새번역)고 당당하게 선포할 수 있을 것이다. 연약함은 한계를 선물로 받아들이고 끌어안도록 이끌어 간다. 이 부분은 다음 장에서 다루기로 하자.

Chapter 9

원칙4 :
한계라는 선물을 받아들이라

정서적으로 건강한 교회 교인들은 하나님께서 설정해 두신 한계를 명확하게 이해한다. 주님께서 은혜로 나눠 주신 한 달란트, 두 달란트, 일곱 달란트, 열 달란트를 기쁘게 받아들인다. 그러므로 잔뜩 화를 내거나 다른 이들이 가진 달란트를 탐내면서 하나님께서 의도하신 바 없는 기괴한 삶을 살지 않는다. 만족감과 기쁨이 넘칠 뿐이다.

아울러, 정서적으로 건강한 교회는 다른 교회와 똑같이 되려고 발버둥치지 않고 자신의 한계를 동일한 만족감과 기쁨으로 인정하고 받아들인다. 자신이 이끄는 교회를 향한 하나님의 '선하신 손길'이 '시의 적절하게' 임하실 것을 확신하기 때문이다.

떨어진 사람과 붙잡고 있는 사람

랍비 에드윈 프리드먼(Edwin Friedman)은 어떤 삶을 살 것인지 골똘히 생각했던 어느 사내의 이야기를 들려 준다. 성공과 실패를 되풀이해 가며 온갖 노력을 다 해 본 뒤에, 마침내 사내는 이러저러하게 살아야겠다고 결심했다.

그리고 어느 날, 꿈꾸던 바로 그런 삶을 경험해 볼 수 있는 기회가 찾아왔다. 하지만 아주 잠시 동안만 머물다 사라지는 기회였다. 기다려 주지도 않고, 다시 오지도 않았다. 먼저 달려가서 기회를 잡을 생각에 마음이 바빠진 사내는 당장 여행을 시작했다. 한 걸음, 한 걸음 속도는 더 빨라졌다. 목표를 생각할 때마다 맥박이 더 빨리 뛰었다. 장차 달라질 자신의 모습을 떠올리면 새 힘이 솟아났다.

그렇게 서두른 끝에, 사내는 마을로 들어가자면 반드시 건너야 할 다리에 도착했다. 까마득히 높은 곳에 걸린 다리 아래로 강물이 사납게 흘러가고 있었다.

막 다리에 들어섰는데, 반대편에서 누군가가 이쪽으로 건너오는 게 보였다. 낯선 사람은 인사라도 건네려는 듯 가까이 다가섰다. 서로 한 번도 만난 적이 없는 처지였지만, 가까이 다가올수록 사내와 생김생김이 놀라울 만큼 비슷했다. 심지어 입고 있는 옷까지 똑같았다. 다른 점이 있다면 상대편 인물은 가슴에 밧줄을 둘둘 감고 있다는 점뿐이었다. 다 풀어내면 밧줄의 길이는 100미터 가까이 될 성싶었다.

사내가 다가가자 그는 밧줄을 풀어내기 시작했다. 낯선 사람이 사내에게 말했다. "죄송하지만 이쪽 끝을 좀 잡아 주시겠습니까?"

사내는 아무 생각 없이 손을 내밀어 줄 끝을 잡았다.

"감사합니다. 이제 두 손으로 단단히 붙드세요." 낯선 사람이 말했다. 그리고는 말이 채 끝나기도 전에 다리 아래로 몸을 날렸다.

다리 위에 남은 사내의 손에 돌연 팽팽하게 밧줄이 당겨지는 느낌이 전해졌다. 저도 모르게 밧줄을 움켜진 손에 힘이 들어가고, 반대쪽 끄트머리까지 줄줄 끌려갔다.

"이봐요, 도대체 무슨 짓을 하는 거요!" 사내가 다리 아래 매달린 낯선 사람에게 소리쳤다.

"그냥 단단히 잡기나 해요." 낯선 사람이 대꾸했다.

'이런 터무니없는 경우가 있나!' 사내는 생각했다. 용을 쓰며 줄을 잡아당겨 보았지만 낯선 사람을 안전하게 다리위로 끌어올리기에는 힘이 턱없이 모자랐다.

다시 한번, 사내는 다리 아래쪽으로 소리를 질렀다. "어쩌자고 이러는 거냐고요!"

그러나 다리 밑에서는 엉뚱한 대꾸가 들려왔다. "잊지 마세요. 그대로 가 버리면 난 죽어요."

"하지만 난 당신을 끌어올려 줄 수가 없어요." 사내가 외쳤다.

"내 목숨은 당신에게 달렸어요." 낯선 사람이 말했다.

"내가 언제 목숨을 맡겨 달라고 한 적 있었소?" 사내의 항의에도 낯선 사람은 똑같은 얘기만 되풀이할 뿐이었다.

"그대로 가버리면 나는 죽어요."

도와줄 사람이 없는지 주위를 둘러보았지만, 아무도 눈에 들어오지 않았다. 사내는 자신이 처한 곤경에 대해 차근차근 생각해 보기 시작했다. 다시 없는 기회를 좇아 여기까지 열심히 달려왔는데 엉뚱한 문제에 기약 없이 묶인 처지가 되고 말았다.

'어디다가 밧줄을 묶어 놓으면 되겠구나!' 사내는 생각했다. 하지만 다리 곳곳을 살펴보아도 난데없이 짊어지게 된 짐을 떨어 버릴 곳을 찾을 수가 없었다.

그래서 다시 다리 아래로 소리를 질렀다. "원하는 게 뭐요?"

"그저 도와주는 것뿐이오!" 낯선 사람이 대답했다.

"어떻게 돕는단 말이요. 끌어올려 줄 수도 없고, 밧줄을 묶어 둘 만한 곳도 없고, 도움을 청할 만한 사람도 없소."

"그냥 밧줄을 붙들고 있기만 하면 돼요. 그걸로 충분하다니까요!" 줄에 매달린 친구가 말했다.

팔 힘이 빠져서 놓쳐 버리면 어쩌나 두려워서 사내는 밧줄을 허리에 돌려 감았다.

"어째서 이런 짓을 하죠?" 사내가 다시 물었다. "무슨 짓을 하고 있는지 알기나 해요? 이제 어떻게 할 심산이요?"

상대편이 말했다. "내 목숨은 당신 손에 달렸다는 걸 잊지 마세요. 그것뿐예요."

사내는 정신이 없었다. 그는 속으로 헤아려 보았다. 밧줄을 놓아 버리면, 평생토록 내가 이 사람을 죽게 만들었다는 생각에 시달릴 것이다. 하지만 밧줄을 계속 잡고 있으면 그토록 갈구하던 구원의 순간을 놓쳐 버리게 될 공산이 컸다. 어느 쪽을 택하든지 영원히 후회할 수밖에 없는 상황이 된 것이다.

시간은 계속 흘러가는데 아무도 나타나지 않았다. 이대로 지체하다간 여행을 다시 시작할 수 없을지도 모른다는 통렬한 자각이 찾아왔다. 당장 떠나지 않으면 제시간에 도착하지 못할 게 뻔했다.

사내는 머리를 짜서 마지막 꾀를 내서 아래 매달린 이에게 이야기했다. "좀 들어 보세요. 당신이 살아날 수 있는 좋은 방법을 생각해 냈어요." 사내의 계획은 밑에 매달린 친구가 밧줄을 조금씩 자기 몸에 감으면서 올라오라는 것이었다. 감으면 감을수록 밧줄은 점점 줄어들고 몸은 다리에 가까워질 것이다.

그러나 매달린 친구는 새로운 계획에 시큰둥했다. 다리 위의 사내는 은근히 겁을 줬다. "더는 못 버틸 것 같아요." 그러자 낯선 사람이 애원했다. "제발 줄을 붙잡고 견뎌 보세요. 놓치면 난 죽어요."

그런데, 그 얘기를 듣는 순간, 사내의 머리에 새로운 아이디어가 떠올랐다. 일반적인 사고방식과는 전혀 다른, 마치 외계에서 날아온 것 같은 생각이었다. 사내는 아래에다 대고 소리쳤다. "잘 들으세요. 이제 생명에 대한 선택권을 당신에게 돌려 주겠오."

"그게 무슨 소리죠?" 겁에 질린 듯 상대가 물었다.

"간단해요. 당신에게 달렸다는 말이죠. 밧줄을 어떻게 할지 당신이 결정해요. 지금부터 나는 균형추 노릇만 할거요. 그러니 직접 줄을 당겨서 올라와요. 그만큼 끌어당겨 주겠소."

사내는 가슴에 감고 있던 밧줄을 풀고 평형을 이루도록 발로 몸을 버티고, 반대쪽 끝에 매달린 친구가 움직이기 시작하면 즉시 도와줄 채비를 갖췄다.

하지만 다리 밑의 낯선 친구는 비명을 지르며 죽는소리를 늘어놓을 뿐이었다. "무슨 뜻인지 알고나 하는 소리요? 너무 이기적이지 않느냐는 말이요. 내 목숨은 당신에게 달렸어요. 한 생명이 꺼져가는 판인데, 그것보다 더 중요한 게 어디 있겠오. 제발 나한테 그런 짓을 하지 말아요."

한참을 기다렸다가, 마침내 다리 위의 사내가 천천히 마지막 선고를 내렸다. "알았소. 당신의 선택을 받아들이겠소." 그리곤 밧줄을 놓아 버리고 다리를 건너 자기 길을 찾아 떠나 버렸다.[1]

다리에서 뛰어내리려는 이들을 돕는 최선의 방법

이 이야기를 듣고 있노라면, 크리스천 리더십이 가지고 있는 딜레마가 떠오른다. 목회자, 교회 운영위원, 소그룹 리더, 사역 책임자, 심지어 활동적인 교인들까지도 다리 아래로 몸을 던진 이들을 돕고 싶다는 생각에 그 길에 들어서게 마련이다. 한때는 정서적·영적 능력을 총동원해서 다리 밑에 달려 있는 사람들을 끌어올리려 안간힘을 써 보았다. 하지만 내게 돌아온 것이라곤 그래봤자 채 한 달도 가기 전에 다른 다리에서 다시 뛰어내리고 만다는 뼈아픈 깨달음뿐이었다.

여러 해 동안, 나는 망설이며 밧줄을 붙잡고 있었다. 일단 누군가가 매달린 밧줄을 붙들게 되면, 죄책감이 들어서 감히 놓아 버릴 수가 없었다. 어떻게 그럴 수가 있단 말인가. 더구나 난 크리스천이 아닌가. 예수님이라면 끌어올려주시지 않았을까? 매달린 사람을 건져 올리지 않는다면 너무 이기적인 게 아닐까? 그렇다면 얼마나 오랫동안 비전과 꿈, 열정과 소망을 보류해 두어야 하는 거지? 그리스도의 종으로서 어쨌든 그런 요소들을 중요하게 생각해야 하는 게 아닐까? 도움을 줄 만한 사람들은 다 어디로 갔지? 도시 선교를 하거나 해외에서 사역하는 이들이 흔히 그러하듯, 나 역시 하나님을 위해 '고통받지 않는' 나머지 교회 식구들을 향해 원망과 서운함을 품었다. 다리를 건너가기로 한 선택에 책임을 지자면 혼자서 엄청나게 많은 일들을 감당할 수밖에 없었다.

선한 사마리아인의 비유에서 주인공이 도와주어야 했던 상대는 단 한 명뿐이었다(눅 10:29-37). 하지만 나는 마치 다리 위에 서서 끄트머리마다 사람이 매달린 밧줄을 한꺼번에 열다섯 가닥쯤 붙들고 있는 듯한 느낌이 들었다. 저마다의 사정을 보살피고 하소연을 들어 주지 않으면 죄를 짓는 것만 같았다.

몇 년 전, 채 열 살도 안된 아이들 여섯을 혼자 키우는 여인이 길 건너편에 살고 있었다. 다섯 명의 남성들과 만나고 헤어지기를 되풀이하면서 얻은 아이들이었다. 아내와 나는 아이 엄마에게 잠시라도 쉴 틈을 주려고 가끔씩 아이들을 돌봐 주곤 했다. 하지만 다음 날은 어떻게 해야 할 것인가? 그 다음 날은? 학교 교육은 어떻게 하지? 거기 들어가는 돈은 또 어떻게 마련할 것인가? 멘토링은 어떻게 해야지? 이쯤에서 그만둘까? 그래도 이웃이 아닌가? 날마다 그리스도의 이름으로 그 여인에게 무엇을 해주고 무엇을 하지 말아야 할지 결정하는 데 긴 시간이 필요했다.

아이엄마가 사는 곳에서 네 집 아래에 교회 리더 식구가 살고 있었다. 이들은 불쌍하다는 생각에서 여인과 갓난아이 하나를 데려다 같이 살기로 했다. 아이 엄마는 집세는 물론이고 식료품 값도 내지 않았다. 시간이 지날수록 리더와 식구들 마음에 천천히 불만이 쌓여 갔다. 게다가 아무 이야기도 없이 갓난아이를 집 안에 남겨두고 하루종일 남자친구를 만나러 나가는 일까지 잦아졌다. 리더의 식구들은 더 이상 참을 수가 없었다. 하지만 어떻게 아이엄마와 갓난아이를 거리로 내몰 수 있단 말인가?

바운더리(boundary)와 한계를 이해하고 존중하는 것이야말로 리더가 하나님과 이웃들을 오랫동안 사랑하기 위해서 반드시 갖추어야 할 소중한 자질이요 기술이다. 직장, 육아, 결혼, 이성 관계 등 삶의 모든 영역에서 이런 자질이 꼭 필요하지만, 특히 교회가 하나님의 은혜로 '새로운 가족'을 받아들이는 상황에서 대단히 중요한 의미를 갖는다.

그런 까닭에, 교회에서 벌어지는 여러 가지 문제들의 핵심에는 '새로운 가족'들에게 적절한 한계를 이해하고 존중하게 만들기 위한 갈등이 자리잡고 있는 경우가 많다.

1. 한계가 사라진 교회는 문제가 있다

상당히 성숙한 교회만이 좋은 기회를 포착하고도 그것을 살리지 않기로 결정할 수 있다. 소그룹이나 사역, 개인이 다 마찬가지지만, 교회 역시 하나님께서 주신 한계를 가지고 있다. 주일마다 몇 차례 예배를 드려야 하는가? 토요일 저녁 집회는 어떤가? 다른 사역도 별 탈 없이 진행 중이고 나날이 성장해 가는가? 지금 교인이 200명이라면, 400명, 800명, 1,000명에 이르지 못하는 이유는 무엇인가? 한때는 교회가 수적인 성장을 계속하는 게 언제나 하나님의 뜻에 부합된다고 생각했었다. 하지만 그것은 사실이 아니다.

해체되어야 할 소그룹

사역 초기에는 모든 소그룹이 1년 안에 배가(倍加)되기를 기대했다. 모든 리더는 최소한 한 명 이상 예비 리더를 훈련시켰다. 거기에 맞춰서 목표를 설정했다. 아울러 소그룹에게는 찬양하고, 성경을 공부하고, 기도하고, 교제하며, 이웃에게 전도하기를 요구했다. 소그룹 모임은 매주 한 번씩 만났다. 리더와 예비 리더들은 매월 훈련 모임에 참석해야 했다. 일주일에 사흘은 아침마다 기도 모임을 가졌으며 한 달에 한 번은 철야 기도회를 열었다. 그런 추세로 가다 보면 심신이 고갈될 수밖에 없었다.

아내와 내가 이끌던 소그룹 생각이 난다. 가능한 한 짧은 시간에 될 수 있는 대로 많은 일을 하려는 욕심에 나는 쉴 새 없이 서두르고 몰아쳤다. 한편, 예비 리더의 아내는 남편에게 항상 잔소리를 해대는 것 같았으며 모임에 참석해서도 비꼬는 듯한 태도로 일관했다. 또 다른 여성 멤버는 성경공부와 교제 시간 내내 다른 이들에 대해 비판적이고 냉소적인 반응을 보였다. 모임이 열리는 집 안주인은 매주 손님들을 치르느라 녹초가 되었다. 그러니 소그룹 멤버들끼리 생각을 나눌 때마다 비슷한 성향을 가진 두 사람이 시간을 독점하리라는 것은 불을 보듯 뻔한 일이었다.

게다가 우리는 소그룹 모임에서 정신적인 장애를 가진 멤버가 얼마나 큰 영향을 미칠 수 있는지 깊이 생각하지 않았다. 그에게 '한계'는 받아들여야 할 선물이 아니라 정복해야 할 대상이었다. 문제는 어떻게 얘기를 꺼내야 할지 몰랐던 탓에, 모든 게 정상이며 정신적인 문제가 하나도 없는 것처럼 그를 대했다는 데 있었다.

무언가 어긋나고 있었다. 대부분 죄책감에 이끌려 모임에 참석했다. 모임을 하면서도 마음이 불편했다. 하지만 아무도 모임의 이면을 들여다보는 방법을 알지 못했다(원칙1). 과거가 어떻게 현재에 영향을 미치는지 몰랐다(원칙2). 깨어지고 실패하며 그걸 인정하는 게 성경적이라는 사실도 깨닫지 못했다(원칙3). 그리고 마지막으로, 한계를 수용해야 할 선물이 아니라 극복해야 할 장애로 생각했다(원칙4). 줄곧 다른 소그룹들처럼 성장하고 배가되어야 한다는 압박감을 느꼈다. 다행스럽게도, 그 소그룹은 곧 해체됐다.

교회 안의 지친 일꾼들

프랜은 미혼 여성으로서 달란트가 많고 사람을 가만히 놓아 두지 않는 리더였다. 가난한 이들을 보면 앞서서 달려갔으며 행정, 교육, 전도, 목회, 접대 등 여러 영역의 은사를 가지고 있었다. 교회가 빠르게 성장해 가면서 어려운 이들의 삶을 돌봐 주는 일이 꼬리에 꼬리를 물고 이어졌다. 하지만 어쩐지 "아니오"라는 말은 하나님께서 원하는 행동이 아닌 것만 같았다. 프랜은 "아니오"라는 말을 거의 쓰지 않았다.

그래서 어떻게 되었을까? 교회를 돕는 이들이 다 그렇듯이, 프랜 역시 그런 속도를 유지하다가 결국 삶의 균형을 찾기 위해 리더십을 완전히 내려놓고 말았다. 프랜은 떠났지만 우리는 마치 열병에라도 걸린 듯 분주한 활동을 멈추지 않았다. 한계와 바운더리에 대한 성경의 가르침을 철저하게 무시했던 것이다. 덕분에 개인적으로, 그리고 가정적으로도 더 비싼 대가를 치러야 했다.

2. 예수님도 인간적인 한계를 받아들이셨다

리더로 살기 시작한 뒤로, 나 아닌 다른 누군가로 사느라 상당한 시간을 허비했다. 유진 피터슨(Eugene Peterson)의 표현을 빌자면 '교회 식 포르노그래피'(ecclesiastical pornography)를 파는 집회를 따라다니고 그런 책을 읽었다.[2] 한결같이 우리처럼 평범한 죄인들이 가진 문제들로부터 해방된 교회를 약속하는 집회와 서적들이었다. 탁월한 프로그램과 뛰어난 인물들은 크게 부각되게 마련이다. 내가 그들만큼 출중한 리더로서 똑같은 일들을 했더라면 우리 교회도 더 커지고 부흥했을 것이다.

하지만 문제는 하나님께서 다른 리더들에게 부여하신 능력과 재능을 내게는 주지 않으셨다는 점이다. 리더로서 역할을 멋지게 해내기 위해서 나는 무언가 힘이 될 만한 것에 기대려 했다. 현실을 기꺼이 받아들이지 못하는 태도 때문에 하나님께서 의도하신 바 없는 엉뚱한 길로 들어섰던 것이다. 여러 해 동안 나와는 아무 상관없는 각본에 따라 살아가려고 무진 애를 썼다. 각본에는 주인공이 있게 마련인데, 그 배역을 맡기에 나는 부적절한 인물이었다.

하나님께서는 내게 두셋, 또는 다섯 달란트를 맡기셨을 뿐, 여덟이나 열 달란트를 주시지는 않았다. 부모님은 의사든, 음악가든, 교수든, 작가든, 프로 운동선수든 인생에서 원하는 것은 뭐든지 이룰 수 있다고 격려하시곤 했다. 그래서 고등학교 시절에는 마이클 조던 같은 농구선수가 되려고 애써보기도 했다. 결과는 실패였다. 시합에 나가는 족족 지고 돌아왔다.

그때 현실을 파악했어야 했다. 원하는 것이라고 해서 다 이룰 수 있는 것은 아니었다. 물론 내게도 재능과 잠재력이 있었다. 하지만 하나님께서는 재능과 아울러 한계도 주셨던 것이다.

예수님과 한계, 그리고 영적 전쟁

알다시피 예수님께서는 세상에 오셔서 30년 동안은 아무런 기적도 행하지 않으셨다. 그저 효성스러운 아들이자 성실한 목수, 자신이 속한 공동체와 회당에 열심인 청년으로 사셨을 뿐이다. 일단 겉으로 보기에 하늘 아버지께서 주신 한계를 기쁘게 받아들이신 듯하다.

세례를 받으시는 순간 하나님 아버지께서는 "너는 내 사랑하는 아들이라 내가 너를 기뻐하노라 하시니라"(막 1:11)고 확인해 주셨다. 무려 30년 동안을 이름 없는 필부(匹夫)로 지내게 하신 뒤에야 비로소 3년에 걸친 짧은 공생애를 시작하도록 확정해 주신 것이다.

예수님께서는 즉시 광야로 나가서 사탄의 시험을 받으셨다. 유혹의 핵심은 하나님께서 설정해 둔 한계를 어기거나 뛰어넘으라는 것이었다. 이런 유혹이야말로 삶 가운데서 하나님의 사역을 감당하기 위해 열심히 노력하는 이들 사이에서 여전히 계속되고 있는 중심적인 영적 전쟁이다.

예수님께서는 고난을 통하여 순종을 배우셨다(히 5:8). 거기에는 한계를 설정하는 일과 채워지지 않는 요구를 관망하는 일도 포함된다. 사탄은 "네가 만일 하나님의 아들이어든 명하여 이 돌들로 떡덩이가 되게 하라"(마 4:3)는 유혹으로 주님을 시험하기 시작했다. 40일 동안 아무것도 먹지 못했으므로, 당시 예수님은 상당히 약해진 상태였다. 사탄의 얘기를 정리하면 대략 이쯤 될 것이다. "뭐든 해야 되지 않겠소? 먹지 못하면 죽을 테고, 그럼 아무도 구원을 경험하지 못할 테니 말이오. 자기 삶을 한번 돌아봐요. 구유에서 태어나서 아프리카로 피난이나 다니는 신세에다, 번듯한 집안 출신도 아니고 사방에 어렵고 힘든 일뿐이잖소. 하나님께서 채워 주시지 않은 여러 가지 필요와 욕구가 그대로 남아 있는 처지 아니오? 그렇게 문제가 많은 주제에 어떻게 하나님의 아들이 될 수 있단 말이요? 당신은 실패자요!"

하지만 예수님께서는 한계라는 선물을 받아들이셨고, 돌덩이는 여전히 돌덩이로 남아 있게 되었다. 주님의 능력이라면 얼마든지 하늘에서 만나가 내리게 하실 수 있었지만, 그런 일은 일어나지 않았다.

두 번째 시험에서, 사탄은 거룩한 성의 꼭대기로 데려가서 거기서 뛰어내림으로써 하나님께서 정말 함께하신다는 사실을 세상에 증명해 보이라고 요구했다. "사람들이 보고 있잖소. 뭔가 할 수 있다는 걸 어서 보여 줘요. 그렇지 않으면 다들 아무것도 할 줄 모르는 변변찮은 사람이라고 생각할 거요."

그러나 예수님께서는 하나님의 때를 기다리기로 결정하셨다. 주님은 하나님께서 정해 두신 한계를 받아들이시고 성전 계단을 걸어 내려오셨다. 기적은 일어나지 않았다. 스스로 대단한 존재임을 증명하기 위해서 세상을 깜짝 놀라게 할 만한 사건을 벌이시지 않으셨던 것이다.

세 번째 시험은 리더로 교회를 섬기는 이들에게 가장 통렬한 유혹이었다. 사탄은 주님을 높은 산 위로 이끌어 가서 온 세상을 보여 주었다. 아테네의 번영과 화려함, 로마의 영광, 이집트의 보화, 온 예루살렘, 고린도의 풍성함 등 이 세상 왕국의 모든 영화가 한눈에 들어왔을 것이다. 한계를 넘어서 단 한 순간 사탄에게 절하기만 하면 (그리고 나서 얼른 회개하기만 하면), 당장 세상을 구원하고 헤아릴 수 없이 많은 사람들을 도와줄 수 있었다.

주님이 고난과 십자가라는 하늘 아버지께서 부여하신 한계를 건너뛰셨더라면 하나님의 사역은 오히려 더 신속하게 이뤄졌을지도 모른다. 하나님께서 설정하신 한계를 넘어가서 결국 하나님이 빠진 하나님의 사역을 이끌어 갈 수도 있다는 사실은 정말 두려운 일이 아닐 수 없다. 잊지 말아야 한다.

자신의 한계를 받아들인다는 의미

한계를 선물로 받아들이는 마음가짐은 하나님과 동행하는 관계의 핵심과 맞닿아 있다.

　창조주를 거역한 아담과 하와의 원죄부터가 한계의 문제였다. 하나님은 둘에게 에덴동산에서 엄청난 자유를 만끽하도록 허락하셨다. 하지만 그와 동시에 두말할 여지가 없이 분명한 경계를 설정하셨다. "여호와 하나님이 그 사람에게 명하여 이르시되 동산 각종 나무의 열매는 네가 임의로 먹되 선악을 알게 하는 나무의 열매는 먹지 말라 네가 먹는 날에는 반드시 죽으리라 하시니라"(창 2:16-17). 하나님의 권위를 상징하는 나무를 둘 앞에 우뚝 세워 두신 것이다. 아담과 하와는 선하신 하나님께 충실하며 순종해야 했다. 거룩한 명령의 속뜻을 납득하지 못할지라도 겸손하게 머리를 조아렸어야 했다. 하지만 둘은 그러기를 거부했고 그 결과가 오늘을 사는 우리에게까지 영향을 미치고 있다.

　반면에, 세례 요한은 한계를 끌어안는다는 게 무얼 의미하는지 잘 보여 준다. 그리스도가 사역을 시작하자마자 요한에게 세례를 받으러 오던 이들의 관심이 삽시간에 예수님께로 돌아섰다. 등을 돌리고 주님을 따르게 된 것이다. 판세가 극적으로 뒤집히는 것을 본 요한의 제자들은 화가 났다.

　하지만 요한은 한계를 알고 대꾸한다. "하늘에서 주신 바 아니면 사람이 아무것도 받을 수 없느니라"(요 3:27). 선지자는 서슴없이 고백했던 것이다. "인간으로서의 한계와 기울어져 가는 인기를 받아들이련다. 난 우주의 중심도 아니고 하나님도 아니다."

예수님의 한계, 쏟아지는 요구 그 한복판에서

　예수님께서 병원을 차려 놓고 찾아오는 환자와 귀신들린 사람들을 모두 다 고쳐 주셨던 것은 아니다. 가버나움 사람들이 머물기를 청했다고 해서 거기다가 커다란 교회를 세우지도 않으셨다(막 1:21-45). 가다라 지방의 귀신 들렸던 사람의 경우에는 따라나서는 것을 만류하시기까지 하셨다. 밤새도록 기도하시고 나서 단 열두 명만을 선택하여 가까이 두셨다(눅 6:12-16). 택함 받지 못한 이들은 당연히 서운했을 것이다. 주님의 살과 피를 먹고 마시는 문제에 대한 까다로운 가르침을 베푸신 직후(요 6:22-71), 무리들이 다 흩어졌지만 쫓아가 붙들지 않으셨다.

유럽과 아프리카, 아시아와 미국에 사는 모든 이들의 필요를 채우시기 위해 그들 틈으로 들어가지 않으셨다. 하지만 세상에서의 삶을 마감하실 즈음에는 "아버지께서 내게 하라고 주신 일을 내가 이루어"라고 기도하셨다(요 17:4).

그렇다면 어째서 나는 언제나 가능한 한 짧은 시간에 될 수 있는 대로 많은 일을 해야 하는 것처럼 생각하는 것일까? 무엇 때문에 내면에서 만성적인 압박감과 불안감을 느끼는 것일까? 여유도 없고 융통성도 없는 삶을 사는 까닭은 무엇인가? 어째서 해야 할 일을 '다 했다'는 마음이 들지 않는 것일까? 나름대로는 시간을 내서 기도하고 성경을 본다. 매사에 우선 순위를 정해서 처리하며 시간을 철저하게 관리한다. 부지런히 세미나를 쫓아다니며 효과적으로 자신을 관리하고 일을 나누는 법을 익힌다. 그런데 도대체 무엇이 문제란 말인가?

문제는 '한계'라는 놀라운 원리를 하나님께서 손수 건네 주시는 선물로 인식하지 못했다는 데 있었다. 바운더리와 한계를 그리스도를 섬기는 일에 적용하는 방법을 제대로 이해하지 못했던 탓에, 나는 하마터면 목회자의 자리에서 물러날 뻔했다. 나뿐이 아니다. 열정을 품고 다른 사람들을 돕는 일에 뛰어들었다가, 나중에는 어떻게 하면 밧줄을 쥐어 주고 교각 아래 매달려 소리를 질러대는 이들을 떨쳐내고 다리를 건너 갈 수 있는지를 몰라서 도중에 포기하고 마는 이들이 적지 않다. 결국은 아무 소리도 들리지 않도록 단단히 귀마개를 한 채, '너는 너, 나는 나' 식으로 사는 쪽을 선택한다. 또는 교회는 위선과 병증(病症)이 가득한 곳이라고 단정짓고 다시는 어려운 처지에 빠진 이들을 믿거나 돕지 않겠노라고 작정하고 만다.

한계를 친구 삼아

세상 문화는 한계라는 개념을 거부하지만, 그것을 받아들이는 것은 대단히 중요한 일이다. 한계는 어린아이를 보호하기 위해 마당에 쳐둔 울타리와 같다. 자신에게, 이웃에게, 하나님의 사역에 상처를 입히지 않도록 단단히 붙들어 주는 친구의 손길이라고 생각해도 좋다.

파커 파머(Parker Palmer)는 어느 대학의 학장직을 맡아 달라는 제의를 받았던 얘기를 들려 준다. 처음에는 무척 흥분해서 그게 하나님의 뜻인지 분별하기 위해 믿을 만한 친구들을 불러 모았다. 함께 모여 이야기를 나누는 가운데, 어느 친구가 물었다. "학장이 되면 뭘 하고 싶어?" 파머가 대답했다. "학장이 되더라도 글쓰고 강의하는 일을 그만두고 싶지는 않아. 자네는 내가 어떤 사람이라는 걸 제대로 모르는 모양인데, 사실 난 학장으로서 학교를 경영하는 일은 그다지 좋아하지 않는다는 말이지. 나는 다만 …."

처음 질문을 했던 친구가 되짚어 물었다. "그러니까, 학장이 되면 뭘 할 거냐고?" 파머는 말을 더듬었다. "여름 휴가를 포기하고 싶지 않아. 늘

정장을 입고 넥타이를 매기도 싫어. 그리고 말이지."

마침내 파머는 '마음속에 품고 있던 솔직한 대답'을 꺼내놨다. "실은, 서류 끄트머리에다 '학장 아무개'라고 적어 넣어 보고 싶었던 것 같아."[3] 결국 파머는 자신이 학장 자리를 맡는 게 스스로와 대학 모두에게 바람직한 일이 아님을 깨닫고 후보에서 물러나기로 결정했다.

파머는 하시디즘 설화를 들려 주면서 인간에게는 자신이 아닌 누군가의 삶을 살고 싶어하는 성향이 있지만 스스로의 삶을 사는 게 '말할 수 없을 만큼' 중요하다는 사실을 지적한다. 삶의 황혼기에 들어선 랍비 주시아(Zusya)는 이렇게 말했다. "하늘나라에 가면 '어째서 모세처럼 살지 못했느냐?'고 묻는 이는 아무도 없을 것이다. 다만 '왜 주시아답게 살지 않았느냐?'라고 물을 것이다."[4] 키에르케고르(Kierkegaard)도 같은 얘기를 한다. "모든 인간에게 진정으로 필요한 것은 '자신이 되려는 의지'다."[5]

마음만 먹으면 무슨 일이든 다 해낼 수 있을 것이라는 생각은 한낱 꿈에 지나지 않는다. 잘 할 수 있는 일, 멋지게 해낼 수 있는 역할이 있는 반면 제대로 열매 맺지 못하고 시들어 버리는 일도 있게 마련이다. 예를 들어, 나는 훌륭한 CEO가 될 수 없을 것이다. 최고 경영자라면 기민하고 저돌적인 자세로 험난한 상황들을 헤쳐 나가야 하는데, 나는 반성하고 계획하는 데 상당한 시간이 필요하기 때문이다. 뛰어난 변호사나 공인회계사가 되지도 못했을 것이다. 둘 다 예리한 판단력과 사소한 것도 놓치지 않는 주의력이 필요한 까닭이다. 나는 창의적인 작업을 즐기고 새로운 가능성에 눈을 돌리는 예술가 쪽에 더 맞는다.

3. 스스로 한계를 분별하는 법을 배우다

인성(personality)을 살펴보라

언제 더 큰 에너지가 솟아나는가? 사람들과 어울릴 때인가(외향적), 아니면 일에 몰두할 때인가(내향적)? 거침없고 창의적으로 움직이는 편인가, 조심스럽게 규범에 따르는 쪽인가? 태평하고 느긋한 편인가, 긴장하고 불안해 하는 편인가? 1부터 10까지 점수를 매겨 보았을 때(가장 높은 쪽이 10이다), 나는 과감하게 모험을 즐기는 면에서 10점을 기록했다. 기꺼이 로빈 후드(Robin Hood)가 되어 더 원대한 꿈을 좇아 노팅엄(Nottingham)으로 달려갈 수 있는 성향이었다. 동시에 감성적인 면에서도 10점을 얻었다. 감수성이 그렇게 높다는 것은 상담가나 사회사업가가 되기에는 적합하지만 CEO라든지 노조위원장에는 어울리지 않았다.

이러한 성향들은 대개 어린 시절의 경험과 나를 키워 준 가족들을 통해 형성된 것들이다. 뉴 라이프 펠로십 교회에서는 교인들이 자신의 인성을 잘 분별하는 데 도움이 되도록 16PF(Personality Factor, 성격요인) 검사를 실시하고 있다. MBTI나 DiSC 검사도 유용한 도구들이다.

삶의 시기를 파악하라

삶의 시기 역시 하나님께서 주신 한계 가운데 하나다. 전도서는 천하의 범사에 기한과 때가 있다고 가르친다.

> 심을 때가 있고 심은 것을 뽑을 때가 있으며 … 울 때가 있고 웃을 때가 있으며 … 잠잠할 때가 있고 말할 때가 있으며 …(전 3:1-8).

자녀를 키우는 데도 시기가 있다. 어린아이들을 집 안에 거두어야 하는 시기가 있다. 이윽고 아이들이 십대가 되고 집을 떠나면서 부모들은 다음 시기로 떠밀려 들어간다. 건강상의 이유로 가족들이 우리를 필요로 하는 시기도 있다. 돈을 잘 버는 시기도 있고 궁핍해서 허덕이는 때도 있다. 열심히 공부하며 준비해야 할 시점이 있는가 하면 부지런히 활동해야 하는 시절도 있다. 소중한 것들을 잃어버리고 몹시 슬퍼하며 기다려야 할 때도 있다. 다른 이들이 맞고 있는 시기를 함부로 판단하거나 자신의 시기를 누군가에게 강요하지 않는 마음가짐은 대단히 중요한 자세다.

삶의 형편을 살펴보라

삶의 형편도 중요한 한계다. 신체적으로 나이가 들면 몸이 예전처럼 움직여 주지 않는다. 젊고 인생 경험이 부족할 때는 열리지 않은 문들이 있게 마련이다. 신체적으로나 정서적인 문제가 있으면 그것들 때문에 계획한 길로 가지 못할 수도 있다. 바울은 결혼 역시 한계가 된다고 생각했다(고전 7:32-35). 자녀는 하나님의 선물이기는 하지만, 어디서 무엇을 하면서 어떻게 삶을 드려 주님을 섬길지 결정하는 데 당장 한계로 작용한다. 자녀나 나이 든 부모를 부양해야 할 특별한 책임을 지고 있다면 삶의 행로를 결정하는 데 큰 영향을 받을 수밖에 없다.

정서적, 신체적, 지성적인 역량을 살펴보라

정서적, 신체적, 지성적인 역량은 하나님께서 주신 선물이다. 사람들을 상대하고 복잡한 일을 처리하는 점에 있어서 나는 제법 큰 역량을 가지고 있다. 하지만 그렇더라도 이틀이 넘게 하루 종일 계속해서 사람들을 만난다면 정신이 멍해지고 진이 빠질 것이다. 내게는 책을 읽고, 기도하고, 스스로를 돌아볼 시간이 반드시 필요하다.

반면에 목회를 하고 있는 어느 친구는 일주일에 엿새 동안, 70-80시간씩 일하고도 끄떡없다. 하나님께서 주신 축복이 분명하지만, 나로서는 신체적으로나 정서적으로, 영적으로 그 친구처럼 일할 길이 없다. "못하겠습니다"라는 말을 입 밖에 낼 수 있는 능력은 리더로서 나를 대단히 자유롭게 만들어 준다. 삶 속에서 하나님께서 정해 두신 한계를 존중하지 않으면, 결국 감당할 수 없는 짐을 짊어지고 스트레스에 시달리거나 기진맥진하게 되고 말 것이다.

부정적인 정서를 살펴보라

가령 생활 중에 나타나는 분노라든지 우울, 격정 등의 감정들은 삶을 비춰 보여 주는 기름 구실을 한다. 삶을 움직이는 엔진 내부에 무언가 정상적이지 못한 구석이 있다는 사실을 알려 주는 것이다. 하나님께서 우리를 제자리에 세우시고 주의를 환기시키기 위해 이런 정서들을 사용하시는 경우도 적지 않다.

성장 과정에서 받은 상처와 흉터들을 살펴보라

그 역시 하나님께서 주신 한계이자 선물이다. 비록 가장 고통스러운 순간들이었다 할지라도 가족사를 이끌어 가시는 하나님의 손길을 구한다면 돌짝밭에서 금 덩어리를 찾아낼 수 있을 것이다. 학대, 무시, 유기, 가난, 억압 등은 항상 '뒤쳐진 채' 무언가를 따라잡으려 하는 듯한 느낌을 갖게 하기 십상이다. 하지만 하나님께서는 그런 상처와 흉터들을 다르게 보신다.

내가 가족으로부터 물려받은 한계들을 받아들이는 순간, 그 모두가 소중한 선물이 되었다. 주님께 더 의지하게 되었으며, 더 섬세해졌으며, 다른 이들을 덜 판단하게 되었다. 하나님께서 주신 한계 안에서 즐겁게 살도록 누군가를 격려할 때, 상대를 더 사랑할 수 있게 되었다.

유약한 러시아 황제, 니콜라스

니콜라스 2세는 불과 스물 여섯 나이에 온 세계 인구의 육분의 일을 다스리는 러시아 짜르 자리에 올랐다. 아버지의 급서(急逝)로 아무 채비도 못한 상태에서 황제가 된 이 유약한 리더는 스스로 '비할 바 없는 아버지'[6]라고 불렀던 억척스럽고 강인했던 선대(先代)와 정반대 인물로 보였다. 아버지 만한 경험도, 위엄 있는 몸가짐도, 당당한 체구도 갖추지 못했다.

대신 하나님께서는 니콜라스에게 자상한 성품과 가족을 향한 깊은 사랑, 감수성이 예민한 기질을 주셨다. 부드러운 어조와 친절한 태도 때문에 짜르답지 못한 성품을 가졌다는 이야기가 끊임없이 따라다녔다. 어느 역사가는 이렇게 적고 있다. "부드럽고 독단적인 면이 없는 황제의 성품은 통치하는 데 약점으로 작용했지만…. 가족에게는 강점이 되었다."[7]

통치자에게 요구되는 자질은 니콜라스 2세의 성품과는 어울리지 않았다. 황제보다는 재단사가 되었으면 더 행복했을 사람이었다. 니콜라스 2세는 집이나 여름 별궁(別宮)에서 아내랑 아이들과 더불어 지내는 사적인 생활을 더 좋아했다. 그러는 사이에 제1차 세계대전의 폭풍우가 그를 둘러싸고 소용돌이치고 있었다. 1917년에는 스탈린이 주도한 볼셰비키 혁명까지 일어났다.

의무감에 기대서 나름대로 노력을 기울여 보았지만 결국 제정러시아는 힘없이 무너져 내렸다. 만일 니콜라스 2세가 남이 써 준 삶의 각본을 과감하게 찢어버리고 리더 자리를 적임자에게 넘겨줬더라면 역사는 크게 달라졌을지도 모른다.

진정한 자아에 충실하라

스스로 묻고 답해 보라. 내가 사는 방식은 하나님께서 주신 성품에 부합되는가?《묵상의 열매》(*Seeds of Contemplation*)라는 글에서 토머스 머튼(Thomas Merton)이 이야기한 '진정한 자아'와 조화를 이루는 방식인가?[8] 주님이 허락하신 재능과 독특한 경력, 약점 따위에 충실하게 살고 있는가?

성숙한 삶이란 하나님께서 주신 한계 안에서 즐겁게 살아가는 것을 말한다. 대다수 인간들은 스스로의 한계와 다른 이들의 한계를 한결같이 원망한다. 실제와 현격히 다른 자신, 또는 상대방을 기대하며 종종 좌절과 분노에 휩싸인 채 산다. 스스로 갖추지 못한 것을 쏟아 붓다가 소진 상태에 빠지는 경우가 얼마나 많은지 모른다. 헨리 나우웬은 이런 상황을 잘 정리하고 있다.

> 똑같은 삶은 없다. 흔히들 더 낫거나 못하거나 하면서 자신의 삶과 타인의 삶을 견주지만 그런 비교는 별반 도움이 되지 못한다. 누구든 타인의 삶이 아닌 스스로의 삶을 살아야 한다. 자신의 컵을 쥐어야 하는 것이다. 단호한 태도로 이렇게 말할 수 있어야 한다. '이게 내 삶, 내게 주어진 삶, 내가 살 수 있고 또 살아야 할 삶이야. 나 말고는 아무도 이 삶을 살 수 없어. 내게는 나만의 개인사가 있고, 나

만의 가족이 있고, 나만의 몸이 있고, 나만의 성품이 있고, 나만의 친구들이 있고, 나만의 사고 방식, 대화 방식, 행동 방식이 있어. 그래, 내가 살아가야 할 나만의 삶이 있는 거야. 나와 똑같은 도전을 받은 사람은 아무도 없어. 나는 혼자야. 나와 같은 존재는 세상에 다시없으니까. 많은 이들이 내가 스스로의 삶을 살도록 도와줄 수는 있겠지만, 이러니저러니 해도 결국 어떻게 살아가야 할지는 나 스스로 결정해야 해.'9

하나님은 쉼터에서 나와 일하는 삶으로 우리를 부르셨다. 내 삶을 가만히 들여다보면 주님이 허락하신 삶에서 벗어나 방황하고 있는 몇 가지 신호들이 있다.

- 안절부절못한다.
- 허둥지둥 서두른다.
- 몸이 찌뿌드드하다.
- 지나치게 많은 일을 한다.
- 요동치는 마음을 가눌 수가 없다.
- 자동차를 너무 빨리 몬다.
- 사람들과 완전히 어우러지지 못한다.
- 슈퍼마켓에서 줄지어 차례를 기다리는 일상사가 짜증스럽다.
- 하나님과 함께하는 시간을 건성으로 흘려보낸다.

이것들이 대표적인 경고신호들이다. 저마다 스스로의 기질과 약점에 비춰보면, 몇 가지를 빼거나 더하고 싶은 마음이 들 수도 있을 것이다. 하나님의 뜻과 주님이 부르신 독특한 삶에서 벗어나 방황하는 상황에서 절대로 잊지 말아야 할 중요한 사항은 가혹하리만치 자신에게 정직해야 한다는 점이다.

4. 한계라는 선물을 교회와 통합시키다

목회자들이나 리더들과 대화하다 보면 이것만큼 교회에 적용하기 힘든 원리도 없는 듯하다. 그렇다 하더라도, 뉴 라이프 펠로십 교회에서는 리더의 자기관리를 강조하고, 선을 넘는 이들에게는 한계를 설정해 주며, 누구에게나 '아니오'라고 말할 자유를 부여하고, 교인들 모두에게 계획적으로 경계(boundary)를 가르치는 등 적어도 네 가지 방식을 동원하여 한계라는 선물을 의도적으로 교회에 통합해 나가고 있다.

리더의 자기 관리 강조

정서적으로 건강한 교회를 만드는 원리들과 마찬가지로, 이번에도 리더십에서부터 적용한다. 리더들은 교회가 아니라 개인적인 삶과 가정에 우선 순위를 두는 모범을 보이려고 노력한다. 교역자들과 운영위원회 구성원들, 지도적인 위치에 있는 이들에게는 하나님의 뜻과 저마다의 가정 상황을 토대로 적절히 자신을 관리하고 바운더리를 설정하도록 요구한다.

한계라는 선물을 알게 되면서 자기관리에 대해 확신을 가질 수 있었다. 남을 섬겨야 하는 이들에게 이것은 대단한 도전이 아닐 수 없다. 파커 파머는 이렇게 말한다.

> 자기 관리는 절대로 이기적인 행동이 아니다. 다만, 자신이 가진 유일한 은사, 남을 위해 사용하도록 세상에 가지고 태어난 은사를 선한 청지기로서 잘 관리하는 일일뿐이다. 진정한 자아에 귀를 기울이고 거기에 필요한 보살핌을 제공할 수만 있다면 언제라도 스스로는 물론 관련을 맺고 있는 다른 이들의 삶까지도 도와줄 수 있을 것이다.[10]

이는 교회의 건강성을 확보하는 데 너무도 결정적이어서 뉴 라이프 펠로십 교회에서는 목회자들의 '생활 규범'을 정해 놓고 있다. 여기에는 매주 안식일을 지키고, 한 달에 한 차례 하나님과 함께하는 시간을 가지며, 날마다 하던 일을 멈추고 일종의 성무일과(우리는 '정시기도'라고 부른다)를 갖는 등의 규정이 포함된다.[11]

하나님은 개개인에 맞춰 활동과 묵상을 절묘하게 조합해 주셨다. 세상에 똑같은 인간은 없다. 관건은 저마다 얼마나 많은 시간을 주님과 더불어 보내서 그리스도의 생명이 우리를 통해 흘러나가게 하느냐 하는 것이다. 섬세하게 균형을 잡아서 스스로와 이웃을 모두 세울 수 있다면, 평안과 기쁨에 잠겨 주님을 위해 일하게 하시는 하나님 안에 깊이 뿌리를 내릴 수 있다.

그러므로 부교역자나 사역자들이 스스로 가정이나 개인적인 삶을 제대로 통제하지 못하는 경우, 교회는 사랑하는 마음으로 그에게 리더십에서 물러나 달라고 요청한다. 그렇게 함으로써 이제는 누구도 자신이 이용만 당하고 물러났다는 느낌을 갖지 않게 되었다.

선을 넘는 이들을 위한 한계 설정

공동체에 속한 모든 구성원들이 서로 사랑하고 존중하는 분위기를 조성하고 유지하는 일이야말로 교회가 당면하고 있는 가장 첨예한 문제다. 그러자면 자주 선을 넘는 이들을 다시 교육할 뿐만 아니라 의도적으로 한계와 바운더리를 가르칠 필요가 있다. 여기서 '선을 넘는 이들'이란, 남에게 피해를 줘 가면서 더 넓은 자리를 차지하려는 사람, 상대방이 자신을 있는 그대로 표현하지 못하게 하는 사람, 자신의 목적을 위해 타인을 조종하고 이용하는 사람, 성경말씀에서 벗어난 방식으로 상황과 대상에 접근함으로써 공동체에 타격을 입히는 사람을 말한다.

웬만한 교회라면 불평불만을 일삼으며 터무니없는 요구를 하는 이들이 한둘씩은 있게 마련이다. 이들은 마치 암세포처럼 다른 이들의 영역에 쳐들어가서 건강하던 교인들까지 쓰러트린다. 경험을 통해 교훈을 얻을 줄도 모르고 변화를 달가워하는 것처럼 보이지도 않는다.

정서적으로 건강한 교회는 스스로의 독특함과 부르심에 대해 하나님께서 주신 비전을 품게 마련이다. 다른 교회를 따라가려고 발버둥치지 않으며 저만의 가치와 목표를 가지고 있다. 예수님께서 몸소 보여 주셨던 것과 똑같은 기능을 하고 싶어 한다. 주님은 열두 제자들이나 종교 지도자, 뒤따르는 무리들의 처지를 깊이 이해하셨지만 자신을 향한 하나님의 계획에 언제나 민감하셨다. 예수님의 우선순위는 갈등을 피하는 게 아니라 하나님의 뜻을 행하는 일이었다.[12]

누구에게나 '아니오'라고 말할 자유를 부여

뉴 라이프 펠로십 교회에서는 교인들에게 저마다의 영적인 은사를 교회에서 적극 활용하는 한편, 은사와 상관없이 최소한 한 가지씩은 사역을 도우라고 가르친다. 하지만 동시에 "아니오"라고 말하는 이들에게 갈채를 보낸다. 특히 지칠 줄 모르고 일하던 이들이 거절 의사를 표현하면 크게 칭찬한다. 이런 조처들은 필요에 부응하지 못하거나 자원하는 마음으로 일하지 못한다는 생각에 죄책감을 품고 있는 이들에게 용기와 힘을 준다. 우리에게 이것은 죄악된 자아(하나님처럼 되고 싶어 하는)를 부정하고 예수님을 따르는 일이다. 하나님께서 다른 이들을 통해서 필요를 채우실 것이라는 사실을 신뢰하는 행동이기 때문이다.

그렇다면, 교인들이 교회 일을 돕게 하기가 이전에 비하여 더 어려워졌을까? 물론 그렇다. 다들 아무 부끄러움도, 죄책감도, 압박감도 없이 거리끼지 않고 "아니오. 안 되겠는데요"라고 말한다. 하지만 그 결과 현재 진행 중인 사역의 질이 훨씬 높아졌다. 섬기는 이들이 덜 까다로워지고 다툼도 줄어들었으며, 자발적인 동기에서 출발했으므로 봉사하는 기간이 더 길어졌다. 서로 사랑하고 아낌없이 사랑을 베풀었다.

가장 중요한 점은, 섬기는 이들마다 자신이 사랑받고 있으며 단순히 교회를 세우는 일에 이용당하는 게 아니라는 점을 실감한다는 사실이다.

핵심적인 바운더리 교육

아담과 하와는 인류 최초로 바운더리를 깬 사람들이었다. 금지된 나무에서 실과를 따먹음으로써 하나님께서 그어 두신 선을 넘었으며 주님의 낯을 피해 도망쳤다. 그날 이후로 인간은 줄곧 바운더리를 깨고 하나님이나 다른 이들 사이의 경계선을 침범해 왔다. 최초의 타락은 이후 인류사 전반에 걸쳐 구별이라든지 경계, 책임 따위에 대한 감각이 왜곡되는 단초를 제공했다. 그때부터 인류는 어디쯤에서 자신의 역할을 끝내야 하는지, 어디서부터 다른 사람이 맡아야 하는지 갈피를 잡지 못하게 된 것이다.[13]

간단히 정의하자면, 바운더리란 자신이 다른 이들과는 별개로 구별된 인간이라는 인식을 말한다. 자신에게 속한 게 무엇이며 그렇지 않은 게 무엇인지 가르는 감각이다. 바운더리는 어디서 일을 끝내야 하고 어느 지점부터 누군가가 이어 시작하게 해야 하지를 보여 준다. 바운더리가 제대로 설정되어 있으면 일에 대한 책임의 유무가 분명해지는 것이다.

바운더리가 분명치 않은 이들은 스스로 원하는 일이 아님에도 불구하고 남들이 요구하면 다 해줘야 할 것만 같은 느낌에 시달린다. 상대를 실망시키지 않을까 두려워 하거나 비난을 받을지도 모른다는 두려움을 갖고 있는 것이다. 누구나 남들이 자신을 좋아해 주기를 바란다. 이기적인 사람으로 비쳐지기를 원하는 이는 아무도 없을 것이다. 다들 이런 얘기들을 들어보았을 것이다.

- "목사님이 저렇게 부탁하시니 안내 부서를 책임져야 할 것 같아. 직장 일도 그렇고 집에서도 해야 할 일이 많아서 사실 지금 시간을 낼 수 있는 처지는 아니지만 차마 안 된다고 말을 못하겠어."
- "수요 기도회에 갈 수밖에 없어. 모두들 내가 참석하기를 간절히 바라거든. 내가 나타나지 않으면 목사님이나 다른 교인들이 낙

심할 게 뻔하잖아요."

- "여보, 초대를 받았으니 마르티네스 씨 댁에 가서 저녁을 먹어야
  겠어요. 당신이나 나나 내키지 않는 일이고 같이 놀 또래 친구들
  이 없으니 아이들도 불만이 많겠지만, 어쩌겠어요. 다 잘해 주려
  고 한 일인데, 우리가 안 가면 얼마나 당황해 하겠어요."

이런 시나리오들의 문제는 주인공들이 어디서 자신의 역할을 끝내
야 하는지, 어디서부터 다른 사람이 맡아야 하는지를 파악하지 못하고 있
다는 점이다. 모두가 타인과 분리된 삶을 살지 못하고 있다. "어디서 내
역할을 끝내야 하고 어디부터 다른 사람이 맡아야 하는가?" 이 질문이야
말로 바운더리가 무엇인지를 설명하는 핵심이다.

바운더리를 설정하고 악착같이 지켜내야 한다. 날이면 날마다 배우
자, 친구, 동료, 교인, 세일즈맨, 아이들을 비롯해 숱한 이들이 헤아릴 수
없이 자주 바운더리를 건드린다. 다들 내키는 일을 한다. 그게 꼭 나쁜 일
은 아니다. 그이들은 시간, 정서적인 지원, 돈 따위를 요구한다. 하도 흔
해서 이제 아주 일상적이기까지 하다.

개인적으로 충족시키기에는 세상의 요구가 비할 바 없이 크다는 게
문제다. 따라서 당장 간단히 처리할 수 있는 있는 게 무엇이고 장기적인
관점에서 가장 유익한 반응이 무엇인지 분간해 내야 한다. 예를 들어 보
자. 최근에 해외선교와 관련된 대형 프로젝트에서 중요한 책임을 맡아 달
라는 부탁을 받았다. 책임자가 교회까지 찾아와서 동참하지 않으면 안 되
는 이유를 힘주어 설명했다. 하지만 내 시간과 에너지를 사용할 수 있는
범위는 하나님, 아내와 아이들, 담임목사로 섬기는 뉴 라이프 펠로십 교회

가 전부였다. 제안을 받아들이면 그 가운데 적어도 하나에는 부정적인 영향이 갈 수밖에 없었다.[14]

　　바운더리를 제대로 세우지 못하면 불안, 의기소침, 분노, 공황(恐慌), 무력감 따위의 또 다른 문제들을 야기하기 십상이다. 신체적, 성적, 정서적, 영적으로 자신이 남용되도록 방치하면 결국 가장 파괴적인 결말에 이르게 된다.

　　핵심 바운더리1 : 별개로 존재하면서도 하나가 되는 법

　　다음 도표는 누구나 쉽게 이해할 수 있을 만큼 간단하지만 그대로 살기는 대단히 어렵다. 원은 두 명의 서로 다른 인물을 나타낸다. 두 사람은 저마다의 생각과 의견, 감정, 가치, 소망, 두려움, 믿음, 능력, 욕구, 호(好), 불호(不好)를 가지고 있다. 양쪽 모두 하나의 테두리 가운데 들어 있기는 하지만 동시에 각자의 인격적인 특성을 나타내는 별도의 원 안에 들어 있다. 스스로 무엇을 생각하고 느끼며 소망하는지 등에 관심을 가져서 자신이 어떤 존재인지 점점 더 정확하게 파악하는 게 대단히 중요한 이유가 바로 여기에 있다.

　　성경은 크리스천들에게 서로 연합하여 한 가족이 되라고 명령한다. 예수님께서 실제로 살아 움직이신다는 사실을 세상 사람들이 실감할 수 있는 그런 방식으로 교제하라는 것이다(요 13:34-35). 그러나 다른 이들과 그렇게 연합하자면 저마다 스스로의 개인적인 특성과 독립성을 잃어버리지 말아야 한다.

　　우리 한 사람 한 사람은 하나님의 형상을 따라 지음 받은 독특한 존재들이다. 하나님께서는 우리에게 '영화와 존귀로 관(冠)을' 씌우셨다(시

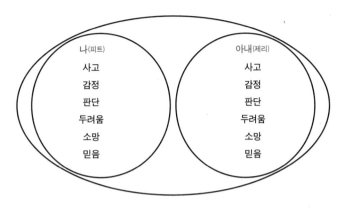

내(피트)

사고
감정
판단
두려움
소망
믿음

아내(제리)

사고
감정
판단
두려움
소망
믿음

〈표 7〉 개별성과 일체성의 균형

8:5). 주님은 그 모두에게 각각 독특성과 거룩함, 존귀와 가치를 새겨 넣으셨다. 그러므로 모든 인간의 삶 자체가 기적이라고 할 수 있다.[15]

뉴 라이프 펠로십 교회에서는 소그룹모임과 각종 훈련, 바운더리 세미나를 열 때마다 툭하면 다른 이들의 바운더리를 침해하기는 우리 역시 예외가 아니라는 사실을 가르친다. "아니오"라는 대답을 주저하는가 하면 "이런 일을 해주세요" 혹은 "이 문제를 나의 입장에서 봐 주세요"라고 강력하게 요구하지 못하기 일쑤다.

그렇다면 개별성과 일체성의 균형이란 어떤 상태를 말하는 것일까? 어떻게 하면 이 필연적인 긴장 상태에서 벗어날 수 있을까?

핵심 바운더리2 : 일체성 속의 개별성
대다수 교회들(결혼 생활도 마찬가지다)이 가지고 있는 문제는 개별성이 충분치 않다는 점이다. 더 이상 뉴 라이프 펠로십 교회에 출석하지 않는 이유라든지 리더로 섬기지 않는 까닭 등을 자의적으로 판단함으로써 나는 여러 차례 다른 이들의 바운더리를 침해해 왔다. 직접 그 까닭을 물어볼 수 있을 정도까지 상대를 충분히 존중하지 못했던 것이다. 지나치게 상대와 '융화되어'(enmeshed) 있었던 탓이다.

리더들도 자신을 존중해서 스스로 생각하고 느끼는 바를 분명하게 드러낼 필요가 있다. 두려워서, 또는 분위기를 험악하게 만들고 싶지 않다는 이유로 개인적인 특성을 억누르는 경우가 얼마나 많은지 모른다. "목사님, 수요 예배가 없어서 정말 미치겠어요. 저한테는 주중에 드리는 예배가 꼭 필요해요." 달리 기분상한 일이 없다면 나는 이렇게 대답해 주었을 것이다. "미안합니다. 우리 교회에는 수요 예배가 없어요. 소그룹 모임에 참석해 보면 어떨까요? 아주 좋은 모임들이거든요."

크리스천 리더들의 경우, 존중받지 못하도록 자신을 방치하는 경우가 많다. 누군가가 자신에게, 또는 자신에 대해 적절하지 못한 방식으로 이야기하더라도 그냥 내버려 두는 것이다. 크리스천이라면 마땅히 그래야 한다고 생각한다. 하지만 건강한 공동체로 성장하기 위해서는 상호 존중이 토대가 되어야 한다. 그렇게 존중하는 마음을 바탕으로 나는 교인들에게 서로 '어떻게 느껴야 하는지'가 아니라 '어떻게 대해야 하는지'를 이야기한다. 우리에게는 달리 취급받아야 할 권리, 진지하게 응대받을 권리가 있다. 귀담아 들어 달라고 요구할 권리, 상대의 의견에 동의하지 않을 권리가 있다. 그런 권리들 가운데 하나라도 포기한다면 다수의 희생을 감수해가며 소수의 이해에 휘둘리는 관계를 맺게 될 것이다.

5. 한계를 통해 성장하라

아울러, 시시때때로 스스로에게 물어야 한다. "성격적인 결함에서 비롯된 까닭에 하나님이 돌파하기를 요구하시는 한계가 있는가?"

앞에서도 이야기했지만, 목회자로 일하면서 한동안 조직력과 관련된 이슈들에 발목을 잡혔던 적이 있었다. 예산을 관리하고, 시시콜콜 점검하고 확인하며, 업무분담표를 작성하는 등의 업무가 그렇게 힘들 수가 없었다. 대신 비전을 추려내고 가르치는 데는 막힘이 없었다. 가까운 이들은 조언했다. "목사님한테는 그런 은사가 없으니 장점에 집중하고 약한 부분은 사람을 써서 해결하세요. 말씀을 보고 기도하는 데 시간을 쓰시고 교회 운영은 다른 이들에게 맡기시란 뜻입니다."

부교역자들을 이리저리 재배치하고, 안팎에서 인재를 불러들이기도 하고, 일을 잘게 나누어 여러 사람에게 맡기기도 해 봤지만 번번이 벽에 부닥쳤다. 오래도록 효과를 볼 방안을 찾기가 불가능해 보였다. 스스로 성격적인 결함과 직면하기 전까지는 긴장과 스트레스가 가실 날이 없었다.

행정 목사로 부름 받은 게 아니라는 점을 감안한다 해도, 문제의 핵심은 내 성격에 있음이 분명했다. 사람들을 아우르는 어려운 일보다 설교와 기도처럼 쉬운 일을 더 좋아했다. 사역자 회의를 꼼꼼하게 준비하거나 끙끙거리며 전략을 세우는 데 시간을 쓰는 게 아까웠다. 고되고 까다로운 일들을 살피는 쪽보다는 마음이 이끄는 대로 비전을 추구하는 편이 훨씬 쉬웠다. 말씀을 전하고 교인들의 인사를 받는 데 쓰기에도 시간이 모자라는 판에 미적지근 열심을 내지 않는 사역자를 붙들고 씨름을 하고 싶어

하는 목회자가 어디에 있겠는가?

내게 당면한 (비슷한 어려움을 겪고 있는 목회자나 지도자들을 수없이 많이 만나보았다) 이 문제는 하나님이 주신 한계 때문이 아니라 성격적인 결함 탓이었다. 그래서 힘겨워 하는 일마다 책임자를 세워 팀으로 일하기로 했다. 달라진 게 있다면, 행정 업무를 보지 않지만 그리스도 안에서 성장할 기회마저 회피하지는 않는다는 점이다.

6. 한계를 통해 일하시는 하나님에 주목하라

이 장을 마무리하기에 앞서, 때로는 하나님께서 초자연적인 방식으로 인간의 한계를 뛰어넘게 하신다는 점을 지적해 두지 않을 수 없다.

- 사라는 나이가 90이 넘은 노파였으며 아브라함은 몸이 '죽은' 것 같았다(롬 4:19). 그러나 하나님께서는 두 사람으로 열방의 어미와 아비가 되게 하셨다.
- 엘리야와 예레미야는 번번이 낙담하고 주저앉을 수 있었지만, 하나님께서는 두 사람을 강력하게 들어 쓰셨다.
- 하나님께서 모세에게 신체적으로나 정서적으로 40대 장년의 기력이 필요한 사역을 맡기셨다. 당시, 그는 이미 80대 노인이었다. 게다가 심하게 말을 더듬어서 스스로 부르심에 응답하기에 적임자가 아니라고 생각했다. 하지만 하나님께서는 그를 달리 평가하셨다.

- 하나님께서는 언뜻 봐도 겁이 많고 부끄러움을 잘 타는 성품을 가졌던 디모데에게 규모도 크고 관리하기도 까다로운 에베소 교회를 이끌게 하셨다. 그 무렵 에베소 교회는 분열과 갈등, 복잡한 문제들이 끊이지 않았다. 바울은 디모데에게 주님께서 '두려워하는 마음'을 주신 바 없음을 상기시켰다(딤후 1:7).

히브리서 11장은 믿음으로 나라들을 정복하고, 사자의 입을 막고, 전쟁에서 용맹을 떨치고, 외적을 물리친 성경의 영웅들을 본보기로 제시한다(히 11:32-33). 따라서 크리스천은 정기적으로 자신에게 다음과 같이 질문해야 한다. '하나님은 어떤 한계를 돌파해서 주님이 원하시는 일꾼이 되고 뭇 사람들로 하여금 그분을 알고 믿게 하기를 기대하시는 것일까? 안팎의 한계들 가운데 어떤 걸 선물로, 즉 믿고 순종하라는 초대로 받아들여야 할까?'

바운더리와 한계를 지키며 사는 생활 따위는 교회의 으뜸가는 관심사가 아닌 것처럼 보이는 경우가 있다. 하나님께 순종한다는 것이 당사자나 주위 사람들에게는 끔찍한 일로 비춰질 수도 있다. 정말 괜찮을까? 그래도 교회가 계속 성장할까? 괜히 그렇게 가르쳤다가 교인들이 모두 다른 이들과 동떨어진 채 나르시스처럼 자아도취적인 삶을 살게 되는 건 아닐까? 다윗 왕은 하나님께서 베풀어 주신 모든 선한 것들로 인해 말할 수 없이 감사하는 마음을 품고 있었다. 모든 일들이 다 잘 돌아가고 있었다. 왕권은 공고해졌고, 예루살렘은 하나님의 임재를 나타내는 법궤가 자리 잡은 명실상부한 수도로 우뚝 섰다. 백성들의 지지를 한 몸에 받고 있었으며 영감 있는 노래와 하나님을 경배하는 찬송들을 정기적으로 펴냈다.

다윗은 어떻게 해서든지 열방들에게 하나님을 알릴 수 있는 성전을 건축하고 싶어 했다. 나단 선지자도 그렇게 하라고 부추겼다. 하지만 하나님께서는 "안 돼"라고 말씀하셨다. 분명한 한계를 설정하신 것이다.

다윗 왕의 생애 가운데 이 시점은 절체절명의 순간이었다. 하나님을 심중에 두고 있는 진정한 왕의 자격이 있느냐 없느냐를 가름하는 대목이었기 때문이다. 이런 상황과 결정들은 우리에게도 똑같이 중요하다.

다윗의 실망과 당혹감이 얼마나 깊었을지 나는 짐작조차 할 수 없다. 그를 둘러싸고 있는 이방 족속들의 왕들이 뭐라고 하겠는가? 다들 자기들이 믿는 신들을 위해 허다한 신전을 건축하지 않았는가? 이방 왕들과 비교하면서 다윗은 스스로 형편없고 나약한 임금이 된 기분이었다.

성경은 다윗이 그 자리에 앉아 기도했다고 전한다. 얼마나 시간이 지났을까, 다윗은 하나님께서 주신 한계를 받아들이기로 결정했다. 눈에는 보이지 않지만 주님의 계획이 따로 있음을 신뢰하기로 한 것이다. "오직 우리 하나님은 하늘에 계셔서 원하시는 모든 것을 행하셨나이다"(시 115:3). "이 세상에는 주 우리의 하나님이 숨기시기 때문에 알 수 없는 일도 많다"(신 29:29, 표준새번역). 다윗은 하나님만이 하나님이 되실 수 있을 뿐, 인간이 그 자리를 대신할 수 없다는 사실을 절감했다.

다윗 왕은 하나님께서 부여하신 바운더리와 한계를 지켜 가며 사는 삶에 충실하려면 반드시 짚고 넘어 가야 할 핵심적인 문제, 즉 "하나님은 선하시며 진정으로 탁월한 분이신가?"라는 질문을 붙들고 씨름했다.

하나님께서는 너무도 뛰어난 분이시므로 우리로서는 다윗이 그랬던 것처럼 그분이 어디로 가시는지, 인생을 통해서 무슨 일을 하시려는지 짐작조차 할 수 없다.

다윗은 하나님의 뜻을 헤아리기에는 자신이 가진 지식의 폭이 너무 좁다는 사실을 인정했다. 오직 시간만이 현재 무슨 일이 벌어지고 있으며 어째서 하나님께서 그의 계획에 "안 돼"라고 말씀하셨는지에 대한 다윗의 피상적인 이해를 벗겨 줄 것이다. 하나님께서는 오랜 시간에 걸쳐 광대한 캔버스에 색을 입혀 가신다. 그러므로 영원이라는 시간 속에서만 주님을 이해할 수 있다.

다윗 왕은 하나님께서 주신 한계에 충실했으며 다음 세대에 성전을 건축하게 될 아들 솔로몬을 위해서 온갖 자재들을 비축했다. 하나님을 향한 절대적인 신앙과 신뢰가 없이는 불가능한 일이다. 이와 마찬가지로 정서적으로 건강한 교회의 교인들은 자신에게 주어진 한계를 선물이자 사랑의 표현으로 받아들임으로써 하나님의 선하심에 대한 신뢰를 드러낸다. 그러자면 때로는 삶에 대해 품고 있던 꿈과 기대를 내려놓아야 하는 슬픔을 감수해야 한다. 이제 정서적으로 건강한 제자와 교회로 성장하기 위한 다섯 번째 원칙, 슬픔과 상실감을 받아들이는 능력에 대해 살펴보자.

Chapter 10

원칙5 :
슬픔과 상실감을 받아들이라

정서적으로 건강한 교회에서는 교인들이 슬픔을 더욱 주님을 닮아 가는 과정으로 받아들인다. 무언가를 잃어버리고 마음 아파하는 경험이 제자로 거듭나는 데 결정적인 요소라는 사실을 정확하게 알고 있다. 오직 그 길을 통해서만 주 예수님처럼 긍휼히 여기는 마음을 가질 수 있기 때문이다.

지난날, 나는 해가 거듭 바뀌고 오랜 세월이 지나도록 상실감을 처리하지 않고 그냥 덮어 두고 살았다. 과거의 상실감이 지금까지도 관계 및 리더십 형성에 지대한 영향을 미치고 있음을 깨닫지 못했던 것이다. 나는 한시바삐 고통스러운 상황을 매듭지으려 했을 뿐이지만, 하나님께서는 상실감을 통해서 내 영혼의 폭을 넓히고 성숙시키고 싶어 하셨다. 결국 하나님께서 이기셨다.

영적인 폭은 고난을 통해 넓어진다

1991년 가을, 제럴드 싯처(Gerald Sittser) 부부는 두 살배기부터 여덟 살짜리까지 네 자녀를 미니 밴에 태우고 아이다호 주의 어느 한적한 간선 도로를 달리고 있었다. 제럴드의 어머니와 가까운 친구도 함께 나들이 길에 올랐다. 일행은 근처에 있는 인디언 원주민 보호구역을 탐방하러 가는 길이었다. 아이들 가운데 누군가가 학교에서 그런 과제를 받아 왔던 것이

263

다. 친구들의 입을 빌자면 싯처 일가는 '백만 불짜리 가족'이었다. 식구들은 마치 '세상을 다 가진 듯' 행복하게 살았다.

귀가 길, 집을 불과 10분여 앞두고 반대편에서 차 한 대가 바람처럼 질주해 왔다. 때마침 굽은 길이라 제럴드는 속도를 줄였지만, 상대편 차량은 시속 137킬로미터의 무서운 속도로 미니 밴의 정면을 들이받고 말았다. 사고를 낸 운전자는 술에 잔뜩 취한 상태였다. 눈 깜짝할 새에 제럴드는 3대를 잃었다. 어머니와 아내, 네 살배기 딸아이를 잃었던 것이다. 그는 당시를 이렇게 묘사했다. "내가 너무도 잘 알고 소중하게 여기던 식구들이 일순간에 사라져 버렸다."[1] 싯처는 인적 드문 도로에 주저앉아 사랑하는 가족들이 죽어가는 걸 그냥 지켜 볼 수밖에 없었다.

그런데도 상대편 차량의 운전자는 결국 무죄 판결을 받고 석방됐다. 명백한 사실에도 불구하고 심리 과정에서 그가 운전을 했는지 혹은 아내가 차를 몰았는지 확실히 입증할 수 없다는 이유였다.

싯처는 슬픔의 구렁텅이로 내려갔던 경험과 삶을 통째로 뒤바꿔 버린 엄청난 고통을 글로 펴냈다. 《하나님 앞에서 울다: 상실을 통해 우리 영혼은 어떻게 성장하는가?》(*A Grace Disguised*)라고 제목을 붙인 이 책에서 그는 다음과 같이 이야기한다.

끔찍한 상실은 너무나도 분명하게 각인되는 까닭에 좀처럼 거기서 헤어 나오기가 어렵다. 인간을 변모시키거나 파괴할 뿐, 이전과 똑같은 상태로 남겨 두지 않는다. 과거로 돌아갈 길은 없다. 그러므로 상실 탓에 전보다 못해진다는 건 사실이 아니다. 상실이 우리를 왜소하게 만들도록 방치하지 않는 한, 아무것도 남지 않을 때까지 영혼을 갉아 먹도록 허용하지 않는 한 상실을 통해 더 나아질 수도 있다. 나는 사랑하는 이들을 잃어버린 충격을 떨어 버린 게 아니다. 오히려 상실을 삶에 흡수해서 나의 일부가 되게 했다. 이제 슬픔은 마음에 영원히 자리를 잡고 점점 그 폭을 넓혀갔다. 사람은 자신에게 닥친 고난을 받음으로써 이웃의 고통을 알게 된다. 스스로의 영혼에 주목하게 되면서부터 내면을 살피게 된다. 슬픔은 고통스럽지만 영혼에 유익하다. 영혼은 풍선처럼 탄력적이다. 고통을 겪으면서 폭과 크기가 늘어난다.[2]

'깊은 슬픔과 영성 사이의 상관 관계'라는 생경한 문제를 붙들고 씨름하던 무렵, 누군가가 예일 대학 교수이자 신학자인 니콜라스 월터스토프(Nicholas Wolterstorff)[3]가 쓴 《나는 사랑하는 사람을 잃었습니다》(*Lament for a Son*)라는 책을 주었다. 오스트리아에서 일어난 등반 사고에서 스물다섯 살 먹은 아들 에릭(Eric)을 데려 가신 하나님에 대한 지은이의 성찰과 갈등이 조그만 책자를 가득 채우고 있었다.

월터스토프 교수는 하나님께서 무엇 때문에 그런 비극을 허락하셨는지에 대해 끝내 아무런 설명이나 응답도 얻지 못했다. 누구라서 그 비밀을 알 수 있겠는가? 하지만 깊은 통찰을 토대로 최종적인 결론을 내린다. "눈물의 프리즘을 통해서 나는 고통스러워 하시는 주님을 보았다. 하나님께서는 '나(내 얼굴)를 보고 살 자가 없음이니라'고 하셨다. 나는 늘 하나님의 빛나는 영광을 보고 살아 남을 사람이 없다는 뜻으로 생각했었다. 어떤 친구는 그 말씀이 '하나님의 슬픔을 보고 살 수 있는 이가 없다는 뜻일지도 모른다고 한다. 아니, 어쩌면 하나님의 슬픔은 곧 그분의 영광인

지도 모른다."⁴

깊은 슬픔을 통한 성숙

북미와 유럽의 크리스천들 가운데는 슬픔과 고통을 제대로 이해하는 이가 많지 않다. 하나님과 자신, 그리고 건강한 공동체 가운데 사는 삶에 슬픔과 고통이 얼마나 중요한지에 대해서는 더욱 그렇다.

하지만 상실을 슬퍼하는 법을 얼마나 제대로 터득하고 있느냐는 하나님과의 관계는 물론 다른 이들을 긍휼히 여기는 마음의 깊이와 질에 직접적인 영향을 미친다.

일생을 살면서 마주치게 되는 수많은 상실들을 생각해 보자. 자녀의 죽음, 배우자와의 때 이른 사별, 갑자기 닥쳐 온 신체장애, 이혼, 성폭행, 정서적·성적 학대, 치료가 불가능한 암, 불임, 깨져 버린 평생의 꿈, 자실, 사랑하는 이의 배신, 난데없이 드러난 역할 모델의 치부 등 견딜 수 없을 만큼 통렬한 상실들이 적지 않을 것이다.

때로는 상실감이 주변에서 벌어지는 돌발적이고 충격적인 사건들에서 비롯되기도 한다. 2001년 11월, 자살특공대원과 무고한 승객들을 가득 채운 항공기가 고층 건물로 돌진해서 무려 3천여 명이 목숨을 잃은 사건이 벌어진 뒤로 수많은 뉴욕 시민들이 1년이 넘도록 정신적인 외상(trauma)에 시달렸다. 통상적으로 이런 상황에서는 일정 기간 동안 깊은 슬픔에 잠기더라도 누구나 그럴만하다고 생각한다.

그러나 일견 '사소해 보이는' 상실이라도 당사자에게는 똑같은 크기의 슬픔을 준다. 무작정 틀어 막고 부정하면 무거운 돌을 차곡차곡 몸에 올려 놓는 것처럼 영혼을 짓누르게 된다. 그런 상실감들을 오랜 시간 방치해두는 경우, 하나님이나 이웃들과 자유롭고 솔직한 교제를 갖는 데 장애물로 작용하기 십상이다.

이제 이른바 '자연적인 상실'(natural losses)에 대해 이야기 해보자. 고등학교나 대학을 졸업하면 누구나 재정적·정서적 안정성을 상실한다. 젊고 팽팽하던 피부는 주름이 가고 나이를 먹게 된다. 이리저리 이사를 다니면서 옛 친구들은 차츰 멀어진다. 대인관계는 마음먹은 대로 풀리지 않는다. 아이들은 나이가 들어갈수록 독립적이 된다. 교회에서 가지고 있던 리더십에도 변화가 온다. 조부모들이 세상을 떠난다. 소중하게 여기던 사진들이 불에 타기도 하고 잘 따르던 애완동물이 차에 치어 죽기도 한다.

사산이나 유산, 낙태 등 잘 드러나지도 않고 무어라 규정하기도 어려운 상실도 있다. 공적인 영역과 사적인 영역, 급진과 점진을 연결하는 연장선 어느 지점에서 상실이 일어나는지가 중요한 게 아니다. 상실은 그저 상실일 뿐이다. 상실은 삶에서 일상적으로 일어나는 일일 뿐 예외적인 사건이 아니다.

하나님께서는 한 사람 한 사람을 모두 독특하고 특별하게 지으셨다. 기질과 살아온 내력은 저마다 다르다. 다른 이들에게는 별 것 아닌 상실이 누군가에게는 치명적인 것일 수 있다. 똑같은 상실에도 반응은 사람마다 다르게 마련이다. 예를 들어 집에서 키우던 애완동물이 죽었다고 치자. 가족 중 누군가에게는 커다란 상실이겠지만 대수롭지 않게 넘겨 버리는 식구도 있을 것이다.

누군가 마음이 상해서 교회를 떠났을 때, 우리 교회 부교역자들은 충격적이리만치 다른 반응을 보인다. 그 일을 마음 깊이 담아 두는 부교역자들이 있는가 하면, 현실을 받아들이고 가볍게 지나가는 이들도 있다. 이처럼 기질은 사람마다 모두 다르다.

상실에 대해서 남들이 자신이 겪은 것만큼 영향을 받지 않는다고 해서 스스로 경험한 사실이 달라지지는 않는다. 예를 들어서, 아내는 인구 8백만이 넘는 대도시 뉴욕에서 아이들을 키우고 있다는 사실을 대단히 가슴 아프게 생각한다. 인구 밀도가 높고, 기회가 많으며, 세계 각지에서 몰려든 이들이 북적대는 다문화적인 도시에서 자녀를 양육하는 것도 유익한 점이 많다는 점을 몰라서가 아니다.

아내는 자신이 성장했던 고향 마을처럼 조그만 시골 공동체에서만 얻을 수 있는 풍부한 경험들을 자식들에게 제공해 줄 수 없음을 아쉬워하는 것이다. 그러나 내게는 그런 종류의 상실감이 없다.

열한 살짜리 외동딸이 대낮에 피살될 당시, 마틴은 캐롤과 결혼하기로 약속하고 한창 달콤한 미래를 꿈꾸고 있었다(지금은 플로리다에 살고 있지만, 둘 다 뉴 라이프 펠로십 교회의 교인이었다). 마틴의 딸은 친구들을 만나러 스케이트장에 가던 길이었다. 사건이 벌어지고 17년이나 지난 얼마 전, 당국에서는 용의자를 살인혐의로 기소했다. 하지만 마틴과 캐롤의 삶은 그 분별없는 만행이 일으킨 폭풍에 휘말려 이미 산산조각이 나고 말았다.

여태까지 살아오면서 나는 그렇게 커다란 슬픔을 맛본 적이 한 번도 없다. 하지만 적어도 어느 정도까지는 그들의 고통에 공감할 수 있다. 하나님께서 나 역시 내 몫의 아픔과 슬픔을 겪도록 하셨기 때문이다. 결국 누구에게나 통하는 보편적인 원칙은 인간은 모두 슬픔을 겪게 마련이고 아파하면서 성장하도록 되어 있는 것 하나뿐이다.

슬픔을 억누르려 하지 말라

한때는 슬퍼한다는 행위 자체가 그리스도를 섬기는 길을 가로막는 장애물이라고 믿었다. 쉽게 말해서, 하나님을 위해 '세월을 아끼지'(엡 5:16) 못하게 만드는 일종의 시간낭비처럼 보였다. 슬퍼할 만한 일이 있을 때마다 마음속으로 다짐했다. "꾹 참고 이겨내야 해!" "용서하고 잊어야 한다. 성경에서도 그러라고 가르치지 않는가. 하나님께서도 그렇게 하셨고" 라고 말하기도 했다.

최소한 내게 있어서 마음 놓고 슬퍼하지 못하게 만드는 커다란 훼방꾼은 스스로 자신과 교회의 다른 이들에게 고통을 줄 만한 상황을 만들어내는 요인이 되고 있다는 점이었다. 내가 뿌린 씨를 직접 다시 거뒀다고나 할까? 그리고는 "이미 엎질러진 물인데 슬퍼하면 뭘 해?"라고 스스로 타일렀다. "잘못된 걸 바로잡고 그냥 앞으로 나가는 거야!" 그런 터에 자신이 일으킨 혼란에 대해서 제대로 슬퍼하고 좌절감을 느낄 여지가 어디에 있었겠는가?

의기소침한 기분이나 분노, 슬픔, 하나님에 대한 회의 따위를 서둘러 수습하지 않는다면 자신을 올바르게 통제하는 능력이 부족함을 드러내게 될지 모른다는 생각도 마음을 불편하게 했다. 때로는 삶이라는 자동차가 낭떠러지로 돌진하는 순간에 과연 하나님께서 운전대를 대신 잡아주실지 확신이 서지 않았다. 그래서 핸들을 놓을 수가 없었다. 슬퍼도 슬퍼할 수가 없었으므로 달이 가고 해가 가도록 상실감을 적당히 감춰 두고 살았다. 그것들이 오래도록 관계 및 리더십 형성에 커다란 영향을 미친다는 사실을 인식하지 못했던 것이다.

예를 들어 보자. 뉴 라이프 펠로십 교회가 새로 빌딩을 얻어 예배당을 옮기기로 결정했을 때, 일부 갈등하는 교인들이 있었다. 그들은 도무지 마음이 편해지지 않는 것부터가 이사를 하는 게 하나님의 뜻이 아니라는 증거라고 생각했다. 사실은 하나님께서 여러 차례 놀라운 일을 행하셨던 유서 깊은 장소를 떠나게 된 걸 슬퍼할 시간과 기회가 필요했을 것이다.

하지만 어느 구석방에서 하나님을 만났던 젊은 시절, 어린 자녀들을 하나님께 의탁했던 일, 소예배실에서 열리곤 했던 결혼식 등을 떠올리며 낡은 건물을 구석구석 돌아보는 대신, '하나님의 다음 사역'을 방해하거나 기꺼이 참여할 뜻이 없는 듯한 태도를 보였던 것이다. 그들이 진정으로 원했던 건 기도하면서 하나님께서 그곳에서 베풀어 주신 모든 일에 감사드리고 작별을 고할 기회였다.

또 다른 사례들도 있다. 우리는 어버이 주일을 기념할 줄만 알았지, 불임 부부라든지 독신 여성들에게는 그날이 일 년 중 가장 힘든 하루가 된다는 사실에 둔감하기 일쑤다. 한 해 한 해, 자녀를 갖게 될 가망이 점점 줄어들수록 아픔은 점점 더 심해진다.

아이를 유산하고 슬퍼하는 이들에게는 하루라도 빨리 마치 아무 일도 없었던 것처럼 일상으로 복귀하라고 충고한다.

사람 좋고 성실했던 교인이 먼 곳으로 이사를 가는데도 그것을 슬퍼하고 애석해 하는 걸 죄스럽게 생각한다. 소그룹에서 그런 얘기가 나오면 다들 빌립보서 4장 4절(주 안에서 항상 기뻐하라. 내가 다시 말하노니 기뻐하라)이나 데살로니가전서 5장 18절(범사에 감사하라)을 인용하기 바쁘다.

끔찍한 과정을 거쳐 이혼을 하고도 그 엄청난 상실을 슬퍼할 겨를도 없이 마음에 드는 상대가 나타나기가 무섭게 '그래, 모든 것이 합력하여 선을 이루는 것이니까'(롬 8:28) 라고 생각하는 이도 있다.

어느 젊은이는 20대에 들어서서 난생처음 스스로의 과거를 낱낱이 돌아보다가 지난 18년 동안 입양아로서 학대받고 방치되었던 기억과 부딪혔다. 하지만 주위에서는 과거 등은 모두 잊어 버리고 하나님 아버지와 친밀한 교제가 시작되었으며 주님의 가정에 새로 입양되었다는 사실에 집중하라고 권유했다. 결국 젊은이는 영적으로나 정서적으로 성장을 가로막는 장애물을 제거해 버릴 좋은 기회를 놓치고 말았다.

<u>피상적인 용서를 경계하다</u>

용서는 하루 아침에 마무리되는 과정이 아니다. 마음으로부터 우러나서 진정으로 누군가를 용서하려면, 우선 상대방 때문에 입은 상실에 대해 슬퍼하는 마음을 스스로 억누르지 말아야 한다. 용서란 단지 의지적인 행위일 뿐이라고 얘기하는 사람들은 슬픔을 제대로 모르는 이들이다.

예수님께서는 우리를 용서하시면서 "그렇습니다. 저들 역시 나름대로 최선을 다했을 겁니다. 자기들로서도 어쩔 수 없었겠지요"라고 말씀하시지 않는다. 감정을 외면하지도, 무시하지도 않으셨다. 도리어 인간의 배신과 변덕스러움, 주님을 맞아들이고 싶어 하지 않는 마음을 통감하셨다. 그런 까닭에 외롭게 십자가에 달리신 예수님은 이렇게 부르짖으신다. "아버지 저들을 사하여 주옵소서. 자기들이 하는 것을 알지 못함이니이다"(눅 23:34).

용서의 절차에는 늘 슬퍼하는 과정이 포함된다. 용서를 해주는 입장이든 용서를 구하는 입장이든 마찬가지다.

나에게는 열심히 돌보던 스페인어권 교인들 사이에 분열이 일어나서 4년 동안이나 열심히 키우고 먹이던 양들이 200명씩이나 교회를 떠났던 기억이 또렷하게 남아 있다. 스페인어권 출신들을 위한 교회를 세우기 위해 나는 많은 사랑과 땀, 에너지와 기도를 투자했었다. 당시에는 상실을 슬퍼할 만한 시간이나 공간, 거기에 대한 이해가 없었을 뿐더러, 그렇게 교회를 분열시킨 부교역자를 의지적으로 용서하려고 노력하면 할수록 분노의 골은 더욱 깊어만 갔다. 분주하게 돌아다니며 설교하고, 가르치고, 지도하면서 교회를 세워갔지만 내면적으로는 상대를 용서하지 못한다는 죄책감에 짓눌려 있었다.

어느 교인이 바로 내가 가르쳤던 내용을 들이대던 생각이 난다. "목사님이 말씀하시기를, 우리가 원수를 용서하지 않는 한 하늘에 계신 하나님께서도 우리를 용서하지 않을 거라고 하셨잖아요? 그런데 어째서 목사님은 떠난 사람을 용서하고 지나가지 않으십니까?"

괴로워서 미칠 것만 같았다. 나는 용서하는 데도 과정이 있다는 점을 이해하지 못했었다. 먼저 자신의 고통을 인정한 뒤에야 상대를 성숙하게 용서할 수 있다는 사실을 깨닫지 못했다.

용서란 일종의 여정(旅程)과도 같아서 상처가 깊을수록 가야 할 길도 멀어진다는 것도 몰랐다. 누군가를 마음으로부터 용서하기란 너무나, 너무나도 힘들어서 하나님께서 기적을 베풀어 주시지 않는 한 불가능에 가깝다는 사실도 몰랐다. 고통스럽고 끔찍한 눈앞의 현실을 부정하는 듯한 태도를 취하면서 날로 커져가는 교회와 하나님에 대한 분노를 감추고 있었던 것이다.

루이스 스미즈(Lewis Smedes)는 피상적인 용서의 위험성을 다음과 같이 정리했다.

> 치유해야 할 아픔이 있음을 인정하기 전까지는 억울하게 당하는 고통에서 헤어나는 길로 접어들 수 없다. 고통을 느끼는 것만으로는 충분치 않다. 그 고통을 자신의 것으로 받아들여야 한다. 고통을 의식하고, 기꺼이 떠맡으며, 스스로의 소유로 삼아야 한다. 너무 빨리 용서하는 이들을 보면 걱정이 앞선다. 자기 괴로움을 덜고 싶어서 얼른 용서해 버리는 경우가 허다하기 때문이다.[5]

깊은 슬픔에 빠진 이들이 더러 분별없는 죄를 저지르는 까닭은 이제는 알 것 같다. 어떻게 해야 당장 벌어지고 있는 고통스러운 상황에서 벗어날 수 있을지 모르고 있기 때문이다. 슬퍼하는 법을 모르고 있다는 뜻이다.

1단계: 자신의 슬픔에 관심을 기울이다

널리 알려진 대로 엘리자베스 퀴블러로스(Elizabeth Kubler-Ross)는 죽음에 대한 반응을 고립, 분노, 타협, 우울, 수용의 다섯 단계로 규정했다.[6] 물론 그것도 도움이 되기는 하지만, 여기서는 다윗이 상실과 슬픔에 대해 보인 반응을 모델로 삼으라고 추천하고 싶다.

다윗은 상실과 슬픔에 대처하면서 우선 관심을 기울이고, 한동안 혼란 가운데 살다가, 옛것이 새로운 것을 낳게 하는 3단계를 거쳤다. 한 단계는 다른 단계와 관련해서 이해할 필요가 있으며 아무도 전모를 파악할 수 없는 광대하고 복잡한 무언가의 일부로 파악해야 한다.

탄식하는 시인, 다윗

다윗은 '하나님 마음에 합한 사람'으로 유명하다(삼상 13:14, 행 13:22). 하지만 이런 평판이 끊임없이 상실과 실망, 죽음의 위협에 대해 관심을 기울였던 다윗의 행태와 밀접한 관련이 있다는 사실을 인식하는 사람은 많지 않다. 배신하고 떠난 부교역자 때문에 슬퍼했던 나와는 달리, 다윗은 늘 다른 종류의 슬픔을 이야기하고 노래했다.

사울은 백성들 사이에서 인기가 높은 다윗에게 위협을 느끼고 짧게는 10년, 길게는 12년씩이나 그의 목숨을 노렸다. 그럼에도 불구하고 다윗은 사울을 깊이 사랑하고 존경했다. 다윗은 사울의 아들 요나단의 가장 좋은 친구이기도 했다. 두 사람은 하나님과 진리에 대한 사랑을 토대로 여러 해에 걸쳐 아름다운 우정을 쌓았다.

다윗이 아직 광야에 머물던 시절, 사울과 요나단이 블레셋 족속과 싸움을 벌이던 중에 전사했다. 40여 년에 걸친 사울 왕의 치세가 끝나고 다윗 시대가 열리는 사건이었다. 다윗은 그 소식에 접하고도 즉시 하나님께서 마련해 두신 다음 단계(이스라엘의 왕좌에 오르는)를 밟으려 하지 않았다. 그는 깊이 슬퍼하고 애곡했다. 블레셋 족속들이 환호할 걸 생각하면 견딜 수가 없었다.

다윗은 그 참혹한 사건에 대해 감동적이며, 아름답고, 섬세한 애가(哀歌)를 썼다.

이스라엘아 너의 영광이 산 위에서 죽임을 당하였도다. 오호라 두 용사가 엎드러졌도다. 사울과 요나단이 생전에 사랑스럽고 아름다운 자러니 죽을 때에도 서로 떠나지 아니하였도다.

시인은 참사를 생각하며 세 번씩이나 탄식을 쏟아낸다. "오호라 두 용사가 엎드러졌도다!" 슬픔에 사로잡힌 다윗은 요나단을 대면한 듯 이야기한다. "내 형 요나단이여, 내가 그대를 애통함은…"(삼하 1:17-27).

하나님의 백성에게 슬픈 노래를 가르치라

실제로 다윗 왕은 이스라엘 백성들에게 자신이 쓴 애가를 함께 부르자고 주문했다. "이스라엘 딸들아 사울을 슬퍼하여 울지어다." 상상이 가는가? 다른 이들도 함께 눈물 흘리며 이스라엘이 입은 엄청난 상실을 슬퍼해 주기를 기대하고 있는 것이다. 다윗은 이스라엘 중에서 소중한 것이 사라졌으며 다시는 되찾을 수 없다는 사실을 잘 알고 있었다.

다윗은 또한 유다 족속들에게 애가를 가르치라고 명령했다(삼하 1:18). 혼자만의 비가(悲歌)가 아니라 누구나 공감하는 애가로서 모든 백성이 배우고 기억하며 부르게 되기를 원했던 것이다.

이런 애가를 주일 예배 시간에 하나님 앞에서 불러 보았는가? 상실과 슬픔이 얼마나 중요한지, 어떻게 그것들을 하나님께 드리는 예배에 통합할 것인지 배운 적이 있는가? 마지막으로 슬픔과 애곡에 대한 메시지를 전하거나 들어 본 게 언제인가?

어째서 다윗은 백성들에게 하던 일을 멈추고 주목하라고 요구했는가? 백성들이 사울과 요나단의 죽음에 대해서 슬픔을 표출하기를 원했던 까닭은 무엇인가? 그것 말고도 새로운 통치를 시작하기 위해 해야 할 일이 산더미 같이 쌓여 있지 않았는가?

다윗은 슬픔을 해소하는 일이 영적인 성숙과 밀접하게 연결되어 있음을 정확하게 이해했다. 다음 단계로 넘어가기 전에 상실을 슬퍼할 여유를 갖는 것이 인간을 더욱 깊어지게 만든다는 점을 잘 알았다. 시종일관 본질을 놓치지 않으며 거기에 따른 고통을 감수하는 자세가 얼마나 중요한지를 제대로 보고 있었던 것이다.

뉴 라이프 펠로십 교회의 경우, '슬픈 노래를 가르치기' 위해서는 속도를 늦출 필요가 있었다. 나는 여러 교역자들을 통솔하는 리더의 역할을 다른 부교역자에게 넘겨 주었고 더 이상 그 영역에 대해서 전혀 생각하지 않았다. 새로 리더를 맡은 교역자는 이끌고 지도하는 은사가 나보다 썩 뛰어났다. 물론 당사자는 긴장했지만 오히려 긍정적인 현상이라고 판단했다. 사실 오랜 시간이 흐르면서 부교역자들이 나의 지도 방식과 회의 진행에 익숙해진 터였다. 얼마나 오랫동안 부교역자로 일했는지, 또는 특정한 일에 얼마나 익숙한지에 따라 어느 한쪽이 다른 쪽보다 더 나은 평가를 받는다면 그건 '상실'이 아닐 수 없다.

누군가 교회에서 멀어지거나 멀리 떠날 때, 일단 멈춰 서서 상실감을 느끼는 게 중요하다는 사실은 이미 이야기한 바 있다. 목회의 꿈을 펼치지 못하거나 기회가 오지 않을 때 역시 물밑에 잠겨 있는 내면적인 삶으로 눈을 돌리고 하나님 앞에서 실망감을 체험하는 과정이 필수적이다.

새로운 프로그램이나 사역에 대한 비전을 품고 있지만 실행하지 못하는 상황이라면 스스로의 한계에 대해 깊은 슬픔을 느끼고 주님 앞에 겸손해야 한다.

시편에 주목하라

역사를 통틀어 시편이야말로 성경 66권 가운데 가장 사랑받는 책이다. 거기에는 그만한 이유가 있다. '탄식 하나에 시편 하나'라고 할 만큼 인생의 거의 모든 장면을 담아냈기 때문이다. 성경에서 가장 긴 책이기도 시편에는 찬양의 시, 감사의 시, 지혜의 시, 회개의 시는 물론 회의를 표현하는 시까지 망라하고 있다.

대다수 시편은 밝은 분위기가 아니다. 버나드 앤더슨(Bernard Anderson)이 지적한 것처럼, "시편에는 애가의 숫자가 다른 종류의 시가를 압도한다."[7] 150편에 이르는 시편 가운데 절반 이상이 애가의 범주에 속한다. 그리고 전승에 따르면 그 대부분을 다윗이 썼다고 한다.

시편의 애가들은 삶이란 험하고, 고되고, 경우에 따라서는 잔인한 것이라는 현실에 주목한다. 마치 하나님이 존재하지 않는 듯한 상황에 눈을 돌린다. 환경이 우리 귀에다 "하나님은 선한 분이 아니야"라고 말하는 것만 같은 정황을 이야기한다. 주님께서 위로를 베푸시고 돌보아 주시기를 눈물로 호소한다.

시편의 애가들은 하나님의 고결하고 한결같은 사랑을 붙들고 씨름한다. 정말 선하시고 사랑이 많으신 하나님이라면 어째서 이런 상황을 보고만 계시는가?

- "내가 어찌하여 원수의 억압으로 말미암아 슬프게 다니나이까?"(시 43:2)
- "그의 인자하심은 영원히 끝났는가? 그의 약속하심도 영구히 폐하였는가? 하나님이 그가 베푸실 은혜를 잊으셨는가?"(시 77:8-9)
- "내 눈물이 주야로 내 음식이 되었도다"(시 42:3).
- "주께서 나를 깊은 웅덩이 어둡고 음침한 곳에 두셨사오며, 주의 노가 나를 심히 누르시고 주의 모든 파도가 나를 괴롭게 하셨나이다"(시 88:6-7).

고통에 주목하라

슬픔과 관련해서 많은 이들이 고통을 부정하는 문화에 젖어 있다. 상실과 고통을 부정하기 위해서 사용하는 가장 흔한 방법은 각종 중독을 통해 스스로 통증을 달래려는 노력들이다. 현대인들은 일, 텔레비전, 약물, 알코올, 쇼핑, 탐식(貪食), 무의미한 활동들, 성적인 편력, 불건전한 관계에 대한 집착 따위는 물론이고 교회에서 쉴 새 없이 다른 이들을 섬기는 봉사 등 삶의 고통을 덜어 주는 일이라면 닥치는 대로 달려 든다.

그러다 보면 세월이 갈수록 삶 가운데서 만나는 역경과 상실, 거절과 좌절들을 부정하고 회피하게 된다. 크리스천들에게는 스스로의 실패와 낙심을 축소해서 보려는 경향이 다분하다. 결국 어떻게 되었는가? 오늘날, 여러 모로 형편이 좋은 북미 지역의 크리스천들만 하더라도 고통에 직면하는 능력이 현저하게 떨어지는 걸 볼 수 있다. 이것은 다시 피상적인 감정과 깊은 동정심의 결핍으로 이어지게 마련이다.

우리 문화는 비극과 상실을 대단치 않은 것으로 몰아간다. 매일 밤,

뉴스에서는 범죄와 전쟁, 기근, 살인, 자연 재해를 다룬 화면을 보여 준다. 사실을 전달하고 분석하지만 애통해 하는 흔적은 찾아볼 수 없다.

슬픔을 받아들이는 국가적인 수용력은 바닥이 난 상태다. 어떻게 하면 아무 문제가 없는 상태를 유지하고 만사 뜻대로 풀어 나갈 수 있을지 전전긍긍한다. 삶에 상실이 끼어들면, 하나님을 원망하고 다른 은하계에서 외계인이 침입하기라도 했다는 듯 대처한다. 우리 문화에 우울증이 만연되고 신경쇠약과 불안을 치료하는 약물이 폭발적으로 늘어나는 상황은 이상한 일이 아니다.

이것은 비성경적인 일이며 보편적인 인간성을 부정하는 처사다. 고대 히브리인들은 옷을 찢고 굵은 베옷을 입으며 재를 뒤집어쓰는 등 가시적으로 슬픔을 표현했다. 예수님께서 '심한 통곡과 눈물로 간구와 소원'을 올렸다(히 5:7). 성경의 기록에 따르면, 노아 시대에는 하나님께서 인간의 타락함을 보시고 '한탄하사 마음에 근심'하셨다고 전한다(창 6장). 예레미야는 여섯 차례에 걸쳐 목전에 닥친 상황들을 하나님 앞에 고백하며 애통해 했다. 예루살렘이 멸망한 뒤에 그의 탄식은 한 권의 성경책을 이루었는데, 그것이 예레미야애가다.

예수님처럼 괴로워하고 슬퍼하라

'간고를 많이 겪은'(사 53:3) 예수님께서 다음과 같이 행동하셨다면 어땠을지 상상해 보라.

- 나사로의 무덤에 가셨을 때, 눈물을 흘리시는(요 11:35) 대신 "자, 다들 울음을 그쳐라. 슬퍼할 필요 없다. 내가 고쳐 주마"라고 말

씀하셨다면 어땠을까?

- 예루살렘을 바라보며 이렇게 기도하셨더라면 어땠을까? "암탉이 병아리를 모으듯이 너희를 모으려 했었다. 하지만 너희들은 고집을 부리며 하나님께 등을 돌렸다. 그러니 유감스럽지만, 이제 너희들을 버려 두고 내 갈 길을 갈 수밖에 없구나."
- 십자가에 못 박힌 채 "나의 하나님 어찌하여 나를 버리셨나이까"라고 부르짖는 대신 군중들을 향하여 "하나님은 위대하시다! 주님이 승리하시리라! 여호와를 찬양하라!"고 외치셨다면 어땠을까?

성경을 보면, 하나님께서 좋아하시는 반응은 작위적이거나 속마음을 감추는 태도가 아님을 알 수 있다. 주님께서는 상실과 실망은 물론이고 거기에 따르는 모든 혼란스러운 감정들에 정직하게 기도하면서 대처하는 자세를 직접 모범을 보여 가며 가르쳐 주셨다. 성경은 주의를 기울이라고 명령한다. 슬픔은 완전하고 균형 잡힌 영성을 이루는 데 필수적인 요소다.

그런 자세를 갖는다 해도 힘들고 고통스러운 현실이 우리 삶에 끼어드는 것 자체를 막을 수 있는 건 아니라는 사실을 다윗(시편 기자)이나 예레미야(애가의 저자)가 정확히 알고 있었는지는 분명치 않다. 하지만, 피할 수 없는 손실들을 통해서 인간이 어떻게 변하고 성장하는지 알고 있었기에 그처럼 대대로 이어 부를 노래와 시가들을 써내지 않았겠는가?

과거에 대해 죽었음에 주목하라

예수님께서는 크리스천이 성장하는 과정을 이렇게 정의하셨다. "한 알의 밀이 땅에 떨어져 죽지 아니하면 한 알 그대로 있고 죽으면 많은 열매를 맺느니라"(요 12:24). 한 삶이 죽음으로써 이전과는 전혀 다른 삶으로 들어가는 문을 여는 과정으로 보신 것이다.

그러자면 먼저 죽음이라는 절차를 거쳐야 한다. 때로는 무언가에 주의를 집중하는 고통스러운 방식을 통해서 그 절차가 시작된다. 하지만 거기에 관심을 쏟을 때 새로운 일이 시작된다.

비앙카(Bianca)는 아주 어려서부터 나쁜 꿈에 시달려 왔다. 열한 살 때 벌써 성적인 꿈을 꾸며 가위에 눌렸던 기억이 있을 정도였다. 그럴 때마다 왠지 자신이 더럽다는 느낌이 들어 잠을 이룰 수가 없었다. 하지만 그때까지만 해도 아직 어려서, 지난날 가까운 친척에게 상습적으로 성추행과 성폭행을 당한 결과 그런 악몽을 꾸게 됐다고까지는 생각지 못했다.

스스로 불안감에 휩싸여 있다는 사실조차 인식하지 못한 채 어른이 된 비앙카는 본인은 물론이고 다른 이들의 성적인 관계까지 불쾌한 것으로 여겼다. 성장 과정에서 서너 사람에게 과거에 겪은 일들을 털어놔 봤지만, 아무도 문제 해결에 도움을 주지 못했다. 심지어 "괜찮아. 그냥 너를 시험해 보느라 그랬을 거야"라고 얘기하는 이도 있었다. 비앙카는 더 이상 아무에게도 지난날의 아픔을 꺼내 놓지 않았다.

비앙카는 자신이 받은 성적인 학대를 잊을 수가 없었다. 어떻게 그 기억을 묻어 버릴 수 있겠는가? 굳이 떠올리려 하지 않아도 과거의 상처가 언제나 뇌리를 떠나지 않았다.

1989년, 비앙카는 뉴욕 시에서 가장 큰 학군에 소속된 어느 학교 교육위원회에 일자리를 얻었다. 주민의 95퍼센트 이상이 빈곤선(poverty line) 이하인 지역에 세워진 학교였다. 악몽이 고스란히 되살아났다. 별다른 보호를 받지 못하고 위태롭게 사는 학생들을 볼 때마다 끔찍했던 자신의 어린 시절이 떠올랐다. 다시 폭력과 성폭행, 불안 따위가 범벅이 된 꿈을 꾸기 시작했으며 급기야 불면증이 찾아왔다.

비앙카는 열두 살 때부터 성경공부와 기도 모임에 열심히 출석하는 성실한 크리스천이었지만, 삶의 구석구석까지 비통한 느낌에 짓눌린 채 하루하루를 보냈다. 교회는 주로 비앙카의 능력과 섬김에 관심을 가졌다. 사실 그녀는 다채로운 은사의 소유자였다. 비앙카로서는 누구에게도 자신이 내면적으로 죽을 만큼 힘들다는 얘기를 할 수 없었다. 교회 지도자들 가운데서 스스로의 상처와 약점, 혼란이나 극심한 고통을 나누는 모범을 보여 주는 이는 아무도 없었다. 만사에 그저 "하나님을 찬양, 주님은 의로우시니!"를 되풀이할 뿐이었다.

비앙카가 섬겼던 하나님은 신뢰할 수 없는 하나님, 멀리 떨어져 계신 하나님, 그녀가 가진 재능에만 관심이 있는 하나님이었다. 비앙카에게는 자신이 결국 매춘부 신세가 되고 말 것이라는 강박관념이 있었다. 주일이면 자식들이 자신을 찾아서 기차역을 뒤지고 다니는 상상을 하면서 하루 종일 서럽게 눈물짓기 일쑤였다.

그토록 산산이 깨져 버린 삶이 다시 제 모습을 찾을 수 있으리라는 생각이 들지 않았다. 겉으로 내보이지는 않았지만 속으로는 깊이 회의했다. '폭행을 당해 곧 죽을 것만 같던 그 밤에도 하나님께서 나를 보고 계셨을까? 그렇다면 어째서 당장 달려와서 구해 주지 않으셨던 걸까? 하나님도 공범인가?'

자포자기하는 심정으로 비앙카는 가슴속 깊은 슬픔을 쏟아 놓을 안전한 은신처를 찾아갔다. 친구를 통해 알게 된 크리스천 상담가였다. 거기서 비앙카는 어린 소녀 시절, 온전한 자아가 유린당했던 상처를 더듬어 돌아보며 깊은 슬픔을 체험할 수 있었다. 유년기에 친척에게 끌려 다니며 겪었던 죽음과도 같은 혼돈과 암흑 속으로 되짚어 들어갔다. 드디어 분노를 가둬 두었던 저수지의 수문이 활짝 열렸다. 복잡한 감정들과 얼어붙었던 분노가 광기와 우울의 형태로 분출됐다. 언뜻 상황이 더 악화되는 것처럼 보일 정도였다.

때마침 예배 중에 과거에 성적인 상처를 받은 이들을 초청하는 시간이 있었는데, 비앙카도 그 기회에 주님의 부르심을 받아들였다. 그리고 믿을 수 있는 가까운 친구들에게 스스로 마음을 열고 내면의 갈등을 고백했다. 열심히 봉사해서 하나님의 인정을 받으려던 생각을 버리고 사랑과 은혜의 복음을 붙들고 살기 시작했다. 그렇게 되기까지는 실로 긴 시간이 필요했다.

비앙카의 심령에는 무엇으로도 메울 수 없는 커다란 공백이 남았다. 친척에게 학대를 받는 동안 그녀의 내면에서 무언가가 사라져서 다시는 되돌릴 수 없게 돼버렸던 것이다. 하지만 이제 비앙카는 온전함을 찾아가는 여정에 들어섰다. 물론 아직까지 목적지에 도착하지는 못했다. 가끔씩은 성폭행이 남긴 상처들이 불쑥 튀어나오기도 하고 거기에 발목이 잡혀 주저앉기도 한다. 어린이들을 대상으로 한 범죄가 일어날 때마다 고통스러운 기억이 떠오른다.

그럼에도 불구하고 비앙카는 꾸준히 그리스도와 동행하고, 주님을 사랑하며, 그분을 섬기고 있다. 힘든 여정을 계속하면서 깊이를 갖게 되었으며 복음을 분명하게 받아들였다.

두드러지지는 않지만 대단히 효과적인 방식(워십 댄스, 소그룹 참여, 지혜와 분별의 은사 등)으로 교회에 여러 가지 가르침과 통찰력을 제공하기도 한다. 그녀의 표현을 빌자면 '우리의 신학을 깨끗하게 하는' 일을 감당하고 있는 것이다. 비앙카는 이렇게 말한다. "드디어 제 삶에도 온전함을 찾을 서광이 비치는 것 같습니다."

2단계: 혼란스런 중간 시간을 견디라

하나님께서 예수님의 인성을 통해 '중간적인 시간'의 모범을 보여주셨다. 성금요일의 십자가 사건(예수님의 죽음)과 오순절(새로운 역사의 시작) 사이의 시간이 그것이다. 예수님께서 부활하신 뒤에도 제자들은 여전히 혼란스럽고 어리둥절했다. 하나님이 어떤 분이신지, 그분의 계획은 무엇인지, 장차 자신이 어떻게 될 것인지 등에 대한 기존 관념에 일대 변혁을 겪는 중이었다. 옛것을 묻어버리고 새것으로 가는 길을 내는 시기였던 셈이다.

신학 교수이자 저술가인 월터 브루그만(Walter Brueggemann)은 시편을 원형(orientation), 변형(disorientation), 새로운 형태(reorientation)의 세 가지 유형으로 구분할 수 있다고 말한다.

우선 '원형'에 해당하는 노래들이 있다. 하나님과 그분의 창조 사역, 주님의 축복들을 즐거워하며, 여호와의 의로우심 안에서 기뻐하고, 넘치는 행복감과 희열을 이야기하는 시가(詩歌)들이다. 두 번째는 '변형'의 노래들인데, 생존 기반이 무너지고 도대체 어떻게 된 영문인지 알 수 없던 시절에 기록된 시편들이다. 이때는 혼돈이 넘치는 중간적인 시기로 자주 회의와 분노, 고립감과 절망감을 느끼게 된다. 세 번째는 '새로운 형태'의 노래들로서, 하나님께서 직접 개입하셔서 새로운 일을 행하시는 시기에 나온 시편들이다. 절망을 뚫고 환희가 솟구치는 시기다.[8]

이런 움직임은 단 한 번 일어나는 사건이 아니라 일생동안 무한정 되풀이되는 과정이다. 앞서 얘기한 비앙카만 하더라도 이 세 가지 유형의 노래들을 부르고 또 부르고 있다. 좀 더 구체적으로 살펴보기로 하자.

뉴 라이프 펠로십 교회는 8년 동안 임대해서 사용하던 건물을 아예 구입하기로 하고 4년 가까이 소요 자금을 모으는 동시에 기도를 계속해 왔다. 그곳이 바로 뉴욕 시 퀸즈 한복판, 18평방킬로미터에 달하는 엘크스 롯지(Elks Lodge)다. 전략적으로 볼 때, 뉴 라이프 펠로십 교회의 소명과 딱 들어맞는 자리였다. 모든 일이 착착 맞아 떨어졌다. 그런데 마지막 순간, 대규모 지역개발업체에서 도저히 수락할 수 없는 조건을 내세웠다. 뉴욕 시에 도움을 주는 한편, 장차 수많은 교회들을 세워서 노숙자들을 수용하고 정착할 곳을 찾을 때까지 6개월 정도 여유를 주려던 화려한 꿈이 갑자기 사라질 위기에 처했다. 교인들, 특히 건물 구입에 막대한 시간과 에너지를 쏟았던 리더들은 마치 쇠망치로 얻어맞은 것 같은 충격을 받았다.

수많은 이들이 혼란과 분노를 느꼈으며 하나님에 대해 실망하고 상처를 입었다. 나는 서둘러 상황을 영적으로 해석하고 어떻게 해서든 통제하려고 덤벼들었다. 돌연한 사태로 생긴 고통을 얼른 '진정시키고' 싶었다. 하나님은 어디 계시는가? 어째서 기도에 응답해 주시지 않는가?

교회는 그렇게 방향을 잃고 '어두운 영혼의 밤'[9]에 접어들었다. 멘토 역할을 해주던 레이튼 포드(Leighton Ford)의 말을 잊을 수가 없다. "가장 중요한 시간은 꿈 그 자체가 아니라 한 가지 꿈에서 다음 꿈으로 넘어가는 사이라는 걸 잊지 말게."

이런 시기에는 피로감과 무력감, 실패감과 좌절감이 엄습하는 법이다. 기도해 봐야 아무 소용이 없다는 생각이 든다. 하나님의 역사를 더 이상 감지하지 못하며 열매도 좀처럼 눈에 띄지 않는다. 어쩔 수 없이 기다려야 하는 상황에 내몰린 것이다. 그 무렵, 또 다른 건물이(더 크고, 더 싸고, 주차장도 더 넓은) 매물로 나왔다. 당회에서 함께 기도하며 논의한 결과, 퀸즈의 더 가난한 구역을 중심으로 일하도록 부르신 소명과 동떨어진 옵션이라는 데 뜻을 같이 했다. 우리는 더 기다렸다.

이런 경험을 통해서 하나님은 공동체 식구들 가운데 심오한 일들을 행하셨다. 우리가 가진 '제 뜻'과 고집을 몰아내고 주님의 뜻 안에서 참다운 평안을 누릴 수 있는 더 깊은 자리로 이끌어 가셨다. 결국, 엘크스를 노리던 개발업체의 전략은 물거품이 됐고 교회는 2년 만에 그 빌딩을 구입할 수 있었다.

흔히 '기다림'을 막간, 또는 자투리라고 생각한다. 그렇지 않다. 그때도 하나님께서는 여전히 일하신다. 다만 인간이 그것을 보지 못할 뿐이다. 하나님께서 우리를 위해 응답해 주시지 않은 기도제목에 일일이 감사하자면 평생이 걸려도 모자랄 것이다.

혼란스러운 중간기를 자신을 돌아보는 기다림의 시기로 받아들이기보다 반발하는 경우도 적지 않다. 마치 하나님이 없는 것 같은 생각이 들면, 주님으로부터 도망치거나 다 끝장내고 싶은, 또는 자포자기해 버리려는 유혹에 빠지기 쉽다. 하지만 그럴 때에라도 하나님께서는 우리를 찾아와 만나 주신다. 얼마나 놀라운 소식인가!

아픔을 끌어안고 훈련의 기회로 삼는 교회

첫째, 이런 새로운 패러다임을 받아들이는 데 가장 중요한 점은 일단 멈춰 서서 크든 작든, 현재의 일이든 과거의 일이든 모든 상실에 주목하는 일이다. 그게 익숙하지 않다면 하나님과 함께 시간을 가지면서 과거의 중요한 사건들(전혀 슬프지 않은 일들일 수도 있다)을 기록하고 기도할 수 있도록 하루 정도 재충전 시간을 가지라고 권하고 싶다. 감정에 충실할 수 있도록 자신을 풀어 주라. 삶의 속도를 늦추라. 상실은 단순히 '극복해야할 난관'이 아니다. 상실은 하나님에 대해서든 자신을 위해서든 대단히 중요한 의미를 갖는다.

둘째, 교인들, 특히 누군가를 돕거나 섬기고 있는 이들에게 자신과 다른 사람들의 삶에 존재하는 상실을 분별하고 성찰하는 법을 가르치기 시작해야 한다. 교회는 전문적으로 사람들을 돕는 조직 가운데서도 대단히 독특한 위치를 차지하고 있다. 죽음, 결혼(독신생활과 기존가계의 상실), 중병(重病), 출산과 관련된 의례들, 이혼, 은퇴, 지리적인 이동 등 인간이 살아가면서 맞닥뜨리게 되는 갖가지 극적인 위기 상황에 함께한다는 점에서 그렇다. 사실 그런 순간들이야말로 훈련의 적기다. 고통에 대해 무감각한 문화에서 벗어나도록 돕고 삶 가운데서 '변형'을 실감하게 할 수 있기 때문이다. 유감스럽게도 과거에 학대를 경험한 이들 가운데는 단 한번도 마음 놓고 자신이 당한 고통을 슬퍼해 본 적이 없는 경우가 허다하다.

셋째, 슬픔에 관한 성경적인 토대와 체계를 제공하기 위해 시편을 가르쳐야 한다. 나는 시편에 나타난 다양한 유형의 시가들에 대해 14주에 걸쳐 연속적으로 설교했다. 우리는 찬양의 시편, 감사의 시편, 탄식의 시편, 지혜의 시편, 믿음의 시편, 가난하고 억눌린 자들을 염두에 둔 시편들을 불러보고 함께 공부했다. 그리고 교인들에게 평생 하나님과 동행하면서 경험한 일들을 시편이나 노래로 적어 보자고 했다. 예상했던 대로, 교인들이 써낸 시가들 가운데 태반은 하나님을 향한 탄원을 담고 있었다.

마지막으로, 일대일로든 또는 소그룹으로든 누군가에게 멘토로서 조언을 해줄 때, 태어나서부터 지금까지 살아온 궤적을 나타내는 간단한 연표를 만들게 하라. 여태껏 살면서 겪은 굵직굵직한 어려움들이나 슬픔을 가려내서 적게 하라. 상대방의 심령과 삶에 대해서 1년 동안 얻는 것보다 더 많은 정보를 단번에 얻을 수 있을 것이다.

거름더미를 기억하라

중간적인 시간, 즉 변형의 시기에 신앙을 지킬 수 있게 해주는 버팀목은 하나님께서 모든 형편을 사용하셔서 우리의 유익과 주님의 영광, 다른 이들의 선을 도모하신다는 분명한 사실이다.

《실락원》에서 존 밀턴(John Milton)은 역사에 기록된 악(惡)을 거름더미에 비유했다. 가축의 배설물과 시든 푸성귀와 과일 껍질, 감자 껍질, 달걀 껍질, 나뭇잎과 바나나 껍데기 따위를 한데 섞어 썩힌 거름을 밭에다 뿌리고 얼마쯤 지나면 좋은 냄새가 풍겨난다. 천연비료 덕분에 땅은 비옥해지고 과수와 채소들이 쑥쑥 잘 자랄 것이다. 하지만 그러자면 기다리는 고통을 감수해야 한다. 심지어 여러 해를 참아야 할 때도 있다. 밀튼의 논지는 도저히 이해가 가지 않는 일, 심지어 지옥을 옮겨다 놓은 것 같은 인류 역사상 최악의 사건들조차도 하나님의 놀랍고도 영원한 섭리 가운데 들어 있는 거름더미일 뿐이라는 것이다.

인류는 예수님을 죽이는 최악의 사건을 저질렀지만 결국 그것을 통해 최고의 열매가 맺혔다. 하나님께서는 악의 끔찍한 속성은 그대로 두신 채, 악을 바꾸어 결과적으로 선이 되게 하신다.

3단계: 헌 것으로 새것을 낳게 하라

어떤 이들은 다른 사람들보다 슬픔을 쉽게 받아들인다. 나는 슬픔을 좋아하지 않는다. 오히려 될 수 있는 대로 슬픔을 피하고 싶어 한다. 하지만 슬픔의 유익을 생각하면 지난날 위대한 성도들이 걸어갔던 옛길을 따라갈 마음이 생긴다.

애통하는 데서 비롯되는 변화들

슬픔으로 내려가는 길을 택하면 결국 놀라운 방향 전환과 내면적인 변화를 이루게 된다. 그렇게 보면 예수님께서 "애통하는 자는 복이 있나니 저희가 위로를 받을 것임이요"라고 가르치셨던 까닭도 분명해진다. 슬픔을 통해 속사람이 새로 태어나면 (또는 변화되면) 다음과 같은 일들이 일어난다.

- 하나님 아버지께서 자비로우신 것처럼 우리도 남을 긍휼히 여기는 마음을 갖게 된다. 헨리 나우웬은 슬픔이 긍휼히 여기는 마음

으로 이어지는 통로임을 정확하게 지적한다. "많은 눈물이 없는 곳에는 동정심도 없다. 무한정 사랑을 베푸시는 하나님을 닮아 가자면 무수히 눈물을 흘려야 하며, 그동안 어떤 삶의 여정을 밟아 왔는지 가리지 않고 모든 사람들을 마음으로부터 받아들이고 용서할 준비를 갖춰야 한다."[10] 스스로 고통을 받아들일 때 비로소 다른 이들을 용서하는 법을 배울 수 있다.

- 가난한 사람, 남편을 잃고 혼자 남은 여인, 고아, 삶의 변두리에 몰리고 상처받은 이들에게 더 큰 관심을 쏟으며 그들의 형편을 이해한다.

- 탐욕이 적어지고 맹목적으로 무언가에 심취하는 일도 줄어든다. 좀처럼 "그게 없으면 죽을 것만 같아"라고 말하지 않는다. 겉치레와 비본질적인 것들에서 벗어난 생활을 한다. 권력, 통제권, 재물, 인기 등 세상 사람들이 갖고 싶어서 안달하는 것들을 삶의 필수요소로 보지 않고 거기서 벗어나려고 노력한다.

- 다른 이들의 시선을 의식하지 않는다. 새롭게 얻은 자유를 누리며 하나님의 계획을 따라간다.

- 하나님과 그분의 계획에 관해서 또렷하게 알 수 없는 부분이 있다할지라도 의연하게 생활한다. 누가 하나님의 뜻을 물을 때 아무 망설임 없이 "모른다"라고 대답할 수 있다. 하나님께서 우리 삶에 어떤 의도를 가지고 계신지에 대해 훨씬 유연한 사고를 갖게 된다.

- 스스로 연약함을 인정하고 대단히 겸손해진다.

- 하나님을 삶의 중심에 모시는 동시에 피상적이고 하찮은 일들을

거부하기 시작한다.

- 만사를 은퇴한 뒤로 미루지 않고 지금 당장 한 차원 높은 감각을 가지고 생활한다. 필요하다면 즉시 배우자와 친구들에 더 높은 가치를 두도록 우선순위를 재조정할 수 있다.
- 하나님의 형상대로 창조된 인간들을 비롯해서 계절의 변화, 바람, 낙엽, 크리스마스 등 생활하면서 통상적으로 마주치게 되는 것들을 새록새록 생생하게 음미할 수 있게 된다.
- 모험적인 일에 뛰어드는 데 대한 두려움이 줄어들고 과감해진다.
- 더 온유해진다. 상대방의 지식이나 출세 여부, 재력, 외모, 또는 애정을 표현할 줄 아는지 따위를 따지지 않고 사랑을 베푼다. 더 이상 누군가를 판단하거나 정죄한다든지 분석하는 인상을 풍기지 않는다. 상대를 조종하려는 듯한 움직임을 보이지도 않는다.
- 그리스도의 제자로 현대 사회에서 살아간다는 것 자체가 상처를 의미한다는 사실을 이해한다.
- 하늘나라의 실체를 새로운 방식으로 파악하게 된다. 세상에서 크리스천은 이방인이자 잠시 머물다 떠날 나그네임을 더욱 분명하게 인식한다.
- 궁극적으로 자신과 하나님에 대하여 편안한 마음으로 대할 수 있게 된다.

슬픔과 상실을 끌어안고

매그다(Magda)는 60줄에 들어선 필리핀 출신 여성으로 지금은 대단히 비범한 방식으로 그리스도의 사랑을 전파하고 있다. 하지만 그녀가 걸어온 여정은 멀고도 험한 길이었다.

어린 시절 필리핀에서 제2차 세계대전을 겪었던 매그다는 기근과 고문, 폭격 등 처참한 장면들을 목격했다. 그런 경험들이 어린 마음에 얼마나 깊은 상처를 남겼던지, 여섯 살 때 일본군을 피해서 일주일 동안이나 쉴 새 없이 산을 넘어 피난 갔던 일을 지금까지도 생생하게 기억할 정도다. 결국 친척 아주머니의 손에 맡겨진 그녀는 말로 다 할 수 없는 상실감에 시달렸다.

매그다는 스물두 살에 결혼해서 아홉 자녀를 낳았다. 그리고 아이들을 고향에 남겨 두고 간호사 자리를 얻어 미국으로 건너왔다. 장차 자식들을 미국에 데려와서 더 잘 키워 볼 욕심에 내린 결정이었다. 처음에는 일년 안에 아이들을 미국으로 부를 작정이었다. 하지만 10년이 지날 때까지도 여전히 이민 서류를 들고 이리저리 뛰어다녀야 했다. 여섯 살배기부터 열네 살짜리까지 아들딸을 한번 만나자면 평균 2-3년은 기다려야 했다. 그렇게 고생한 끝에 마침내 아이들을 데려올 수 있었다.

1987년, 쌍둥이 자매를 데리고 오하이오 턴파이크(Turnpike)를 지나던 매그다는 커다란 교통사고를 당했다. 차를 몰던 딸아이의 약혼자가 깜박 졸다가 생긴 일이었다. 스물한 살짜리 딸(해외에 나가서 청소년 사역을 할 계획을 세우던 참이었다)은 현장에서 숨졌다. 또 다른 딸아이와 결혼할 예정이던 청년도 목숨을 잃었다. 매그다 자신도 여러 주 동안 생사의 고비를 넘나드는 중상을 입었다. 매그다는 의사에게 죽은 딸의 장례 절차를 담은 비디오라도 보게 해달라고 간청했지만 거부당했다. 그러기에는 건강 상태가 너무 나빴던 것이다.

이어서 2001년에는 서른여섯 살 먹은 아들이 군대에서 훈련을 받던 도중에 아내와 세 자녀를 뒤로하고 갑자기 세상을 떠났다. 아들은 당시까지 17년 동안 해군에 복무했으며 제대 후에는 목회자가 되려는 생각을 가지고 있었다.

매그다는 그토록 처절한 상실을 딛고 다시 일어설 수 있었던 비결을 이렇게 이야기한다. "십자가에 달려서 나보다 더한 고통을 받으신 예수님을 바라보았습니다. 주님은 인류를 너무나도 사랑하셨기에 그런 고통과 슬픔을 견디셨습니다. 나도 주님을 따라야겠다고 생각했습니다. 그리고 무언가를 되돌려 드리고 싶었어요. 하나님께서는 먼저 세상을 떠난 가까운 이들 때문에 고통스러워 하고 힘들어 하는 이들에게 더 민감하게 해주셨습니다. 나는 그들에게 주님의 손길을 전해 줄 수 있어요. 나는 늘 기도합니다. '예수님, 제가 주님께서 말씀하시고자 하시는 그 말을 전하게 도와주세요. 주님의 입과 손이 되게 해주세요. 그래서 사람들이 슬픔 속에서 주님을 더 잘 알게 해주세요.'"

매그다는 지금도 교회 안팎에서 '사별한 이들의 모임'을 인도하며 많은 사람들을 돕고 있다. 특히 가까운 이들을 잃은 사람들의 고통 가운데 뛰어들어서, 그들 자신은 물론이고 무엇보다도 하나님과 연관해서 올바르게 슬퍼할 수 있도록 이끌어 간다.

하나님의 긍휼에 이르는 길을 따라가라

성경말씀에 따라 슬픔을 풀어 놓는 여정은 스스로에게는 말할 것도 없고 다른 이들에게도 커다란 선물이 된다. 하지만 그 길을 따라가노라면 마치 상황이 더 나빠지는 것처럼 보이는 경우가 적지 않다. 더 이상 계속 가서는 안 될 것 같은 느낌이 들 수도 있다. 그 길, 곧 하나님의 길을 좇으라고 권하고 싶다. 그 길은 생명으로 통하기 때문이다.

《공주와 난쟁이》(*Princess and the Goblin*)에서 조지 맥도널드(George MacDonald)[11]는 깊은 산중 작은 궁전에 외롭게 혼자 사는 여덟 살 꼬마 공주 이야기를 들려 준다. 어느 산속에 '고블린'이라는 난쟁이 종족이 살고 있었는데, 왕과 공주를 몹시 미워했다. 그래서 공주를 납치해다가 해칠 음모를 꾸몄다.

하지만 공주의 할머니는 손녀가 무시무시한 위험에 빠지게 될 줄 짐작하고 가는 실이 달려 있는 반지 하나를 선물했다. 눈에는 보이지 않지만 느낌으로 알 수 있는 실이었다.

할머니는 공주에게 신신 당부했다. "실이 이끄는 대로 가노라면 혹시 멀리 에둘러가는 게 아닌가 싶을 때도 있을 거야. 하지만 절대 실을 의심해서는 안 된다. 절대 잊지 말거라."

정말로 실은 언제나 공주가 생각하는 것과 정반대 방향만을 가리켰다. 산꼭대기로 데려가는가 하면 코앞도 보이지 않을 만큼 깜깜한 동굴 속으로 이끌었다. 텅 빈 굴속을 엉금엉금 기어서 점점 더 깊은 곳으로 들어가거나 좁은 틈새를 넘어갈 때는 '정말 여기서 빠져나갈 수 있을까?' 하는 걱정이 들었다.

그렇게 얼마를 갔을까, 거대한 돌무더기가 앞을 가로막았다. 공주는 그 자리에 주저앉아 펑펑 울었다. 하지만 실은 분명히 돌 틈을 뚫고 지나가고 있었다. 할 수 없이 공주 일행은 한 덩이 한 덩이 돌들을 치우기 시작했다. 가까운 친구는 오히려 발목을 잡는 함정이라고 말했다. 산속

이리저리로 뚫린 미로를 빠져나가기 위해 안간힘을 쓰는 동안에도 친구는 계속해서 공주가 도저히 흑암을 벗어날 수 없는 잘못된 방향으로 인도하고 있다고 주장했다.

공주는 힘없이 중얼거렸다. "내 생각에도 그런 것 같아. 하지만 실이 가리키는 방향은 엄연히 이쪽이고, 난 실을 따라가야 해." 본능적인 감각과는 정면으로 어긋났지만 공주는 실이 정해 주는 방향을 믿고 따라갔다. 위험천만한 길이었지만 불평 한 마디 없이 침착하게 걸어갈 뿐, 전혀 두려워하지 않았다. 세상 모든 일을 환히 뚫어 보는 할머니가 실을 통해서 앞길을 인도해 줄 것을 알고 있기 때문이었다. 결국 고블린의 음모는 실패로 돌아가고 말았다.

슬퍼하는 행위가 우리 문화와 상충된다는 점은 이미 얘기한 바 있다. 하지만 슬픔은 하나님께서 성경 안에 마련해 두신 실이다. 이 실이 가리키는 방향은 우리 문화와만 역행하는 게 아니라, 대다수 크리스천들이 하나님 안에서 살아가는 방식과도 전혀 다르다.

하지만 그 실을 따라가면 하나님께서 고블린들을 물리쳐 주시고 새로 일어날 힘을 주신다. 무엇보다 중요한 것은, 고통을 받아들이고 그것을 통해 성장하는 법을 배운 교회는 하나님의 자비하심으로 이웃을 사랑하는 풍성한 열매를 거두게 된다는 점이다. 상실과 슬픔을 끌어안는 능력을 갖추면 예수님처럼 다른 사람들을 사랑할 수 있다. 세상은 그런 크리스천의 삶을 통하여 성육신의 모델을 효과적이고도 확실하게 볼 수 있을 것이다.

여기까지 준비가 되었으면 이제 이 책의 클라이맥스인 여섯 번째 원리, '성육신적인 삶의 본을 보이라' 편으로 넘어가 보자.

Chapter 11

원칙6 :
성육신적인 삶의 본을 보이라

정서적으로 건강한 교회에서는 교인들이 의지적으로 예수님께서 보여 주신 모델을 따라간다. 상대방의 세계를 깊이 이해하고, 자신의 세계를 지키며, 두 세계 사이에 매달리는 등 예수님의 성육신 역사를 그대로 따라가며 다른 사람을 사랑한다.

마틴 루터 킹 목사의 절규

1963년, 앨라배마 주 버밍햄에서는 유색인종은 백인과 함께 학교와 화장실, 주차장, 음료수대, 버스 따위를 이용할 수 없도록 법으로 정하고 있었다. 마틴 루터 킹 주니어 목사는 이런 인종적인 불의에 반대하는 평화적이고 비폭력적인 시위를 주도하기 위해 버밍햄에 당도했다. 그러나 경찰에서는 이미 평화 행진을 불법으로 규정한 법원의 결정을 손에 넣은 상태였다.

킹 목사는 행진을 계속할 경우 어떤 대가를 치르게 될지 알고 있었다. 그럼에도 불구하고 거리로 나섰고 결국 감옥에 갇혔다. 1963년 4월 16일, 목요일자 '버밍햄 뉴스'(Birmingham News) 한 장이 킹 목사에게 배달되었다. 거기에는 여덟 명의 목사와 랍비가 보내는 공개 질의서가 실려 있었다. 질의서를 보낸 이들은 입을 모아서 더 참고 기다려야 한다고 주장했다.

마틴 루터 킹 목사는 즉시 답장을 보냈는데, 그것이 바로 지금은 미국문학의 고전이 된 '버밍햄 감옥에서 온 편지'(Letter from a Birmingham Jail)이다.

인종 분리 정책의 통렬한 아픔을 맛본 적이 없는 이들로서는 '기다려라!'고 말하기가 쉬울 겁니다. 하지만 악랄한 폭도들이 기분 내키는 대로 어머니, 아버지를 폭행하고 여러분의 형제자매를 물에 처넣는 장면을 목격했다면, 증오심에 가득 찬 경찰관들이 흑인 형제 자매들에게 욕설을 퍼붓고 발길질을 해대며 급기야 죽이기까지 하는, 그러고도 아무런 처벌도 받지 않는 꼴을 보았다면, 2천만 흑인 형제들 가운데 절대 다수가 이 풍요로운 사회에서 빈곤의 우리에 갇힌 채 허덕이고 있는 모습을 보았다면, 텔레비전 광고에 나오는 놀이 공원에 갈 수 없는 이유를 여섯 살짜리 딸아이에게 어떻게 설명해야 할지 몰라서 갑자기 혀가 꼬이고 말을 더듬게 된다면, 유색 인종 아이는 놀이공원에 갈 수 없다는 대답을 듣고 눈물을 뚝뚝 떨어트리는 어린 딸을 보았다면, 그 아이의 마음속 조그만 하늘에 열등감이라는 음울한 먹구름이 몰려드는 모습을 보았다면, 백인에 대한 무의식적인 증오심이 커져가면서 성격이 비뚤어지는 모습을 지켜보았다면. … 장거리 여행을 하는 도중에 흑인을 받아 주는 여관을 찾지 못해서 밤마다 자동차 한 귀퉁이에서 새우잠을 자야 한다면, 밤낮으로 '백인 전용'이라든지 '흑인 전용' 따위의 지긋지긋한 표지판을 보면서 굴욕감을 느껴야 한다면, 나이가 들어서까지 성(姓)이 '검둥이'고 이름이 '자식'인 것처럼 살아야 한다면. … 아내와 어머니에게 아무도 존칭을 쓰지 않는다면, 단지 흑인이라는 이유만으로 언제 어떤 일이 벌어질지 불안해 하면서 밤낮없이 시달리고 쫓겨야 하고 두려움과 적개심에 시달려야 한다면, 늘 자신이 '하찮은 존재'라는 위축감과 싸워야 한다면, 그렇다면 여러분도 우리가 왜 기다릴 수 없는지 이해할 수 있을 것입니다.[1]

킹 목사의 목표는 분명하다. 어떻게 해서든 백인 기독교 지도자들이 흑인들의 신발을 신고 걸어 보게 하려고 필사적으로, 그리고 열정적으로 노력하고 있는 것이다. 미국 원주민 속담에 "한 인간을 진정으로 이해하려면 우선 그의 신을 신고 한참을 걸어봐야 한다"는 얘기가 있다. 킹 목사는 1963년 당시 미국 흑인들이 어떤 삶을 살고 있는지 알기 위해서는 사람들이 먼저 자기 신을 벗어야 한다는 점을 꿰뚫어 보고 있었다.

킹 목사가 가르치고 싶어 했던 것은 '성육신'(incarnation)이었다. 그러나 성육신은 누구에게나 받아들이기 힘든 개념이다.

뉴욕 시로 이사하다

지금부터 거의 20년 전, 우리 부부는 꿈을 구체적으로 실현해 보겠다는 포부를 품고 퀸즈 지역에 들어와서 가정을 꾸렸다. 시 외곽에서 익숙하고 편안하게 살던 삶에 작별을 고한 뒤에, 복잡다단하고 여러 인종이 섞여 살며 번잡스러운 퀸즈의 세계로 이사를 감행했던 것이다.

그렇게 자리를 잡은 곳에서 마약 중독자, 윤락 여성, 고아, 과부와 홀아비, 미혼모, 쉰다섯 먹도록 직장 없이 영화판의 엑스트라로 연명하는 남자, 흑인, 사이프러스인, 한국인, 중국인, 남미 출신 히스패닉, 독신남녀, 부부, 은퇴한 노인 등 다양한 사람들을 이웃삼아 8년을 살았다. 우리 아이들은 어린 시절의 대부분을 소수 인종으로 보냈다. 교회에서도, 학교에서도, 이웃들 사이에서도 마찬가지였다.

우리는 완전한 하나님이신 동시에 완전한 인간이신 예수 그리스도의 성육신을 믿었다. 하지만 불과 몇 년 전까지도 성육신이 현실 속에서 무엇을 뜻하는지는 알지 못했다. 이웃이나 교회는 둘째 치고라도, 아내와 나 사이에 성육신이 무슨 상관이 있는지 전혀 깨닫지 못했다. 개인적인 경험에 따르자면, 여태껏 만나 본 목회자들은 한결같이 자신이 성육적인 사역이 무엇인지 안다고 믿고 있었다.

4세기경 가이사랴(Caesarea)의 감독이던 성 바질(St. Basil)은 "선포는 많아도 성육신은 드물다"라고 썼다. 다시 말해서 하나님께서 무슨 일을 하셨으며 어떻게 말씀하셨다고 말하는 이는 흔하지만 예수님께서 걸으셨던 비천한 길을 따르는 사람은 좀처럼 찾아보기 어렵다는 것이다.

이제는 나도 그 까닭을 알 것 같다. 말씀대로 살자면 값비싼 대가를 치러야 하며, 이것은 같은 크리스천들 사이에서도 상당히 반문화적인 일이다.

성육신적인 삶은 무엇인가

'제자가 된다'는 게 무슨 뜻인지는 성육신의 심오한 신비를 생각할 때 가장 잘 이해할 수 있다. 하나님께서는 인간의 몸을 취하셨다. 전지전능하신 창조주요 우주의 주관자께서 역사와 인간의 몸이라는 한계 안에 스스로를 가두신 것이다. 성경은 이것을 "말씀이 육신이 되어 우리 가운데 거하시매"라고 했다(요 1:14). 《메시지》(*The Message*)는 이것을 "말씀이 피와 살이 되어 이웃으로 오셨다. 우리는 두 눈으로 그 영광을 보았다"고 해석한다.

하나님께서는 세상 속으로 헤집고 들어오셔서 영원히 변화시키셨다. 사람이 되신 하나님. 주님은 충격적이고, 구체적이며, 원색적이고, 물리적으로 확인 가능한 방식으로 육신을 입으신 것이다. 하나님께서는 신체적·정서적으로 인간의 세계에 완전히 뛰어들어가는 것 이상으로 좋은 방법이 없음을 잘 알고 계셨다.

하나님께서는 인간을 위해 피부와 살을 취하셨다. 로널드 롤하이저(Ronald Rolheiser)는 어째서 하나님께서 그런 방식을 택하셨는지 썩 잘 설명하는 예화를 소개한다.

네 살짜리 어느 계집아이에 관한 재미있는 얘기가 있다. 한밤중에 잠을 깬 꼬맹이는 두려움에 사로잡혔다. 캄캄한 어둠 속에 온갖 도깨비와 괴물들이 득실거리는 것만 같았다. 아이는 얼른 부모님이 자고 있는 방으로 달려갔다. 엄마는 꼬마를 진정시키고 나서 손을 잡고 다시 침실로 데려갔다. 그리고 방에 불을 밝힌 뒤에 아이에게 다짐을 두었다. '애야, 무서워할 것 없어. 넌 혼자 있는 게 아니란다. 하나님께서 네 곁에 계시거든.' 그러자 꼬마가 대꾸했다. "하나님께서 여기 계시는 건 나도 알아요. 하지만 몸이 있는 사람이 방 안에 함께 있었으면 좋겠어요."[2]

주님은 인간에게 필요한 것은 '하나님께서는 어느 곳에나 계신다'라는 지식이 아니라 '하나님의 몸'이라는 사실을 알고 계신다. 현대인들은 가까이서 그들을 사랑해 줄 '몸', 즉 그들 곁에 구체적으로 살아 있는 존재를 갈망하고 있다. 바로 그런 이유에서 요즘 미국인들은 자신의 세계에 들어와서 따뜻하게 보살펴 주고 사랑해 줄 심리치료사에게 시간당 적게는 12만원, 많게는 20만원씩 척척 지불하고 있는 것이다.

하나님께서는 지금도 여전히 '몸'을 가지고 계신다. 우리는 주님을 보고, 만지고, 듣고, 맛볼 수 있다. 어떻게 그럴 수 있을까? 하나님께서 머무시는 몸 된 교회를 통해서 얼마든지 가능하다. 그러므로 크리스천들은 예수님의 이름으로 내주(內住)하시는 성령님의 능력에 힘입어 주위의 모든 이들에게 하나님의 몸이 되도록 부르심을 받은 것이다.

말은 쉬워도 행동하기는 어렵다

어느 날, 한창 이 책의 원고를 쓰고 있는데 이웃사람이 하고 싶은 얘기가 있다며 찾아왔다. 우울중에 시달린 끝에 자살까지 생각하고 있는 여성이었다. 나이가 벌써 20대 중반에 들어섰지만 고등학교 졸업장도, 직장도, 사회생활도 없이 살고 있었다. 여생을 쓸쓸하게 혼자 보내게 되리라는 생각에 늘 불안해 했다. 세상에 재미있는 일이라곤 하나도 없고 끔찍하게 지겨웠다. 엎친 데 덮친 격으로 몸까지 불편했다. 그즈음에는 자신이 얼마나 건강하지 못한 가정환경의 덫에 걸린 채 살아왔는지 의식하기 시작하고 있었다. 그녀는 소파에 앉아서 한참을 울었다.

가끔 질문을 해가며 그녀가 하는 말을 귀 기울여 들었다. 이야기가 계속될수록 이리저리 찢기고 상한 그녀의 세계가 더 분명하게 드러났으며 고통의 깊이가 느껴졌다. 어디서부터 '손을 보고' 문제를 해결해야 할지 난감했다. 그녀가 부탁하는 건 조언이 아니었다. 함께 같은 신발을 신고 자신의 세계가 얼마나 힘든지 봐 달라는 간청이었다. 그 세계는 억압적이고 무서워 보였다. 그녀는 내가 이야기를 경청하고 쓸모 있는 사람으로 인정해 주기를 간절히 바라고 있었다.

지난해 그녀는 그리스도를 영접했으며, 지금은 꼬박꼬박 성경공부와 예배에 참석하고 있다. 소속된 소그룹에서도 분명히 소중한 존재가 되었을 것이다. 나도 그렇지만 그 소그룹 멤버들 역시 그녀가 크리스천이 된 걸 뿌듯하게 여기고 있음에 틀림없다.

하지만 과연 그녀의 삶에 무슨 일이 벌어지고 있는지, 그 고통과 고민, 외로움을 아는 이가 있을까? 누군가 어루만져 주는 이가 있을까? 아니, 멀리 갈 것도 없이 나는 그녀를 보살피고 있는가? 옛날에 누군가가 내게 했던 뼈아픈 얘기가 생각난다. "하나님의 따뜻한 손길과 사랑을 직접 느껴보기 전까지는 예수님을 믿을 수가 없어요."

두번째 목소리에 귀 기울이는 삶

일단 크리스천이 되고 나니, 친구들과 식구들에게도 하나님께서 그리스도를 통해 보여 주신 사랑을 전해야 한다는 부담감이 생겼다. 하나님께서 값없이 베풀어 주신 용서와 무조건적인 사랑을 생각하면 마음이 뜨겁게 타올랐다.

처음에는 그렇게 순수한 마음으로 시작했지만 시간이 지날수록 조금씩 변해 갔다. 나는 기도와 성경공부, 전도, 제자 삼는 기술 따위를 익혔다. 나중에는 리더십과 설교, 목회, 리더를 세우는 법까지 배웠다. 최선을 다해서 사람들을 그리스도께 인도했으며 하나님에 대한 진리를 가르치기도 했다.

하지만 모든 사역의 중심점은 '제자를 삼아서' 교회를 성장시키는 데 있었다. 그런 목표를 이루자면 사람이 필요했다. 교인들을 '전리품'처럼 여길 정도는 아니었지만, 무슨 일을 일인가 도모하거나 어떤 종류의 인물이 되자면, 그리하여 하나님께서 주신 소명을 더 효과적으로 수행하기 위해서는 그들에게 무언가를 끌어내야 했다. 교회를 세우고, 교인들을 훈련시키고, 가난한 이들을 먹이는 등 예수 그리스도가 필요한 세계 저편에 별도의 온전한 세계가 따로 존재했다.

있는 그대로 교인들을 사랑하는 것과 어떻게 소명을 완수하는 데 동참할 수 있느냐에 따라 이용하는 걸 구별하기가 점점 더 어려워졌다. 교회 건물을 짓거나 프로그램을 운용하기 위해서 사람들을 그리스도께 인도하고 있는가? 아니면 아무런 사심 없이, 하나님의 형상대로 창조된 존재로서 기쁘게 맞아들이고 있는가? 당시에는 하나님의 일을 한다는 데 정신이 팔린 나머지 양쪽을 구분하는 선이 알아볼 수 없을 만큼 모호해졌다. 무엇보다도 그런 걸 구분하고 말고 할 시간이 없었다. 해야 할 일이 너무나 많았던 것이다.

크리스천이 된다는 것이 무엇을 의미하는지 보여 주는 모델이나 리더십 모델을 규정할 때 언제나 성육신을 생각해야 한다는 점을 나는 잊고 있었다. 말씀이 육신이 된다는 게 무언지, 구체적으로 어떤 형태로 나타나는지 전혀 몰랐다. 신학교 교과 과정에는 그런 게 없었다. 열심히 배워서 다른 이들을 잘 가르쳐야 한다는 점을 강조했을 뿐이다.

그렇게 훈련받은 목회자들에서 '듣고 배우기'보다 '가르치고 지시하는' 행동이 월등하게 많이 나타나는 것은 당연한 일인지도 모른다. 누군가의 세계에 들어갈 때도 나는 그를 변화시킬 수 있을 정도까지만 손을 댔다. 진정으로 상대를 사랑하기 위한 행동은 아니었던 것이다.

언뜻 사소해 보이는 이런 구분이 실은 대단히 중요하다. 가톨릭 신부였던 헨리 나우웬은 죽음을 목전에 두고 하나님의 교회를 이끌고 섬기는 일을 맡은 이들에게 필연적으로 씨름할 수밖에 없는 두 가지 목소리에 관해 분명하게 지적했다.

하나는 성공하고 출세하라고 부추기는 목소리다. 나우웬은 스스로 그 목소리를 따라가는 데 삶의 대부분을 소모했노라고 토로했다. 그는 노틀담대학과 하버드대학, 예일대학에서 학생들을 가르쳤으며 거의 일 년에 한 권 책을 써냈다. 하지만 빼곡히 들어찬 강연 일정과 사역을 소화하느라 영적인 삶은 고사 직전까지 몰리기 일쑤였다. 또 하나는 무조건적으로 사랑한다고 말씀하시는 하나님의 음성이었다. 그분 앞에서는 내세울 게 없었다. 두 번째 목소리는 모든 사람에게서 주님의 음성과 얼굴, 그분의 손길을 알아보는 것이 사역의 목표가 되어야 한다고 이야기한다. 나우웬은 평생을 통틀어 진정으로 두 번째 목소리에 귀를 기울인 건 지난 10년뿐이었다고 고백했다. 하버드대학 교수직을 버리고 정신지체를 가진 이들이 모여 사는 라르쉬 공동체(캐나다 온타리오 주 토론토 인근)의 사역자로 들어가면서부터 나우웬에게는 변화가 일어났다.[3]

이런저런 요구가 날이 갈수록 많아지는 분주한 세상에 살면서 두 번째 목소리를 새겨 듣기란 쉬운 일이 아니다.

다른 이의 세계에 들어간다는 것

나는 흑인과 남미 출신 이민자들이 절대다수를 차지하는 지역에서 IVF 간사로 3년 동안 일했다. 출석하는 교회에서도 인종적인 소수자로서 다수의 문화를 이해하려고 노력했다. 1980년대 초에는 필리핀에서 넉 달간 대학생 사역을 했으며 1985년에는 중앙아메리카의 코스타리카에서 활동했다. 당시에는 현지 상황에 맞춰 거의 모든 영역에 성육신의 개념을 적용했다. 우선 현지 문화에 완전히 녹아 들어가서 그곳 사람들과 '하나'가 되었다.

아내와 함께 코스타리카에 들어가 살 때만 해도 그랬다. 현지인처럼 하루 세 끼를 밥과 콩만으로 해결했으며 고기는 일주일에 한번만 상에 올렸다. 코스타리카 출신들이 쓰는 말을 배우고 그들의 관습과 전통을 존중하면서 대다수 현지인들처럼 가난하게 생활했다. 방은 작고 소박한 걸 썼다. 사생활이 방해를 받았고 널찍한 생활 공간을 갖고 싶은 욕구가 적지 않았지만 꾹 참고 여러 세대가 대가족을 이루어 함께 살았다. 우리 방은 목공소 2층이었는데, 마룻바닥 틈새로 월요일 오전 6시부터 토요일 저녁때까지 끊임없이 톱밥이 날아 들어왔다.

물리적으로, 또 문화적으로 과거에 살던 세계를 떠났다. 편안하고 익숙한 것들은 모두 사라졌다. 아내는 종종 "정말 힘들군요. 고향에서 누리던 걸 여기서는 하나도 가질 수 없으니. 천국의 모든 것들을 버리고 세상에 오신 예수님이 된 기분이에요"라고 말하곤 했다.

하지만 그 무렵에는 정서적인 건강을 지키는 원리(이 책에서 다루고 있는)를 몰랐다. 따라서 다른 사람들의 세계를 깊이 이해하는 능력은 극도로 제한적일 수밖에 없었다.

- 우리 부부는 삶의 이면을 들여다볼 줄 몰랐다(6장). 스스로의 삶을 통찰해 본 적이 없는데 어떻게 다른 이들과 나눌 수 있겠는가?
- 아내와 나는 각자 어떻게 자랐으며 부모님에게 어떤 영향을 받았는지 저마다의 개인사를 분명하게 이야기하지 못했다(7장). 자기 삶을 면밀히 살펴본 적이 없는데 어떻게 다른 이들이 살아온 독특한 여정을 관찰하여 그들이 어느 지점에 있는지 규정해 줄 수 있겠는가?
- 우리는 깨지고 상한 심령으로 살지 않았다(8장). 오히려 겹겹이 방어벽을 둘러쳤다. 스스로 어떤 수단을 사용하여 자기를 보호하고 있는지도 모르는 상태에서 어떻게 방어벽을 넘어가서 다른 이들과 친밀한 관계를 형성할 수 있겠는가?
- 한계와 바운더리에 대한 인식이 부족했던 탓에 곧잘 하나님께서 그어 놓은 선을 넘어갔다(9장). 한계를 의식하지 않고 무한정 다른 이들의 세계에 뛰어들어서 얘기를 들었더라면 아마도 사역을 오랫동안 계속할 수 없었을 것이다.
- 고통을 겪고 있는 이들과 더불어 슬퍼하는 방법을 몰랐다(10장).

성육신의 원리를 배우라. 이것은 정서적으로 건강한 교회가 되는 마지막 원리다. 성육신적인 사역은 앞의 다섯 가지 원리들을 제대로 실천하고 있을 때에야 비로소 체득할 수 있기 때문이다. 이전 원리들이 얼마나 몸에 배어 있느냐에 따라 다른 이들의 세계에 들어가 상대를 깊이 이해할 수 있는 정도가 결정된다.

성육신적인 삶의 세 가지 원동력

성육신적인 삶의 단계에 따라서는 문자적으로, 또 실제적으로 안락한 지역에서 떠나야 하는 경우가 생긴다. 상대의 눈높이에 맞춰 필요를 채우기 위해서 는 어쩔 수 없는 일이다.

뉴 라이프 펠로십 교회가 퀸즈의 엘름허스트처럼 인구밀도가 대단히 높은 지역에 남아 있는 까닭이 바로 거기에 있다. 분산화 정책 및 소그룹 중심의 전략을 채택하는 것도 그 때문이다. 뉴욕 시 곳곳에 다양한 유형의 교회를 세우고 싶어 하는 이유도 상대의 눈높이에서 필요를 채운다는 것, 그것뿐이다. 의도적으로 길거리 선교 전략(의료 봉사, 여름 성경 학교, 워십 공연 등)에 교회가 가진 자원을 투자하는 근거도 거기에 있다. 상대가 있는 자리로 내려가는 것이다.

하지만 이 단계는 성육신적인 삶을 실천하는 데 있어서 비교적 쉬운 영역에 속한다. 세상에 머무시는 동안 예수님께서는 누군가를 사랑하기 위해 성육신적인 삶을 산다는 게 무엇인지 세 가지 역사를 통하여 가르쳐 주셨다. 상대방의 세계를 깊이 이해하고, 자신의 세계를 지키며, 두 세계 사이에 매달리는 역사가 바로 그것이다.

이 셋은 서로 구별되는 역사지만 동시에 일어난다. 그러므로 상대가 이웃, 동료, 친구, 의견이 다른 교회 운영위원, 배우자, 부모, 아이, 그 밖에 누가 되었든 진정한 의미의 성육신적인 사역이 이뤄지기 위해서는

이 세 가지 요소가 반드시 있어야 한다.[4]

첫 번째 원동력: 상대방의 세계를 깊이 이해하라

우리 내외의 경우, 우연한 계기로 참되고 가슴 아픈 성육신적인 삶을 경험했다. 사실 나는 결혼 10년차가 돼서야 겨우 성육신의 원리를 깨칠 수 있었다. 아내와 내가 이른바 '사려 깊은 경청'(reflective listening)이라는 단순한 청취 기술을 배운 덕분이었다(대학에서도 비슷한 걸 배웠지만 실제로 적용해 본 적은 없었다. 지금 생각하면, 경청이란 게 본질적으로 가르치기는 쉬워도 이해하고 실천하기는 힘들기 때문이 아니었던가 싶다). 요즘은 효과적으로 다른 사람, 특히 부부간에 서로 상대방의 입장에서 생각해 보도록 도와주는 다양한 청취 기술들이 인기를 얻고 있다. 이런 기술들이 의도하는 바는 쌍방이 솔직하고 자유롭게, 그리고 가능한 한 더 명료하게 각자의 생각을 나눌 수 있는 안전하고 존중할 만한 구조를 제공하자는 데 있다.

사려 깊은 경청은 대단히 단순한 기술이다. 우선 누군가가 한번에 몇 문장을 넘지 않는 범위에서 짧게 이야기한다. 혼자 계속해서 말을 이어가서는 안 된다. 듣는 쪽에서는 상대방이 이야기한 바를 화자(話者)에게 그대로 들려준다. 그리고 질문이나 요약, 자기방어를 자제하는 한편, 상대방의 경험을 이해하려고 노력하면서 화자의 세계로 들어가려는 시도를 계속해야 한다.

사려 깊은 경청 기술을 공부하면 순간적으로 지나치게 유아적이고 기계적이라는 느낌이 들 수도 있다. 초기 단계에서는 자기방어 욕구와 분노를 억누르기가 쉽지 않다. 그렇게 조금씩 배우고 성장해가는 것이다. 실제로 아내와 내가 완전히 서로의 입장이 되어 판단하고 생각할 수 있게 되었던 순간을 잊을 수가 없다. 우리는 깜짝 놀라서 서로를 쳐다보았다. 서로를 그처럼 사랑스럽고 소중하게 느껴 본 적이 또 있었을까! 상대방의 처지가 되는 일에 익숙해질수록 지금 우리가 세상에서 하나님 나라의 맛, 즉 주님이 주시는 사랑의 맛을 보고 있다는 사실이 더욱 실감났다.

어떻게 그동안은 '잘 들어주는' 자세가 사람들을 사랑하는 데 필수 요소라는 사실을 그토록 새카맣게 모르고 지낼 수가 있었는지 개탄스러울 지경이었다.

애니 딜라드(Annie Dillard)는 1800년대에 북극점을 찾아 나섰던 영국 탐험가들에 얽힌 얘기를 들려준다. 그들은 2-3년은 족히 걸리는 여정인 줄 알면서도 함선에는 한 척당 고작 12일치 연료밖에 싣지 않았다. 탐험대는 석탄이 들어가야 할 자리를 줄이는 대신 1,200권의 장서를 갖춘 도서관과 쉰 종류의 곡을 연주할 수 있는 손풍금에다가 사관과 수병들의 식사에 쓰이는 도자기 식기세트, 유리 세공 포도주 잔, 순은으로 만든 주방 용품 따위를 수납할 공간을 마련했다. 옷이라곤 대영제국 해군제복이 전부였고 극지의 혹한을 견딜 수 있도록 특별히 준비한 옷은 전혀 없었다. 에스키모들이 동사 직전에 몰린 생존자들을 발견했을 때, 그들은 은제 식기와 초콜릿을 가득 채운 구명보트를 질질 끌고 있었다.

나 역시 그들과 똑같은 잘못을 범하고 있었다. 그 동안 신학적으로나 실천적으로 대단히 탁월한 훈련들을 수없이 받았다. 도시 교회를 개척하고 성장시키는 목회 경험을 쌓았을 뿐만 아니라 타문화권에 속한 여러 나라에서 활동했던 경력도 있었다. 하지만 내게는 '석탄'이 없었다. 어떻게 하면 상대방이 느끼는 바를 그대로 체감하면서 경청할 수 있는지 알지 못했다. 상대방의 세계를 깊이 이해하기보다 대답할 말을 궁리하면서 드문드문 귀를 기울이기 일쑤였다. 반박하고, 교정하고, 판단하고, 항변하는 데 급급해서 상대방의 말이나 생각을 진정으로 이해하지 못했다. 정신없이 바쁘거나 스트레스를 많이 받고 있는 경우에는 특히 그랬다.

간단한 질문지를 통해서 경청하는 일에 얼마나 익숙한지 간단히 점검해 보기로 하자. 자신의 상태와 부합되는 항목을 골라 동그라미를 치라.

□ 1. 상대방의 인생 경험을 깊이 이해하려고 열심히 노력한다.

□ 2. 상대방이 전달하려고 하는 바를 미리 추정하지 않는다.

□ 3. 가까운 친구들에게서 말하기보다는 듣는 편이라는 얘기를 듣는다.

□ 4. 화가 잔뜩 난 이와 대화할 때 싸움에 말려들지 않고 상대방의 입장이 되어 이야기를 들어줄 수 있다.

□ 5. 상대방의 말을 잘 들어 줄줄 알기 때문에 누구든지 찾아와서 거리낌 없이 속마음을 털어놓는다.

□ 6. 상대방이 이야기하는 내용뿐만 아니라 언어 외적인 신호, 보디랭귀지, 음조(音調) 따위를 통해 전달하는 내용도 잘 파악한다.

□ 7. 이야기를 나누는 동안은 상대방에게 모든 관심을 집중한다.

□ 8. 상대방의 감정을 당사자의 입장에서 돌아본다.

□ 9. 누군가를 달래거나 비난을 한다든지, 또는 서둘러 문제를 해결해야 하거나 마음이 산란하다든지 해서 스트레스를 받는 경우, 자신이 주로 어떤 방어 기제를 동원하는지 파악하고 있다.

□ 10. 성장 과정 동안 함께 살았던 가족들이 현재 남의 말을 듣는 태도에 어떤 영향을 미쳤는지 알고 있다.

□ 11. 상대방이 무슨 얘기를 하는지 제대로 알아듣지 못하는 경우, 대충 넘어가지 않고 분명히 정리해 달라고 요청한다.

□ 12. 상대방이 직접 입 밖에 내지 않는 한 무슨 일이든 어림짐작으로 넘겨짚지 않는다. 특히 부정적인 일인 경우에는 더 말할 것도 없다.

□ 13. 얘기를 들을 때, 상대방의 마음을 읽으려고 노력하거나 이리저리 가정해 보지 않는다.

□ 14. 상대방이 이야기하는 동안 함부로 끼어들거나 자기 입장을 이야기할 틈을 노리지 않는다.

□ 15. 누군가의 이야기를 들을 때, 자신에게 인격적으로 '특별히 취약한 구석'이 있어서 분노, 혼란, 공포, 신경과민 따위를 일으킬 수도 있다는 사실을 인식한다.

부합되는 항목이 12개 이상이면 경청하는 능력이 탁월한 사람이다. 8-11개 정도면 우수, 5-7개는 양호로 평가할 수 있다. 4개 이하면 들어 주는 능력이 부족해서 '다소 문제가 있는' 경우다. 일단 스스로 진단을 내려 본 뒤에 과감하게 배우자나 가까운 친구들에게 자신의 '경청하는 능력'이 어느 정도인지 평가해 달라고 부탁할 수도 있다. 어쩌면 깜짝 놀랄 만한 결과가 나올지도 모른다.

데이빗 옥스버거(David Augsburger)는 경청하는 능력이 갖는 의미를 다음과 같이 명쾌하게 정리했다. "잘 들어 주는 행위는 깊이 사랑해주는 행위와 너무나 비슷해서 보통 사람들의 눈으로는 구분하기가 힘들다."[5]

귀 기울여 듣는 법과 함께하는 법을 배우라

복음서는 마태, 나다나엘, 장기, 소경, 사마리아 여인 등 다양한 사람들에게 예수님께서 인간으로 성육신하셨음을 설명하는 내용으로 가득하다. 부자 청년이 찾아왔을 때 주님은 그를 보시고 사랑하셨다. 청년이 하는 얘기를 잘 들어 주셨다. 그와 마주하셨으며 서두르거나 산만한 태도를 보이지 않으셨다. 청년으로서는 충분한 여유를 갖고 하고 싶은 얘기를 충분히 털어놓을 수 있었다. 혹시 누군가 이렇게 말하는 걸 들어 본 적이 있는가? "크리스천들은 내 얘기를 참 잘 들어 줍니다. 경청하는 능력이 정말 대단한 사람들이지요. 아직까지 크리스천들만큼 내 세계에 관심을 품고 호기심 어린 질문을 던지는 이들을 본 적이 없어요."

다른 사람들의 세계를 깊이 이해할 줄 아는 이들은 언제나 상대와 마주하고 얘기를 들어 줄 준비가 되어 있다. 헨리 나우웬의 글 가운데 내가 아주 좋아하는 대목이 있다.

보살핀다는 말은 무엇보다도 서로의 눈앞에 있어 주는 걸 말한다. 경험에 비추어 보면 우리를 보살펴 주는 존재는 결국 우리 곁에 있는 이라는 사실을 알 수 있을 것이다. 말 한마디를 들어 주더라도 곁에 있는 이가 들어 줄 것이고, 얘기 한 토막을 하더라도 우리에게 해 줄 것이다. 그와의 대면은 곧 상처를 치유하는 만남이다. 있는 그대로 우리를 받아 줄 뿐만 아니라 진지하게 삶을 살아가도록 격려해 주기 때문이다.[6]

듣기 훈련을 시작하다

이 원리와 관련하여 뉴 라이프 펠로십 교회에서 일어난 최초의 변화이자 가장 중요한 변화는 교인들에게 의도적으로 경청하는 법을 가르치게 되었다는 것이다. 다들 마찬가지겠지만, 나도 "듣기는 속히 하고 말하기는 더디 해야 한다"(잠 17:27-28, 약 1:19)는 설교를 귀에 못이 박이도록 들었다. 하지만 누구를 만나든 상대방의 얘기를 경청한다는 게 여전히 쉽지 않았다. 교인들 가운데도 누군가가 이야기를 잘 들어 주었던 경험을 가진 이는 거의 없었다.

사람들이 들려 주는 이야기와 마음의 소리에 귀를 기울이기(경청하기) 시작하자, 많은 이들이 눈물을 쏟았다. 내담자들은 한결같이 자신이 가치 있는 존재로서 존중과 사랑을 받는다는 느낌을 가지고 돌아갔다. 처음에는 충고를 자제한다든지 불편한 마음을 억누르고 아무런 반응을 보이지 않기가 무척 어려웠다. 하지만 점차 일정 수준 상대방의 처지에서 생각할 수 있을 때까지 충고를 삼가는 태도가 몸에 붙었다.

우리는 곧 부부 세미나, 미혼 남녀를 위한 수련회, 리더십 포럼, 부교역자 및 직원 회의, 주일 성경공부 모임 등 여러 영역에서 구체적으로 '듣기 훈련'을 해나갔다. 전문가들이 연구한 바에 따르면 학습을 통해 얻은 지식은 48-72시간 안에 행동으로 옮겨야 한다고 한다. 그렇지 않으면 결코 삶에 적용되지 않는 '좋은 생각'을 차곡차곡 쌓아두는 데 그치고 만다는 것이다.

뉴 라이프 펠로십 교회에서는 교인들에게 세 가지 기초적인 듣기와 말하기 훈련을 시킨다. 부부나 아직 결혼하지 않은 청년들, 또는 리더들 사이에서 갈등이 벌어진다든지 누군가를 향해 어떤 의미심장한 감정을 품는 일이 생기면 즉시 이 세 가지 도구들 가운데 하나를 끌어다 사용하게 될 것이다.

성육신적인 경청을 위한 지침

우선, 성육신적인 경청을 가르쳤는데, 교인들이 따라갈 수 있는 실제적인 지침을 제시했다.

- 시작하기 전에,
  먼저 이야기할 사람과 들을 사람을 결정하라. 순서에 따라 양쪽 다 말할 기회를 갖게 될 것이다.

- 이야기하는 사람은,
  1. 자신의 생각과 감정, 욕구를 이야기하라.
  2. 간결하고 집약적으로 이야기할 수 있도록 노력하라.
  3. 상대방이 놓치고 있는 부분이 있으면 바로잡아 주라.
  4. 듣는 이가 충분히 납득했다는 느낌이 들 때까지 반복해서 이야기를 하라.
  5. 더 이상 할 말이 없으면 "이제 다 됐습니다"라고 이야기하라. 그리고 상대방에게 "혹시 하고 싶은 말이 있습니까?"라고 물으라.

- 듣는 사람은,
  1. 자신이 가지고 있는 모든 선입견과 의도를 내려놓으라.
  2. 상대방이 자기 생각을 다 토로할 때까지 기다리라.

3. "내가 들은 바로는…"이라는 표현으로 말을 시작하라. 상대방이 했던 말을 가능한 한 정확하게 들려 주라. 상대방이 썼던 어휘들을 그대로 사용하라. 판단하거나 해석하지 않도록 조심하라. 부연 설명도 삼가야 한다.

4. 이어서 "내 말이 맞습니까?"라고 질문하라. 상대방이 "틀렸다"고 이야기하면 2단계로 돌아가라. "맞다"라고 대답하면 "더 할 얘기가 있습니까?"라고 물어서 상대방이 이야기를 계속하게 하라.

5. 상대방이 더 이야기하고 싶어 하면 2단계로 돌아가라. "이젠 더 할 얘기가 없습니다"라고 말할 때까지 계속 이 과정을 되풀이하라.

인정(validation)

두 번째로는 체계적으로 경청하는 방법을 가르쳤다. 이른바 인정 훈련이다. 인정이란 상대방에 반드시 동의해야 한다는 뜻이 아니라 다음과 같이 이야기하는 걸 말한다.

- "(동의할 수는 없지만) 그런 식으로도 볼 수 있겠다는 생각이 듭니다."
- "당신의 입장에서 보면 그럴 수도 있겠어요."
- "이해가 갑니다."
- "아주 틀린 말은 아니군요."

다시 말하지만, 상대방을 깊이 이해하고 진심을 담아 이야기하는 것이 인정의 핵심이다. 여기에는 상당 수준의 겸손이 요구된다.

예를 들어, 조세핀이라는 여성이 무려 석 달 동안이나 여전도회는 물론이고 교회에도 얼굴을 비치지 않다가 불쑥 목회자를 찾아왔다고 생각해 보자. 조세핀은 불만에 가득 차서 이야기한다. "목사님이 나를 무시한다는 느낌이 들었어요. 모임을 시작하기 전이나 끝난 뒤에 다른 교인들은 다 가볍게 안아 주면서 어째서 항상 나만 그냥 지나치는 거죠?" 목회자는 "뭘 그까짓 걸 가지고 그러세요. 그런 일이 있었는지 나는 기억조차 나질 않네요"라고 말하면서 문제를 조세핀에게 돌릴 지도 모른다. 아니면 "자매님 입장에서 생각해 보니 어째서 그런 느낌이 들었는지 이해가 갑니다"라고 말할 수도 있다. 그러자면 먼저 겸손한 마음이 준비되어야 한다.

탐사

간단히 말해서 탐사(Exploring)란 좋은 소식을 전하는 기자가 되어서 상대방에게 "좀 더 자세히 말씀해주세요. 알아듣기 쉽게 설명해 주시겠어요? 어떻게 그런 결론을 끌어냈지요?"라고 요구하는 걸 말한다. 탐사의 목적은 상대방에게 무언가 답을 제공하거나 행동을 교정해 준다든지 듣는 쪽의 입장을 방어하고 싶은 욕구를 차단하는 데 있다.

특히 공격을 받고 있다는 느낌이나 불쾌감, 두려움, 분노 따위가 일어날 때 대단히 중요한 역할을 한다. 탐사는 자신을 방어하지 않고 마음을 열어 두는 능력이 어느 정도인지 검증해 준다. 거듭 강조하지만, 대화하는 동안 다음에 해야 할 말을 생각하지 말고 상대방의 세계와 그 실체에 관심을 집중해야 한다.

가령, 소그룹 모임이 끝난 후 누가 다가와서 "오늘 밤 모임에서는 쓸 만한 얘기가 하나도 없더군요"라고 얘기한다 치자. 당장 말로든 주먹으로든 머리를 한대 쥐어박아 주고 싶은 생각이 불쑥 치밀어 오를 것이다. 하지만 흥분하지 말고 얼른 탐사를 시작하는 게 유익하다. "그러셨어요? 무엇 때문에 오늘 모임이 시원찮았다고 생각하시게 됐는지 얘기해 주시겠어요?"

대다수 크리스천, 그 가운데서도 리더들은 일반적으로 듣기보다는 말하기를 좋아한다. 당연히 사려 깊은 경청과 인정, 탐사 등 듣기 기술 가운데 어느 하나도 사용하기가 만만치 않다는 느낌이 들 수밖에 없다. 따라서 뉴 라이프 펠로십 교회는 초기 단계에 있는 교인들에게 코치 역할을 해줄 제3의 인물을 붙여서 듣기 기술들을 체득할 수 있도록 돕는다.

리더로서 성육신적인 삶의 모델을 보여 주지 못했더라면 무엇으로도 언뜻 부자연스럽고 굴욕적으로까지 보이는 이 원리를 작동시켜서 이전보다 더 강력한 파문을 일으키게 만들 수 없었을 것이다.

두번째 원동력 : 자아를 지키라

일반적으로 성육신적인 삶을 사는 데 있어서 가장 큰 도전은 다른 이의 세계에 들어갈 때 자아를 지키고 잃어버리지는 않는 일이다. 그것이 바로 예수님을 닮아 가는 길이기도 하다. 사도 요한의 기록에 따르면, 예수님께서는 제자들의 발을 씻기시기 이전에 이미 '아버지께서 모든 것을 자기 손에 맡기신 것과 또 자기가 하나님께로부터 오셨다가 하나님께로 돌아가실 것'을 아셨다(요 13:3)고 한다. 주님은 인간의 몸을 입고 우리 가운데 하나처럼 되셨지만 단 한 순간도 하나님이 아니었던 적이 없었다.

뉴 라이프 펠로십 교회에는 55개가 넘는 다양한 나라 출신의 교인들이 있다. 흑인과 서인도제도에서 이주해 온 교인들이 삼분의 일에 이르고, 아시아계(중국인, 한국인, 인도네시아인, 필리핀인 등) 교인들도 비슷한 수준이다. 히스패닉과 유대인, 동유럽 출신, 백인들이 나머지 삼분의 일을 차지한다. 나는 이탈리아계 미국인 2세이며 문화적으로는 이탈리아 나폴리에 그 뿌리를 두고 있다. 비록 모두 다른 사람들의 세계에 들어가도록 부르심을 받았을지라도, 한편으로는 스스로의 문화와 감정, 신앙과 역사, 신념을 확인하고 음미하며 관심을 기울일 필요가 있다.

정서적 · 영적으로 성숙한 그리스도의 제자가 되고자 할 때, 두 번째 역사는 아마도 적용하기가 가장 까다롭고 도전적인 원리일 것이다. 하지만 이것이야말로 갈등을 성경적으로 해결하는 핵심원리다. 뿐만 아니라 욕구와 가치, 목표 같은 것들에 대해 교회 안팎에서 억압과 도전을 가해오는 이들에게 성숙하고 사랑이 넘치는 방식으로 대응하는 핵심원리이기도 하다. 어떤 식으로든 교회에서 리더로 섬길 때 기억해야 할 핵심원리기도 하다. 자아를 지키는 능력을 갖추지 못하면 결코 풍부한 상상력을 지닌 창의적인 리더가 될 수 없다. 정체된 현실을 깨고 새로운 경지로 교인들을 인도하지 못한다는 뜻이다. 리더라면 모름지기 레너드 젤리그(Leonard Zelig)처럼 변화무쌍한 인물이 되어야 한다.

영화 〈젤리그〉에서 우디 앨런(Woody Allen)은 레너드 젤리그라는 인간 카멜레온의 삶을 연기한다. 젤리그는 주위 사람들과 똑같은 모습으로 변해서 그 사람처럼 행동하는 독특한 힘과 능력 덕분에 1920년대를 주름잡는 유명 인사가 된다. 흑인이든, 인디언이든, 뚱뚱한 중국인이든, 스코틀랜드인이든 누군가를 지목하면 금방 그 사람이 될 수 있었다. 이 인간 카멜레온에게는 자기만의 '자아'라는 게 없었다. 누구로라도 변신이 가능했으므로 프로 권투선수 잭 뎀프시(Jack Dempsey)와 농담을 나누는가 하면 뉘른베르크로 날아가서 히틀러와 나란히 연단에 오를 수도 있었다.

젤리그는 유력 인사들을 만날 때마다 모습을 바꿨다. 중국인을 만나면 영락없이 중국인이 됐다. 랍비를 만나면 놀랍게도 수염이 생기고 곱슬머리가 자랐다. 정신과 의사들과 함께 있을 때는 대가라도 되는 듯 전문용어를 써가며 거만하게 굴었다. 또 바티칸에 가서는 교황 비오 11세를 보좌하는 사제인 듯 행동했다.

젤리그는 카멜레온처럼 주변 세계의 변화에 맞춰서 피부색과 말투, 겉모습을 자유자재로 바꾸었다. 어디를 가든지 환경에 적응했다. 특별히 원하는 건 없었다. 안전을 보장받고, 충돌 없이 어울리며, 사람들 사이에서 받아들여지고 사랑받으면 그것으로 그만이었다. 그렇게 유명해졌지만, 그는 아무도 아닌, 심지어 인격조차 없는 존재였다.[7]

더러 지나치게 상대방의 입장에 서는 경우들이 있다. 정체 모를 두려움에 사로잡혀 좋아하는 게 무어고 어떤 생각을 가졌는지 이야기하지 못한다. 그러는 사이에 자신을 잃어버리기 일쑤다.

크리스천의 본보기는 예수님임을 잊지 말라. 주님은 온전히 인간이 되셨지만 동시에 온전한 하나님이셨다. 다음 자기 자신을 지킨다는 게 무얼 의미하는지 선명하게 보여 주는 사례들이다.

도나와 엘리슨: 친구의 갑작스런 변화

우리 교회에 출석하는 도나(Donna)와 엘리슨(Allison)은 가깝게 지내던 사이였는데, 얼마 전부터 두 사이의 관계가 껄끄러워졌다. 도나는 엘리슨 때문에 잔뜩 속이 상해 있었다. 요즘 들어 무언가를 부탁할 때마다 엘리슨이 늘 거절하는 것 같았기 때문이다. 엘리슨이 무슨 일을 하자고 제안하는 경우, 도나는 언제나 발 벗고 나서서 거들곤 했었다. 불쾌감과 실망, 분노에 속을 끓이던 도나는 결국 엘리슨을 찾아갔다.

하지만 엘리슨은 '자아를 지키는 법'을 서서히 배워 가고 있는 중이었다. 과거에는 죄책감 때문에 언제나 도나가 가자는 대로 다니곤 했었다. "싫어"라고 말하면 어쩐지 나쁜 사람이 되는 것 같은 느낌이 들었다. 그러나 점차 스스로를 존중하는 법을 배웠고, 스스로 "좋아"와 "싫어"를 선택할 권리가 있다는 점을 깨달았다. 자신은 내향적인 성품을 가졌으므로 대단히 외향적인 도나처럼 사람들과 어울리기가 힘들다는 사실을 인식하게 된 것이다.

그러면 이제 어떻게 할 것인가? 먼저 엘리슨은 도나의 입장에 서서 친구가 얼마나 실망하고 서운했는지, 얼마나 화가 났는지 잘 들었다. 반발하거나 변명을 하지는 않았다. 도나의 이야기를 귀 기울여 들은 뒤에, 엘리슨은 자아를 지켜가며(자신의 감정과 욕구를 존중해 가며) 이야기했다. "도나야, 친구로서 너한테 참 고맙게 생각해. 너와 함께 시간을 보내는 게 참 즐거워. 다만 나는 '싫어'라고 말할 자유를 누리고 싶을 뿐이야."

도나가 호의적인 반응을 보이지는 않았다. 그렇다고 해서 엘리슨이 다시 자아를 잃어버리고 하루 종일 도나와 어울려 지낸다면, 점점 분노가 쌓이고 언젠가 관계가 깨져 버릴 것이다. 자신과 친구를 제대로 사랑하자면, 엘리슨은 힘이 들더라도 자아를 지켜야 한다.

월슨과 잭: 리더와 멤버 간의 갈등

월슨(Wilson)은 '반대'를 쉽게 받아들이지 못하는 성향을 가진 소그룹 리더였다. 늘 "마음대로 해봐. 나는 나의 길을 가련다"라는 식이었다(자신에게 그런 성향이 있다는 걸 스스로는 인식하지 못했다). 지난 한 해 동안 월슨이 인도하는 소그룹 모임에 출석했던 잭(Jack)은 변화를 모색했다. 찬양 팀에 들어가서 다른 이들과 새로운 관계를 맺어 보고 싶었다.

어느 목요일 저녁, 소그룹 모임이 끝난 뒤에 잭은 월슨에게 자기 계획을 알렸다(다소 두렵기도 하고 불안하기도 했을 것이다). 돌아온 대답은 간단하고도 명료했다. "우리 소그룹을 떠나다니요. 그건 하나님의 뜻을 어기는 겁니다." 월슨이 보기에 이 문제는 하나님의 지체와 긴밀한 관계가 끊어지는 성경적인 사안이었던 것이다.

두말할 것도 없이, 잭에게는 상당히 난감한 상황이다. 여기서 예수님을 좇아 성육신하는 삶의 본을 보이려면 어떻게 해야 할 것인가? 얼마 전까지만 하더라도 이런 일이 벌어지면 잭은 고통을 피하기 위해서 소그룹 모임과 교회에 발을 끊거나, 반대로 자신의 계획을 포기하고 월슨과의 관계를 그대로 이어갔을 것이다.

다행히 잭은 이제 성육신적인 삶이 무엇인지 배워서 알고 있던 터였다. 그래서 우선 소그룹 멤버들의 영적인 안전과 성장을 걱정하는 월슨의 마음을 경청했다. 잭으로서는 고역스러운 일이었다. 월슨의 평가와 결론 가운데는 동의할 수 없는 부분이 적지 않았기 때문이다. 훌륭하게도 잭은 일일이 반응을 보이기보다는 탐사를 계속하면서 월슨의 이야기를 다 들었다.

다음에는 스스로의 정당한 관심과 욕구를 외면하지 않고 자아를 지켰다. 잭은 소그룹에서 많은 것들을 배웠으며 좋은 관계를 맺을 수 있었던 것에 대해 윌슨에게 감사했다. 윌슨이 하는 모든 얘기를 진지하게 고려했다. 가끔씩 모임에 나가고 싶다는 소망을 전했다. 그리고 서로에게 유익한 방법으로 소그룹 모임을 마무리 지을 수 있으면 좋겠노라고 했다. 마음이 편치는 않았지만, 윌슨은 잭과 그가 내린 결정을 존중하기로 마음먹었다.

기도회를 열어야 하는 게 아닌가요?

한국인 여성 한 명이 어느 날 완강한 어조로 말했다. "목사님, 뜨거운 목요 기도 모임이 필요해요. 하나님께서는 기도에 응답해 주시는 분이잖아요. 최근에 어느 교회에 갔었는데, 거기서는 모든 사역이 기도 모임에서 시작된대요. 우리도 먼저 기도 사역을 하고 그 다음에 소그룹 운동을 벌이는 게 좋겠어요."

갑자기 구석에 몰리는 듯한 생각이 들었다. 그녀의 목소리는 제안이라기보다 요구에 가까운 느낌을 주었다. 이번처럼 누군가가 '다른 교회에서 잘 돌아가고 있는 프로그램'이라는 꼬리표를 붙여서 극단적으로 다른 아이디어를 들고 찾아오면 나는 죄책감이나 자기를 방어해야 한다는 부담감을 느끼거나 화가 나곤 했다.

도대체 뭐라고 대답을 해줘야 할까? 기도가 필요하다는 사실을 모르는 사람이 어디 있단 말인가? 하지만 실제로 뉴 라이프 펠로십 교회를 시작할 당시부터 하나님께서 내게 주신 비전은 뉴욕 시 전역에 강력하고 분산된 소그룹 시스템을 구축하는 것이었다. 따라서 교회 중심의 기도회는 교인 전체가 아니라 대략 40-60명 정도가 출석하는 소규모를 유지하고 있다. 규모가 작으니 자연 화려한 모습도 줄어들었다.

그러면 이토록 완강하게 다가서는 교인 앞에서 어떻게 자아를 지킬 것인가? 나는 잠시 물러나서 마음속으로 물었다. "하나님, 리더로서 제가 어떻게 처신하면 좋겠습니까? 교회를 어떤 방향으로 이끌어 가기를 원하십니까? 지금 나눈 대화를 어떤 마음으로 받아들여야 할까요? 주님, 제게 주시려는 가르침은 무엇입니까? 어떻게 하면 더 열심히 기도하고 싶어 하는 마음을 인정해 주면서 동시에 문제 제기 방식을 사랑으로 바로잡아 줄 수 있겠습니까?"

세 번째 원동력 : 두 세계에 다리를 걸치라

가장 효과적인 제자훈련은 훈련을 받는 이의 눈높이까지 내려가서 함께 있어 주는 것이다. 이것이 예수님의 방식이었으며, 주님의 제자들도 같은 방법을 활용했다.

성육신하셔서 세상에 머무시는 동안에도 예수님께서는 성부와 연합한 완전한 하나님이셨다. 반면에 고난과 죽음을 맛보신 완전한 인간이기도 하셨다. 하늘과 땅이라는 두 세계에 모두 속하셨던 셈이다. 하늘나라에서 아버지 하나님과 함께 머무셨더라면, 예수님의 삶은 훨씬 단순했을 것이다. 주님께 이 세상이란 편안한 곳이 아니었다. 이 땅에 오시는 순간 주님의 삶에는 고뇌와 고통이 쏟아져 들어왔다. 사람들로부터 오해를 받으셨고 외면을 당하셨다. 맨몸으로 외롭게 십자가에 달려 돌아가셨다. 그야말로 하늘과 땅 사이에 매달리신 것이다. 한마디로 예수님께는 성가신 일이었다.

예수님께서는 "제자가 그 선생보다, 또는 종이 그 상전보다 높지 못하나니"(마 10:24)라고 말씀하셨다. 크리스천 가운데 문자 그대로 십자가에 달려서 죽음을 맞는 일은 거의 없을 것이다. 하지만 성육신적인 삶을 살려고 한다면 다른 방식으로 죽음을 경험하게 된다. 거기에는 시간과 에너지, 경우에 따라서는 돈까지 들어간다. 십중팔구는 안전하고 안락한 세계가 무너져 내린다. 하지만 장기적으로 볼 때는 훨씬 적은 수고로 더욱 풍성한 열매를 거두게 된다. 성육신적인 삶이란 무슨 일을 향하느냐가 아니라 어떤 존재가 되느냐의 문제기 때문이다.

성육신적인 삶을 살기로 결정한다면, 자신의 세계와 상대방의 세계 사이에 매달려야 한다. 주관을 잃지 말고 자신에게 충실해야 하지만 동시에 상대방의 세계에 들어가야 하기 때문이다.

예수님의 성육신과 죽음이 영원한 생명을 낳았던 것처럼, 우리가 예수님과 똑같은 길을 간다면 자신은 물론 다른 이들 가운데서도 생명이 되살아나고 수많은 열매가 맺힐 것이다.

데드 맨 워킹

1995년에 개봉된 영화 〈데드 맨 워킹〉을 예로 들어 보자. 뉴올리언스 빈민가 세인트토머스(St. Thomas)에서 살며 일하던 수녀 헬렌 프레진(Helen Prejean)은 어느 사형수로부터 펜팔 상대가 돼달라는 초대를 받는다. 발신자는 폰슬렛(Matthew Poncelet)이라는 사형수였다. 폰슬렛과 그의 친구는 금요일 밤 한적한 오솔길에서 데이트를 즐기던 로레타와 데이빗이라는 무고한 십대 아이 둘과 우연히 맞닥뜨렸다. 로레타는 성폭행을 당했다. 두 아이는 모두 머리 뒤에 총을 맞고 숲 속에 버려졌다.

헬렌 수녀는 폰슬렛의 무죄 주장이 사실인지 아닌지 알 수 없었다. 성폭행과 살인이 실제로는 모두 친구의 소행이라고 주장했기 때문이었다. 헬렌을 찾은 것도 영적인 인도자가 필요해서가 아니라 사형을 면하게 애써달라는 요청을 하려는 속셈이었다.

헬렌은 폰슬렛의 세계로 들어갔다. 결코 아름다운 세계는 아니었다. 그는 사랑하기 쉽지 않은 인물이었다. 흑인을 비하하는 말을 서슴지 않았으며 히틀러가 마땅히 해야 할 일을 해냈다고까지 했다. 여성을 '암컷'이라고 부르는가 하면 정부청사를 날려버리겠고 으르렁거렸다. 헬렌에게는 결혼이나 섹스 경험이 없지 않느냐며 이죽거렸다. 동정할 만한 구석이라곤 전혀 없었다.

그럼에도 불구하고, 헬렌은 자아를 잃지 않았으며 믿음을 포기하지도 않았다. 죄를 고백하고 하나님 앞에 바로 서라고 되풀이해서 설득했다. 어떻게 해서든지 폰슬렛 스스로 자신이 저지른 일에 책임감을 느끼게 하고 싶었다. 진도는 더뎠다. 대단히 더뎠다.

동시에 헬렌은 슬픔에 잠긴 가족들과 관계를 열어 나가기 시작했다. 한없이 상실과 고통을 겪고 있는 그들의 세계에 깊이 들어갔다. 로레타와 데이빗의 부모들은 무척 화가나 있는 상태였으며 헬렌이 폰슬렛을 돕지 못하게 압력을 가했다. 그들은 자르듯 선을 그었다. 희생자의 아버지는 헬렌에게 집 밖으로 나가달라고 요구하며 분명하게 못 박았다. "살인자 편을 들면서 아울러 우리와 친구가 되기를 기대할 수는 없습니다. 정의가 실현되는 걸 보고 싶어 하는 사람만이 진정으로 우리 식구들을 보살필 수 있습니다."

신문들은 폰슬렛의 인종차별적이고 나치에 동조하는 성향을 꼬집으면서 헬렌의 이름을 언급했다. 동료들은 그녀가 빈민가 사역에 소홀해졌다고 불평했다. "공부방 아이들보다 살인범을 돌보는 데 더 신경을 쓰고 있잖아요."

헬렌은 문자 그대로 '끔찍하게 힘든' 성육신적인 사역을 감당하면서 하늘과 땅 사이에 매달렸다. 자신의 세계와 사형 판결을 받은 살인자의 세계, 살인범에게 자녀를 잃은 부모의 세계, 현장에서 일하는 동료들의 세계 사이를 오갔던 것이다.

데이빗의 아버지가 어떻게 자신이 하는 일에 대해 그렇게 믿음을 가질 수 있느냐고 물었을 때, 헬렌 수녀는 대답한다. "믿음이 아니라 노력입니다." 헬렌 수녀는 포기하지 않았다. 시간이 지나면서 폰슬렛도 보호막을 열고 연약한 속을 드러내기 시작했다. 자정으로 예정된 집행 시간을 불과 몇 분 남겨 둔 밤 11시 38분, 수녀는 마지막으로 묻는다. "두 사람 모두의 죽음에 대해 책임감을 느끼나요?"

폰슬렛은 눈물을 흘리며 처음으로 자기 죄를 인정했다. 잠시 후, 그가 말했다. "나를 사랑해 줘서 고맙습니다. 지금까지 나를 정말로 사랑해 준 사람은 아무도 없었어요."

헬렌은 폰슬렛과 함께 형장으로 걸어가던 순간을 이렇게 기억한다. "걸어가면서 처음으로 그를 만졌다. 고개를 숙이니 쇠사슬이 번들거리는 타일 위에 질질 끌리는 게 보였다. 폰슬렛은 빡빡 깎은 머리에 깨끗하고 하얀 티셔츠 차림이었다. 집행관들이 처형실로 데리고 들어가는 순간, 나는 그에게 머리를 기대고 등에 입을 맞췄다. '매튜, 나를 위해 기도해 줘요.' 그가 대답했다. '수녀님, 그렇게 할게요.'"

헬렌 수녀는 독극물을 주입하기 위해 의자에 몸을 묶을 때 자기 얼굴을 바라봐 달라고 했다. "죽기 전에 마지막으로 보는 모습이 당신을 사랑하는 누군가의 얼굴이 되게 하고 싶어요." 폰슬렛은 그대로 따랐고, 마침내 괴로움이 아니라 사랑을 느끼며 세상을 떠났다.

성육신적인 삶의 열매

교회사를 풍미했던 위대한 신학자들은 모두 '성육신은 신비로운 사건'이라고 가르친다. 하지만 우리는 성육신의 거대한 의미 가운데 지극히 작은 부분을 파악하고 있을 뿐이다.

눈을 감고 가만히 앉아서 교인들에게 "어떻게 하면 내가 여러분이 될 수 있습니까? 어떻게 하면 여러분의 형편이 될 수 있겠습니까?"라고 물었던 일을 돌아본다. 거기서 나는 한 가지 진리를 깨달았다. 만일 우리가 자신을 버리고 잠시 다른 이의 세계에 들어가 산다면, 결코 자신의 삶으로, 과거와 똑같은 자신으로 돌아오지 못할 것이다. 하나님께서 그 과정을 통해 우리를 예수님의 형상으로 변화시키시기 때문이다. 우리는 이미 추악한 자아에 대해 죽는 법을 배웠다. 그리고 두 발은 여전히 땅을 딛고 서 있다.

하나님께서는 '그 어떻게 된 것을 알지 못하는' 방식으로 삶 가운데 치유와 변화를 일으키신다(마 4:26-29). 그리고 개인과 교회가 모두 30배, 60배, 100배의 결실을 맺게 하신다. 예수님께서 약속하신 것처럼, 우리가 기대했던 것보다 더 많은 것을 주실 것이다.

사랑하는 일에 우선순위를 두라

성육신적인 삶에 우선순위를 두면 교회의 우선순위나 성공의 정의에 혼란이 생길 수도 있다. 성육신적인 삶이란 단순히 누군가를 '교정'한다거나 하나님을 영화롭게 하는 일을 하도록 세상을 조절해 간다는 뜻이아니다.

미국의 유명한 신학자요 설교가인 조나단 에드워즈(Jonathan Edwards, 1703-1758)는 사랑장(고전 13장)을 본문으로 힘이 넘치는 연속 설교를 했었다. 에드워즈는 기적이나 영적인 은사들로는 성령님의 능력을 움직일 수 없으며 크리스천이 될 수도 없다는 바울의 지적(고전 13:1-3)을 상기시키는것으로 설교를 시작했다.

커다란 믿음으로 기적을 행하고 모든 소유를 희생하며 영적인 은사들을 보이는 등 하나님을 위한 사역을 감당한다 하더라도 예수 그리스도의 진정한 제자가 되지 못할 수 있다는 말이다.

에드워즈는 바울이 그런 사역을 일컬어 "아무것도 아니요"(고전 13:2-3)라고 했던 점을 일깨웠다. 유다나 발람, 사울의 사례나 마태복음 7장 21-23절에 기록된 예수님의 산상설교를 생각해 보라.[8]

게다가 크리스천의 삶을 통해 작동되는 능력이나 은사의 수준과 영적인 성숙 사이에는 아무런 관계가 없다. 바울 역시, 비록 영적인 은사를소유했다 하더라도 영적인 어린아이에 머물 수 있다는 점을 분명하게 지적했다. 특히 고린도전서 3장에서 그런 문제를 집중적으로 다뤘다. 성령님께서 살아 움직이시는 표적은 초자연적인 사랑이지 무슨 은사나 성공적인 결과가 아니다. 이러한 사랑을 하려면 마음속에서 초자연적인 은혜의 역사가 일어나야 한다.

　조나단 에드워즈는 고린도전서 13장에 관한 마지막 설교에서 하늘나라에 이르기까지 영원히 변치 않는 성분은 사랑뿐이라고 했다. 하늘나라에서는 모두가 완벽하고 완전히, 무한정 사랑한다. 고린도전서 3장 4-7절에 정의된 것처럼 철저하게 사랑한다면 이 땅에서 진정 하나님 나라의 삶을 사는 것이다. 이런 사랑은 사탄이 모방할 수 없으며 인위적인 노력으로 흉내낼 수 없다. 그야말로 하늘나라의 사랑인 것이다. 조나단 에드워즈는 하늘나라에 대해 더할 나위 없이 아름다운 묘사를 남겼다.

> 하늘나라는 사랑의 세상이다. 하나님께서 사랑의 샘이시기 때문이다. 태양이 빛의 근원인 것과 마찬가지다. 하나님께서 하늘나라에 영광스럽게 임재해 계시므로, 그곳은 사랑이 차고 넘친다. 눈에 보이는 저 하늘 한복판에 해가 있으면 세상이 빛으로 충만해지지 않는가. 바울 사도는 "하나님은 사랑이시라"고 말한다. 따라서 하나님을 무한한 존재로 본다는 것은 곧 사랑이 무한정 샘솟는 원천으로 믿는다는 뜻이다. 신성이라는 것은 말하자면 성부와 성자로부터 흘러나오는 무한한, 그리고 결코 변치 않는 사랑의 감정이다. 이 영광스러운 샘은 넘쳐흘러 개울을 이루고, 사랑과 기쁨의 강이 된다. 강물은 다시, 구속받은 이들의 영혼들이 말할 수 없이 감미로운 기쁨에 젖는, 그들의 마음이 사랑에 잠기는 사랑의 바다를 이룬다.[9]

　나로서는 그처럼 정서적으로 건강하고, 균형 잡혀 있으며, 성숙한 교회를 보기 위해서 하늘나라에 갈 때까지 기다리고 싶지 않다. 아니, 그럴 필요가 없다. 하나님께서는 21세기 온 세상 모든 교회의 제자도에 코페르니쿠스적인 혁명이 일어나기를 기대하신다. 그러자면 수적인 성장도 필요하지만 우리 자신과 영적으로 틀을 잡아가는 방식에 질적인 변화가 그보다 더 중요하다.

이것들은 세상에서 하늘나라를 더욱 깊이 맛볼 수 있는 지름길이다. 바로 지금 여정을 시작할 수 있으며, 그 파문은 우리 자신과 교회를 거쳐 상처투성이 세상으로 퍼져나갈 것이다. 하지만 그러기 위해서는 삶의 속도를 늦추고 진심으로 이끌어 가려는 노력이 필수적이다. 그것이 바로 정서적으로 건강한 교회를 일구는 일곱 번째 원칙이다.

Chapter 12

원칙7 :
천천히, 그리고 진심을 담아 이끌라

정서적으로 건강한 교회 컨퍼런스가 막바지에 이를 즈음, 우리 부부는 종종 참석한 목회자와 지도자들에게 새로이 알게 된 사실들을 적어 보라고 주문하곤 한다. 그때마다 자주 나오는 대답들이 있다.

- 삶에서 진리를 찾아 볼 수 없다면 설교에서도 마찬가지일 것이다.
- 내면생활을 소홀히 여겼었다.
- 교인들을 관리하느라 예수님과 동행하는 삶을 살지 못했다. 그러다보니 결혼 생활도 자연스레 황폐해졌다.
- 금욕적인 태도는 자기방어기제에 지나지 않으며 사실상 나를 지으신 하나님을 깎아 내리는 처사나 다름없다.
- 더 정확한 자기인식이 있어야 한다.
- '감으로 대충' 식의 마음가짐을 버려야 한다. 정서적으로 건강하려면 훈련과 고된 노력이 따라야 한다.
- 하나님과 함께하는 시간과 그분을 믿고 안식하는 데 더 높은 우선순위를 두어야 한다.
- 믿음의 식구로 함께 성숙해 가자면 교인들도 정서적으로 건강해지는 훈련을 받을 필요가 있다.
- 영적으로 건조하고 공허해진 상태다. 속도를 늦추고 안식해야 한다.
- 스스로 인정하는 것보다 훨씬 더 자신이 없고 갈등을 회피하려

한다.

- 과거를 탐사한다는 건 과거에 머문다는 뜻이 아니다.
- 개인적으로 책임질 일이 아닌 사안까지 지나치게 개인화한다.
- 세상은 내가 없어도 돌아가지만, 나는 그리스도가 없으면 한시도 살 수 없다.

공감이 가는 얘기가 있는가? 지금 살고 있는 삶과 맞아떨어지는 항목이 몇 개나 되는가? 이는 정서적인 건강의 최종적이고 기본적인 단계, 즉 천천히, 진심으로 이끌라는 원칙으로 이끌어 간다.

네 차례의 방향 전환

첫 번째 방향 전환은 열아홉 살 때 크리스천이 되면서 일어났다. "이 생을 뛰어넘는 내생이 있는가?"라는 의문의 끝을 부여잡고 두 해 동안 씨름한 끝에 내린 결정이었다. 쾌락을 연구하고 추구하는 생활은 공허할 따름이었다. 결국 안으로, 그리고 바닥으로 내려가 내면을 살피는 여정에 나섰다. 하나님은 내 삶의 그 한 자락을 사용하셔서 예수님을 주님으로, 그리고 삶의 전부로 만날 준비를 갖추게 하셨다. 그렇게 영적인 나그네 길에 들어섰고 결국 목회자가 되었다.

그로부터 17년 뒤, 스페인계 교인들로 구성된 교회가 두 조각으로 갈라지면서 (2장에서 이야기한 바 있다) 두 번째 방향 전환을 경험했다. 영혼을 잃으면 온 세상을 다 얻어도 아무 쓸모가 없음을(막 8:36) 통감하는 내면의 역사가 일어나기 이태 전의 일이다. 정서적인 건강과 영적인 성숙은 동전의 양면과 같으며 성숙은 은사나 지식의 소산이 아니라 사랑과 성품의 열매임을 깨달았다. 소명 의식을 가지고 결혼 생활에 임하는 마음가짐이 영적으로 단단해지는 데 핵심적인 기능을 한다는 걸 알게 되었다.

정서적인 건강을 향한 여정을 시작하는 역사적인 순간이었다. 영적으로, 정서적으로, 관계적으로 꽃이 활짝 피는 시기였다. 얼마 뒤부터 아내와 함께 정서적인 건강에 관해 가르치기 시작했고 수많은 이들의 삶과 결혼 생활이 극적으로 바뀌는 장면을 지켜볼 수 있었다. 그렇게 7년을 보내고 나서 그 원칙들을 정리해서 이 책의 초판을 썼다.

세 번째 방향 전환은 2003부터 2004년에 걸쳐 일어났다. 무언가 모자란다는 느낌을 지울 수가 없었다. 정서적인 건강을 향한 여정을 시작한 이들도 수많은 일과 스트레스에 짓눌린 삶을 좀처럼 벗어나지 못했다. 여기저기 흩어져서 집중하지 못하고 분열된 상태로 다른 이들의 영성에 기대어 사는 이들이 여전히 허다했다. 예수님을 향한 열정에 사로잡혀 주님과 깊이 교제하고 그 힘을 바탕으로 이웃을 사랑하는 삶을 살아 가길 간절히 소망했지만 현실은 그렇지 못했다.

1996년부터 7년 동안 관상영성(contemplative spirituality), 특히 수도원 영성을 탐닉했다. 아내와 함께 넉 달 동안 침묵과 고독, 철저한 안식의 리듬을 좇아 생활했던 안식 기간이 탐색의 절정이었다. 로만가톨릭을 비롯해 정교회와 개신교회의 전통을 간직한 수도 공동체들을 두루 섭렵했다.

하나님은 다양한 방법으로 필요를 채워 주셨다. 돌아볼수록 여전히 일이 많았다. 으뜸으로 쳐야 할 일은 목사와 지도자 노릇이 아니라 하나님을 찾는 작업이었다(시 27:4). 내 삶에 자리 잡은 활동과 관상의 관계에 지각변동이 일어났다. 영적인 기반을 구축하려면 침묵과 고독이 필수적이며 속도를 늦추고 하나님과 함께하는 시간을 대폭 늘려야 한다는 걸 알았다. 한편으로는 하나님의 뜻보다 제 의지를 앞세우는 완고한 마음이 여전히 도사리고 있음을 새삼 절감했다. 특히 뉴 라이프 펠로십 교회와 관련된 사안에서 그런 성향이 도드라졌다. 그릇된 동기를 바탕으로 전략을 세우는 사례가 수두룩했다. 교회 성장을 염두에 두고 주님을 바라보는 자세를 버리고 오로지 주님만을 기다리기 시작했다.

네 번째 방향 전환은 2007년에 일어났다. 오랫동안 여러 대형 교회 목회자들에게서 받았던 질문이 있다. "채용과 해고, 당회, 인력 관리가 복잡하게 얽힌 큰 조직을 이끄는 데 어떻게 정서적인 건강이라는 개념을 적용할 수 있습니까?"라는 물음이다. 그때마다 대답했다. "모릅니다. 그래 본 경험이 전혀 없기 때문입니다. 그걸 규명하는 건 내 몫이 아닌 것 같습니다."

20년 가까이 교직자들과 함께 교회를 꾸려 가면서 행정적인 리더십과 담임목사이자 비전을 품은 지도자 역할 사이의 간격을 메울 방법을 꾸준히 탐색했다. 교회는 커졌지만 거푸 한계에 부닥쳤다. 정서적인 건강과 관상 영성훈련을 통합해 교회를 운영하는 영역에서는 성과가 제한적이었다.

일이 너무 많은 탓에 (설교, 당회, 행정, 위기관리 등) 여러 분야에서 신속하게 리더십을 발휘해야 했다. 그러다보니 더러 복잡해지겠다 싶으면 회의를 피하는사태가 벌어졌다. 불편한 '진실'들은 외면해 버렸다. 성과가 변변찮으면 입에 올리지도 않았다. 묻기 어려운 질문들은 건너뛰고 명백하게 그릇된 일에 대해서도 침묵했다. 회의를 앞두고도 목표와 일정을 분명히 한다든지 깊이 숙고하고 기도하는 따위의 준비를 갖추는 데 시간을 쏟지 않았다.

중심을 잡고 부르심을 따라가는 데 공을 들이지 않았다. 생각보다 일이 잘 돌아가지 않음을 보여 주는 속상하는 데이터를 검토하는 데 힘을 쓰지 않았다.

마침내 수많은 사건들이 동시다발적으로 벌어지면서 리더로서, 그리고 개인적으로 진정성을 추구하는 네 번째 방향 전환을 감행할 준비를 갖추게 되었다. 뉴 라이프 펠로십 교회가 하나님이 설계하신 바람직한 공동체가 되는 길을 가로막고 있는 가장 큰 장애물은 다른 누구라든지 무슨 특별한 요인이 아니라 바로 나 자신임을 인정할 수밖에 없었다. 문제의 핵심은 부교역자들이나 대형교회의 속성이 아니라 내게 있었다. 이런 인식은 빙산의 감춰진 또 다른 일면을 고통스럽게 들여다보는 자극제가 되었다.

계획을 잘 세우거나 프로젝트를 세심하게 챙기는 데 시간을 들이기를 한사코 마다하는 태도는 은사가 아니라 성격 때문이었다. 남다른 목회자가 되는 데 필요한 기술을 습득하는 건 학습하기 힘든 과정이 아니었다. 정작 힘이 드는 이슈는 두려움을 극복해 내는 일이었다. 오해를 사고, 친구를 잃어버리고, 교인들이 교회를 떠나는 사건들은 하나 같이 견디기 힘들지만 스스로 진정성을 상실하는 사태만큼은 아니라는 점을 깊이 깨달았다. 무슨 대가를 치르게 되든, 진실을 추구하는 게 으뜸이라는 걸 배웠다. 결과는 놀라웠다. 교회와 리더십, 그리고 피터 스카지로 목사는 극적으로 달라졌다. 몇 년 전만 하더라도 상상조차 할 수 없는 일이었다.

하나님, 그 거룩한 고고학자

크리스천으로 살아갈수록 그 여정에 끝이 없다는 걸 실감하게 된다. 수시로 뒤로 돌아가서 과거의 파괴적인 영향력을 끊어버려야 한다. 그러면 하나님은 더 깊고 심오한 차원에서 같은 이슈를 다시 부각시키신다. 앞으로 몇 차례 더 방향을 틀게 되지 않을까 싶다.

토머스 키팅(Thomas Keating)은 크리스천의 내면에서 벌어지는 하나님의 역사를 중동지역의 '텔'(tell, 고대 건축의 잔존물이 차곡차곡 쌓인 지층 - 역주)이나 한 문명이 존재했던 터에 다른 문명이 들어서는 고고학 유적지에 빗댄다. 고고학자들은 지층을 하나하나 벗겨내면서 역사 속에 누적된 다양한 문화들을 발굴해 낸다. 성령님은 마치 고고학자처럼 우리 삶의 지층들을 층층이 파내려 가신다.

성령님은 인생사 전반을 한 층 한 층 살피면서 쓸모없는 폐기물은 들어 내고 각 발달 단계에 부합하는 소중한 요소들은 잘 보존하신다. 마침내 성령님은 정서적인 삶이 형성되는 가장 최초의 기반까지 파고 들어가신다. 그러므로 실제로 하나님이 우리를 기다리고 계신 핵심부를 향해 들어갈수록 형편이 나빠지는 느낌이 들게 마련이다. 영적인 여정이 성공담이나 눈부신 도약이 아님을 경고하는 대목이다. 오히려 거짓된 자아가 드러나서 굴욕을 맛보는 사건의 연속에 가깝다.[1]

하나님은 방향을 잃고 헤매는 상황과 경험을 사용해 크리스천의 내면에서 오묘한 역사를 일으키신다.

영적인 여정은 어김없이 우리를 인생의 가장 가혹한 실체와 심중에 도사린 괴물, 그늘과 요새, 고집불통인 육신, 내면의 악마들과 맞닥뜨리게 한다. 우리 가운데 이런 적들이 뿌리내리고 있다거나 필연적으로 그 원수들을 다른 이들에게 투사해 드러내게 된다는 점을 이해하는 건 대단히 중요하다.

진정성을 키우라

하나님을 향해 품는 진정성

대다수 목회자들은 일분일초를 낭비하지 않으려 안간힘을 써가며 바쁘게 산다. 그러니 날이면 날마다 끝없이 밀려드는 교회 일을 처리하다 녹초가 된 채로 하루 일과를 마감한다. '자유 시간'이라고 해 봐야 그렇지 않아도 허리가 휘는 삶에 또 다른 일감을 보태는 꼴이 되기 십상이다. 안식과 재충전의 필요성을 알지만 일을 멈추지 못한다.

중독이나 다름없다. 약물이나 알코올이 아니라 활동과 일에 절은 것이다. 생체적으로 아드레날린 분비를 막아 속도를 늦추는 기능이 마비된 것처럼 보인다. 어디서 구멍이 날지 몰라서 노심초사한다. 그러니 일을 계속할 수밖에 없다.

모세와 엘리야, 세례 요한처럼 크리스천은 저마다 삶의 한복판에 '광야'를 만들고 예수님과 인격적인 관계를 가꿔가야 한다. 스스로의 영성은 방치하면서 교인들의 영적인 여정을 이끌겠다는 건 어불성설이다. 하나님과 개인적인 관계를 건너뛰면 천하에 둘도 없는 프로그램을 끌어

들인다 한들, 피상적이고 자기중심적으로 흐르는 사태를 피할 수 없다.

　　의지적으로 주 예수님과 동행하는 삶을 일구기 위해서는 의지적으로 집중해서 침묵하고, 기도하며, 성경을 묵상하고 통독하는 시간을 가져야 한다. 하지만 현대인들은 끝없이 시선을 흐트러트리고 예수님의 발아래 가만히 앉아 있을 수 없도록 불러대는 소리가 가득한 환경에서 살아간다. 그럼에도 불구하고 세상의 망상과 가면을 꿰뚫어 보고 주변 세계에 리더십을 행사할 수 있는 유일한 소망은 그것뿐이다.

　　교회사를 통틀어 일곱 가지 죽음에 이르는 죄를 거론할 때마다 나태, 또는 '무기력'은 어김없이 이름을 올렸다. 여기에는 단순히 게으름뿐만 아니라 그릇된 무언가를 위해 분주한 행태도 포함된다. 지나치게 활동적인 패턴에 빠져드는 건 하나님을 기억하고 홀로 그분과 더불어 지내는 삶의 수고로움을 견디지 못하는 까닭이다. 그러기에 4세기부터 5세기에 걸쳐 중동 지역에 살았던 초기 수도자인 사막교부들은 제아무리 경건한 일일지라도 하나님과 동행하는 내면의 삶이 뒷받침되지 않는 활동들을 끔찍이 싫어했다. 때가 무르익기 전에서 하나님을 위한 일들에 뛰어드는 걸 거듭 경계했다. 오늘을 사는 크리스천에게도 맞춤한 경고가 아닐 수 없다.

　　프랑스 시토회 수도원의 원장이었던 클레르보의 베르나르(Bernard of Clairvaux, 1090-1153)는 당대 최고의 지도자였고 작가였다. 12세기 초엽, 영적인 아들로 여기던 제자가 교황(에우제니오 3세)으로 선출되자 교황의 내면생활이 지금과 같은 수준의 경건을 유지하기에 턱없이 부족하지 않을까 염려했다. 베르나르는 에우제니오에게 온갖 요구가 쏟아지리라는 점을 걱정하며 이렇게 조언했다. "일들을 떨쳐내세요. 그렇지 않으면 산만해지고 마음이 딱딱해질 겁니다. 아무렇지도 않다 싶으면 벌써 그 지경에 이른 겁니다. 그대는 값을 치르고 속량 받은 몸입니다. 인간의 노예가 되지 마세요."[2]

하나님과 함께하는 삶이 주님을 위한 일을 넉넉히 뒷받침하지 못하면 진정성을 둘러싼 씨름을 피할 수 없다. 그동안 뭇 사람들에게 복음을 전하고, 교회를 성장시키며, 세계 선교에 참여하고, 은사를 최대한 사용하라고 배웠다. 동시에 경건의 시간과 하나님을 홀로 대면하는 작업의 중요함도 익혔다. 하지만 강조점은 내면과 심령의 밑바닥을 향하는 대신, 언제나 바깥을 바라보고 외형적인 수직성장에 가 있었다.

하나님과 함께하는 깊은 내면생활에서 자양분을 얻지 못하는 사역은 주님을 위해 시작했다 하더라도 결국 변질되고 만다. 인간의 경험적인 가치판단과 평가는 예수님을 통해 베풀어 주신 하나님의 사랑에서 스스로 행한 일과 성과 쪽으로 차츰 기울게 마련이다. 그리스도와 함께하는 삶의 기쁨은 거의 감지할 수 없을 만큼 서서히 사라져버린다.

진정성을 확보하기 위해 수도원의 리듬을 좇아 살기 시작했다. 예를 들어, 성무일과를 좇아 하루의 뼈대를 세운다. 하루에 서너 차례 시간을 떼어 하던 일을 멈추고 스스로에게 집중하며 성경을 읽고 침잠한다.

성무일과는 요즘 흔히 말하는 경건의 시간이나 예배와는 다르다. 무언가를 얻으려고 하나님을 찾아가는 게 아니라 그분과 함께 있기 위해 시간을 따로 떼어 놓는 개념에 뿌리를 두고 있다. 날마다 하나님과 함께 지내는 리듬을 찾는 것이다.

다윗 왕과 다니엘 선지자, 예수님 당시의 경건한 유대인들과 사도행전의 제자들은 모두 하루에 세 차례 이상 시간을 비워 기도했다. 예수님도 당대의 기도관습을 좇아 몇 차례씩 기도하셨을 것이다.

이들은 일상사에서 벗어나 하나님과 함께 지내는 게 나머지 시간 동안 하나님의 임재에 익숙해지는 습관을 들이는 데 핵심적인 기능을 한다는 점을 잘 알고 있었다. 멈춰 서는 행위야말로 하나님의 임재연습을 실제로 가능하게 하는 긴요한 장치다.

아침, 점심, 저녁으로 작은 단위의 시간을 따로 떼어 기도하면서 공급받는 커다란 힘은 나머지 일과에도 새로운 기운을 불어넣어 하나님을 향해 깊은 경외감을 품고 업무를 대할 수 있게 된다. 지속적으로 성무일과를 따르노라면 삶에서 성(聖)과 속(俗)을 가르는 구분이 사실상 사라져 버린다.[3]

자신을 향해 품는 진정성

교회를 이끄는 리더들은 스스로의 영혼을 폭력적으로 대할 가능성이 있다. 시도 때도 없이 맹렬하게 달려드는 요구의 행렬은 목회자를 지치고 초조하게 만든다. 이런 상황에서 어떻게 예수님을, 배우자를, 자녀들을, 더 나아가 삶을 누리고 즐긴다는 말인가? 오히려 잠은 이따가 자면 된다고 생각한다. 심령에 생기를 채우고 안온하게 쉴 수 있는 여유는 나중에 생길 거라고 믿는다. 시간을 내서 즐길 거리를 찾고 취미생활을 하는 이들은 극소수에 지나지 않는다.

자신을 보살필 시간을 확보하자면 더러 주위 사람들에게 완강하게 "아니오"라고 말할 수 있어야 한다. 오래도록 남들을 먼저 챙기고 난 뒤에야 스스로를 위해 침묵이란 선물보따리에 손을 대곤 했다. 내 심령이 말라비틀어지든 말든, 영혼이 고갈되든 말든 신경 쓰지 않았다. 목회자답게 강하고 씩씩해야 한다고 믿었다.

무자비한 짓이었다. 나중에는 억울하게 여기게 되었다. 예수님의 멍에는 약속처럼 쉽고 가볍기는커녕(마 11:30) 육중하기 짝이 없었다.

예수님은 건강한 자기관리의 본보기가 되신다. 온 세상의 무거운 짐을 두 어깨에 모두 지신 상태로 십자가를 지기 직전까지 안식하며 다른 이들이 가져온 것들을 누리셨다(요 12:1-8). 자신에게 누군가가 한 해 동안의 임금 전체를 한꺼번에 쏟아 붓는 걸 가만히 지켜볼 이가 몇이나 될까? 스스로를 그만큼 값진 존재로 평가하지 않는 것이다.

클레르보의 베르나르는 《하나님의 사랑》(*Loving God*)이라는 위대한 작품에서 사랑을 네 단계로 나눠 설명한다.

1. 자신을 위해 자신을 사랑하기
2. 선물과 축복을 기대하고 하나님을 사랑하기
3. 하나님만을 바라보며 사랑하기
4. 하나님을 위해 자신을 사랑하기

베르나르에게는 하나님이 사랑해 주신 그대로(똑같은 정도로, 똑같은 방식으로, 똑같은 사랑으로) 자신을 아끼는 사랑이야말로 가장 높은 차원의 사랑이었다. 크리스천은 하나님의 사랑을 받는 자아, 죄로 손상되기는 했지만 하나님을 닮은 인간 내면의 본질적인 형상을 사랑하는 것이다.[4] 베르나르는 자기 사랑에 토대를 두지 않고는 성숙한 사랑이 존재할 수 없다는 사실을 잘 알았다. 오로지 하나님의 사랑을 비추어야만 인간은 스스로를 제대로 사랑하게 된다. 스스로를 보살피는 게 무언지 모르는 이들은 남들도 올바르게 사랑하지 못한다.

이는 오늘날 하나님이 요구하시는 수준 이상으로 베풀다가 원망을 품곤 하는 허다한 목회자와 지도자들에게 더없이 귀중한 가르침이다. 끊임없이 밀려드는 일거리들은 변치 않는 사랑과 기쁨의 근원이 되시는 예수님과의 관계를 망쳐놓을 수 있다.

자신을 챙기고 보살피는 일은 크리스천 지도자들의 당면과제 가운데 하나다. 스스로와도 교감하지 못하는데 어떻게 다른 이들과 원활하게 소통할 수 있겠는가? 자신과 건강한 관계를 유지하지 못하는데 어떻게 남들과 건강한 관계를 맺을 수 있겠는가? 자신과도 친하지 않은데 어떻게 이웃들과 친밀하게 지낼 수 있겠는가?

안식일의 재발견하고 엄수하는 건 자유를 얻는 열쇠 가운데 하나라고 믿는다. 안식일을 지킨다는 건 매주 하루를 떼어 스물네 시간 동안 일을 멈추고, 쉬고, 즐기며 하나님을 묵상하라는 초대를 받아들이는 행위다. 현대 문화는 하루를 온전히 비우고 하나님 안에서 쉬고 기뻐한다는 걸 알지도 못하고 수용하지도 못한다. 남들처럼 나 역시 안식일을 제자의 삶을 살게 하는 핵심요소가 아니라 선택사항쯤으로 여겼다.

예수님은 제자들에게 안식일이 사람을 위하여 생긴 것이지, 사람이 안식일을 위하여 생긴 것이 아니라고 말씀하셨다(막 2:27). 난 안식일을 무척 좋아한다. 마음으로부터 안식일을 맛보면 맛볼수록 그게 얼마나 큰 선물인지 더 실감하게 될 것이다. 우리 부부는 자주 얼굴을 마주보며 말한다. "안식일이 뭔지도 모르면서 어떻게 목회자노릇을 해왔던 걸까? 그러니 목회가 내 영혼을 좀먹는다고 생각할 수밖에!"

개인적으로는 금요일 저녁 7시부터 토요일 밤 7시까지를 안식일로 본다. 설교준비가 끝나지 않았을지라도 (그런 적이 있었던가? 아무튼) 어김없이 시간을 지킨다. 컴퓨터, 이메일, 교회와 관련된 일 따위를 모두 접어 놓는다. 아예 금요일 오전부터 다른 일들을 하면서 지낸다. 집 안을 청소하고, 자동차를 수리하고, 빨래를 하고, 온갖 청구서들을 처리한다. 신나게 안식일을 보낼 수 있도록 미리 준비를 갖추는 것이다.

안식일은 한 주에 하루씩 일정표를 빈칸으로 만들기를 요구한다. 반드시 해야 할 일 따위는 없다. 영혼을 살지게 할 따름이다. 심신에 생기를 불어넣는 일만 한다. '의무'와 '필수' 따위를 완전히 정지시킨다. 세상의 기준으로 보자면 비효율적이며, 비생산적이고, 쓸데없는 짓이다. 하지만 안식일이야말로 인간들이 자신을 돌보도록 하나님이 주신 더없이 소중한 선물이다.

하나님의 궁극적인 의도는 멈춤, 쉼, 즐김, 창조주에 대한 묵상 등 성경에서 가르치는 안식일의 특성들을 자양분으로 삼아 나머지 엿새 동안의 일과 활동에 기운을 불어넣는 데 있다. 바로 이 안식의 자리로부터 일이 자연스럽게 시작되게 하신 것이다.

결혼 생활을 향한 진정성

목회자들과 지도자들의 결혼 생활이 엉망인 경우가 많지만 다들 인정하려 들지 않는다. 하지만 그처럼 불행한 부부관계가 최소한 단기적으로라도 몇몇 급속하게 성장하는 교회들의 발목을 잡을 공산이 크다.

교단에서 여는 목회자 집회는 물론이고 신학교와 신대원에서도 하늘나라를 맛보고 지향하는 결혼 생활을 꾸려갈 수 있는 방법을 가르치고 훈련하지 않는다. 하나님을 위해 열심히 일하면 행복한 결혼 생활은 자연스럽게 따라오게 마련이라는 착각에 빠져서 목회의 가장 큰 기쁨이자 함정이 될 수 있는 부분을 무시하고 방치하는 것이다.

목회자는 스스로의 됨됨이를 잘 아는 데서 사역을 시작해야 한다는 점을 사도 바울은 정확히 꿰뚫고 있었다. 그래서 교회의 지도자가 갖춰야 할 필수요건으로 결혼 생활의 면모를 꼽았다. "자기 가정을 잘 다스리며, 언제나 위엄을 가지고 자녀들을 순종하게 하는 사람이라야 합니다. 자기 가정을 다스릴 줄 모르는 사람이 어떻게 하나님의 교회를 돌볼 수 있겠습니까?"(딤전 3:4-5). 말씀을 결혼 생활에 적용하는 그만큼 어렵다는 걸 사도는 파악하고 있었던 것이다.

요즘 목회자들은 성경의 원리를 놓치고 있다. 가정이 원만해야 그만큼 교회도 잘 돌아간다. 일이 너무 많아서 집안에 신경을 쓰지 못하면 교회라는 건강한 가정을 제대로 이끌어갈 수 없다. 일단 결혼을 하고 나면 소명을 말할 때 배우자가 1순위이고 하나님이 주신 자녀가 그 다음이다. 교회든 다른 사람이든, 이 언약보다 앞설 수는 없다. 결혼 서약은 지상에서 허락된 유일한 맹세다. 마이크 메이슨(Mike Mason)은 이를 잘 포착해냈다.

어려움을 겪는 부부를 보면, 대부분 양쪽 다 세상에서 너무 많은 것들을 이루려 애쓰다 보니, 누가복음 10장 42절에 나오는 "한 가지만이라도 족하다"는 개념이 없는 게 문제다. 결혼한 남녀에게 하나님의 사랑 다음으로 중요한 것 하나를 고르라면 단연 부부 사이의 관계다. 결혼 생활은 곧 한 사람만을 사랑하겠다는 평생의 헌신을 의미한다. 해야 할 일이라고는 한 사람을 온전히, 그리고 철저히 사랑

하는 것뿐이다.[5]

우리 부부는 14년 전에 그리스도를 좇아 살면서 결혼 생활을 가장 으뜸으로 삼기로 결단했다. 달력만 봐도 달라진 모습을 한눈에 알 수 있다. 매일, 그리고 주 단위로 아무도 방해할 수 없는 독점적인 시간을 정해 놓고 서로를 즐겁게 해주는 데 쓴다. 그리고 정기적으로 근교에 나가 하룻밤을 함께 보낸 뒤에 아침까지 먹고 돌아오는 나들이를 즐긴다.

바울은 남편과 아내가 한 몸이 되는 결혼을 그리스도가 신부인 교회와 연합하는(엡 5:31-32) 사건의 예시로 보았다. 결혼 생활은 그리스도와 하나 됨을 선포하고 드러내도록 설계되었다. 혼인을 통한 연합은 하나님의 사랑을 주고받는 경험을 선명하게 제시하는 일종의 예표라고 할 수 있다.

이는 하나님의 뜻과 우선순위, 인간의 한계 따위를 분별하는 데 결정적인 실마리를 제공한다. 가령, 집필에 들어갈 때마다 우리 부부는 함께 논의한다. 작업이 시작되면 아내도 영향을 받을 수밖에 없기 때문이다. 아내가 "지금은 적절한 시점이 아닌 것 같아요"라고 이야기하면 당장 작업을 보류한다. 뉴 라이프 펠로십 교회를 향한 하나님의 부르심을 사랑하고 또 온몸으로 느낀다. 교회를 섬겨 온 세월이 벌써 22년째다. 하지만 하나님의 때가 차서 뉴욕을 떠나야 한다고 판단한다면 그 역시 거룩한 뜻으로 받아들일 것이다. 몇 달 뒤부터는 주일저녁 3부 예배를 드리는 쪽으로 가닥을 잡으려 한다. 대예배 설교는 한 달에 한 번만 맡을 작정이다. 그러자면 먼저 메시지 팀이 꾸려져야 한다. 그러지 않으면 결혼과 가정의 특질이 하나님이 원하시는 수준 이상으로 침해될 수 있겠다 싶어 내린 결정이다.

물론, 가정에 대한 헌신을 유보하고 타협하려는 유혹이 다 사라진 건 아니다. 하지만 세월이 흐르고 결혼을 소명으로(하나님으로부터 받은 구체적인 부르심과 사명) 보는 인식이 깊어질수록 유혹은 약해지게 마련이다.

지도자들을 향한 진정성

우리 교회 당회에서는 해마다 목회자의 역할을 점검하는데 그때마다 담임목사로 사역하는 게 즐거우냐는 질문을 받았다.

식구들에게 대답했다. "설교하고, 가르치고, 비전을 제시하고, 식구들을 훈련시키는 일을 좋아해요. 하지만 행정이라든지 관리, 또는 조직 같은 쪽에는 은사를 주시지 않은 것 같아요. 얼마나 낙심천만인지 모릅니다."

이어서 개인적인 결정을 내리고, 부교역자와 핵심사역자들을 관리하고, 업무를 분담하고, 회의에 붙일 계획을 짜고, 프로젝트가 어떻게 진행되는지 세심하게 챙기는 따위의 일을 얼마나 힘들어하는지 토로했다. 꼭 해야 될 일이라는 건 알지만 누가 대신 해줬으면 정말 좋겠다고 했다. "나만 아니면 누구든 괜찮아요."

22년 동안이나 같은 지점에서 정체가 일어나다 보니 수많은 사건들이 꼬리를 물고 벌어졌다.

우선, 스스로 좌절감에 빠지는 순간이 왔다. 강단에서 전한 메시지의 흔적을 사역자들의 움직임 속에서 찾아 볼 수가 없었다. 더 이상 이러저러하게 살아야 한다는 식의 말씀을 전할 수가 없었다. 부교역자와 지도자들마저 따르지 못할 길을 누구한테 요구한다는 말인가!

그 즈음, 아내는 말했다. "여보, 내가 보기에는 용기의 문제인 것 같아요. 용기 말이에요. 뭘 잘못했다는 소리가 아니에요. 변화가 꼭 필요하기는 하지만 실제로 달라지기는 쉽지 않죠.

하지만 다들 알고 있어요. 당신이 해야 할 일인데 정작 주인공은 움직이려 하지 않는다는 걸요. 부교역자들에게 일정 수준 정서적으로 건강한 영성의 가치를 보여 주어야 하는데 그러지 않고 있다는 얘기죠. 분노에 시달리고 원망이 가득해요. 훌륭한 교회에서 일하고 있지만….”

아내는 뜸을 들이더니 이내 폭탄을 투척했다.

“내 생각에 문제는 당신이에요. 해야 할 일을 미루고만 있어요. 물러나고 누군가 다른 이가 교회에 들어와 식구들을 이끌 때가 된 게 아닌가 싶어요.”

결국 들통이 났다. 아내의 말이 뼈아프기는 했지만 부인할 수 없는 사실이었다. 말인즉 구절구절 옳지만 오해를 사고, 친구를 잃고, 교인들이 떠나고, 성장이 둔화될까 두려웠다. 이튿날은 하루 종일 노트 한 권을 펼쳐 놓고 하나님과 단 둘이 보냈다.

그렇다. 누군가가 와서 눈앞에 닥친 고통스러운 변화를 주도하며 채용과 해고, 인원 재배치, 통솔 따위의 험한 일들을 해치우는 “집안 정리”를 단행해 주길 바랐다. 내 죄가 여실히 드러나는 대목이다. 해야 할 일이 보였다. 목회자 그룹이 달라져야 했다. 핵심 사역자 가운데 몇은 적절한 자리를 잡지 못하고 있었다. 제 몫을 다하지 못하는 이들도 적지 않았다.

설교나 교육 같은 일들을 더 잘하고 좋아하지만 이건 진정성의 문제였다. 그게 교회에 미치는 영향이 점점 분명해지고 있었다. 멀리서 조종하며 비전을 제시하는 데 그칠 게 아니라 직접 뛰어들어 교회 구석구석까지 리더십을 발휘해야 할 시점이 됐다. 마침내 하나님이 주의를 환기시키셨다.

두 주 뒤, 공식적으로 행정목사의 일을 나누기로 하고 그 역할을 공부하기 시작했다. 교회 밖에서 강사로 불러도 응하지 않았다. 책을 써달라는 요청도 거절했다. 그리고 앞길을 막는 '빙산의 밑바닥'을 들여다보기 위해 뛰어난 상담가와 약속을 잡았다.

그렇게 한 해를 보내고 나자 교회 행정 업무가 꼭 배우기 어려운 것만은 아니라는 생각이 들었다. 정말 골치 아픈 건 시간을 잡는다든지, '주님 앞에서' 주도면밀하게 무언가를 숙고한다든지, 용기를 내서 어려운 말을 꺼낸다든지, 한결같음을 잃지 않는다든지 하는 것들이었다. 어쨌든 그렇게 뒤죽박죽이고 고통스럽기는 하지만 나와 교회를 모두 자유롭게 할 수 있는 진리 속으로 걸어 들어가고 있다.

얼마 지나지 않아, 하나님을 의식하지 않은 채 잇달아 회의에 참석하는 일을 부담스러워하는 성향이 있음이 드러났다. 다음 회의에 들어가기 전에 다만 몇 분이라도 간격이 필요했다. 하나님이 내 삶의 전부라고 말해왔지만 성(聖)과 속(俗)으로 갈리기 일쑤였다. 거룩한 삶이 있고 그렇지 않은 삶이 있는 게 아니라고 말하면서도 실제로는 목회 리더십 가운데 행정과 기획 기능은 기도와 설교 준비보다 덜 중요하고 덜 신성한 것으로 치부했다.

당면 과제들마저 제대로 처리하지 못하는 상황에서 다른 일을 맡아달라는 부탁이 들어오면 예전과 달리 "안됩니다"라고 대답하기 시작했다. 그리고 회의가 시작되기 전에 2-3분 동안 침묵하면서 하나님 앞에서 평온한 마음을 유지할 수 있게 해주시기를 기도했다. 그러지 않고서는 견딜 수가 없었다.

설교한 대로 사는 리더십 문화를 조성하는 것도 담임목사가 진정성을 확보하는 적잖은 역할을 한다. 그래서 뉴 라이프 펠로십 교회에서는 목회자들의 '생활 규범'을 만들었다. 규칙을 뜻하는 영어단어 'rule'는 그리스어 'trellis'에서 왔다. 목회자들을 위한 생활규범의 목적은 무슨 일을 하든지 하나님을 주목하고 기억하는 데 필요한 틀과 지침이 될 만한 영적인 관습들을 절묘하게 조합해 내고 분명하게 표현하는 데 있다. 구체적인 내용은 이 책의 부록에 실려 있다. 다들 한 번 읽고 생각해 보면 좋겠다.

생활규범은 온 교인들에게 공개해서 우리가 어떤 삶을 추구하는지 누구나 알 수 있게 했다. 이어서 장로들이 나름대로 생활규범을 만들었고 나중에는 교회 식구들 모두가 지키는 규범이 탄생했다.[6]

첫 발을 떼라

글을 읽으면서 이런 생각이 들지도 모른다. '목회 방식 전체를 바꾸라는 얘기군. 이렇게 속도를 늦출 수 있는 목회자가 세상 천지에 어디 있겠어? 난 꿈도 못 꾸겠어!'

앞으로 나가려면 몇 가지 핵심적인 이슈들을 먼저 처리해야 한다.

우선, 과연 무슨 일이 벌어질까 불안감에 사로잡히기보다 믿음으로 하나님께 완전히 맡겨야 한다. 육신의 한계와 현대 문화는 두려움을 부채질하고 끊임없이 노력하기를 요구한다. 아담과 하와는 에덴동산에서 정당하게 일하고 그 열매를 누렸다. 하지만 선악을 알게 하는 나무만큼은 외면하고 지나쳤어야 했다. 하나님의 선의와 사랑을 신뢰했어야 했다.

우리도 마찬가지다. 불신은 죄의 고갱이다. 너나없이 변화할 수 있다. 예수님의 가르침을 잊지 말라. "사람으로는 할 수 없으나, 하나님으로는 다 하실 수 있다."(마 19:26).

둘째로, 핵심은 교회를 변화시키는 게 아니라 자신을 바꿔 주시도록 그리스도께 주도권을 내드리는 데 있다. 목회자의 내면 생활이 바뀌면 외부 세계는 자연스럽게 변하게 되어 있다. 진정성이란 내면에서 일어나는 일들부터 믿음을 가지고 행한다는 뜻이다. 그처럼 솔직해지는 데는 어마어마한 용기가 필요하다. 그리스도는 목숨까지 내주시면서 사랑이 넘치는 안전한 환경을 조성해 주셨다. 덕분에 크리스천은 주님과 참되고 진실한 관계를 맺을 수 있게 되었다.

마지막으로, 한계를 인정하고 받아들이라. 한계는 선물이다. 우리는 하나님이 아니다. 천지를 움직이는 건 인간이 아니라 창조주시다. 주님은 세계를 어찌해야 한다는 부담을 질 필요가 없으며 우리가 죽어도 세상은 여전히 잘 돌아가게 되어 있으므로 긴장을 풀고 마음껏 즐기라고 부르신다.

이제 글을 맺으면서 독자들을 초대하고 싶다. 정서적으로 건강한 교회의 일곱 가지 원칙을 좇는 신나는 여정에 함께 나서지 않겠는가?

1- 이면을 들여다보라

2- 부정적인 과거의 영향력을 깨트리라

3- 깨지고 상한 심령으로 살라

4- 한계라는 선물을 받아들이라

5- 슬픔과 상실감을 받아들이라

6- 성육신적으로 사랑하는 삶의 본을 보이라

7- 천천히, 그리고 진심을 담아 이끌라

이는 지상에서 목회자와 지도자로 일하면서 하늘나라를 더 깊이 맛보는 비결이기도 하다. 지금 당장 첫 발을 떼라. 그리고 자신으로부터 시작해서 교회, 더 나아가 상처 입은 주변 세계로 차츰 강력하게 파장을 넓혀 가라.

Part 4

그러면 이제
어디로 갈 것인가

Chapter 13

출발,
제자훈련의 새로운 영역으로

어떤 의미에서 우리는 모두 바다가재(lobster)를 닮았다. 바다가재가 성장하기 위해서는 속살을 보호해 주던 단단한 옛 껍질을 스스로 벗어 버리고 더 커다란 새 껍질을 뒤집어 써야 한다. 이처럼 낡은 껍질을 벗어 버리는 과정을 '탈피'(molting)라고 부른다. 바다가재는 5년간의 성장기를 보내면서 무려 25번의 탈피 과정을 거치며 다 자란 뒤에도 일 년에 한 번씩 껍질을 벗는다.

탈피는 끔찍하고도 성가신 과정이다. 낡고 단단한 외피가 압력을 받아 쪼개지면, 바다가재는 모로 누운 채 근육을 꿈지락거려 벌어진 각질 사이를 빠져나온다. 낡은 껍데기에서 벗어나 새로운 외피가 생길 때까지, 불과 얼마 되지 않는 시간이지만 바다가재는 외부환경에 허약하게 노출된 채 벌거벗은 상태에서 지내야 한다.

명실상부한 크리스천으로 성장하는 과정도 마찬가지다. 낡고 단단한 껍질을 벗어버리고, 하나님께서 주님 안에서 우리를 새로운 곳으로 데려가실 수 있도록 자신을 내어 드려야 한다. 분명한 것은 개인이든 교회든 이 책을 읽는 것만으로는 낡은 껍질을 벗어 버릴 수 없다는 것이다. 케케묵은 관습을 벗자면 한꺼번에 밀려드는 괴롭고 고된 일을 감당해야 한다.

교회에 속한 모든 이들이 그리스도 안에서 성숙해지기를 간절히 바란다. 성숙이라는 말에는 정서적인 건강도 포함된다. 유감스럽게도, 뉴라이프 펠로십 교회 교인들 가운데도 수면 아래 깊은 곳을 들여다보기로 아직 작정하지 못하고 있는 이들이 적지 않다. 물론 모험적이고 두려운 결정이긴 하다. 교인들이 전향적인 결단을 내릴 수 있도록 안전하고 은혜로운 상황과 환경을 조성하는 메시지를 전하지만 그것만으로는 충분하지 않다.

먼저 자신을 움직이면 이어서 다른 이들과 교감할 수 있으며 결국 교회가 달라진다. 간단히 말해서, 하나님께서 변화시켜 주시도록 자신을 맡기는 그 고단한 일을 감당해 나간다면 시스템 전체를 바꿔 놓을 수 있다는 뜻이다. 다음과 같은 변화의 흐름을 추천하고 싶다.

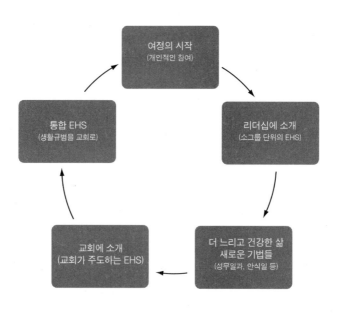

〈표 8〉 목회자 - 지도자의 라이프 사이클
목회자 / 지도자의 여정

정서적으로 건강한 영성

1. 여정의 시작

가장 중요한 일은 메시지를 삶에 끌어들이고 이 책에서 살펴 본 강력한 성경의 주제들을 개인적으로 적용하는 작업이다. 첫발을 뗐는가? 축하한다! 워크북(Emotionally Healthy Church Workbook, Revised Expanded Edition, 2010)을 사용해서 하나님과 홀로 대면하는 시간을 가져 보라. 인터넷 홈페이지(www.emotionallyhealthy.org)를 둘러보고 《정서적으로 건강한 영성》(두란노)을 읽기 시작하라. 이 책은 묵상 영성과 정서적인 건강을 독특하게 통합하여 그리스도 안에서 참다운 변화를 추구하는 데 반드시 필요한 도구로 제시한다. 저마다의 됨됨이가 출발점이라는 사실을 잊지 말라.

2. 리더십에 소개(소그룹 단위의 EHS)

핵심 리더들을 중심으로 《Emotionally Healthy Church Workbook》(Willow Creek Publishing, 2009)을 나누는 소그룹을 구성하고 저마다의 영성에서 수면 아래 잠긴 빙산의 밑동을 들여다보는 과정을 경험하게 이끌라. 여기에는 두 가지 목적이 있다. 우선, 교재의 내용 안으로 더 깊이 들어갈 시간과 여지를 확보하기 위한 작업이다. 둘째로, 이 새로운 성경의 테마들을 온 교회로 확산시키기 전에 핵심그룹에 먼저 소개하려는 것이다.

3. 더 느리고 건강한 삶 - 새로운 기법들

정서적으로 건강한 영성을 갖자면 건전하지 못한 습관들을 버리고 더 건강한 삶을 누리는 본보기가 되어야 한다. 새로운 기법들을 배우고 익혀서 개인적으로든 가정에서든 리더로서 새로운 일을 시작하려는 마음이 드는가? 그렇다면 속도를 늦추고 더 많은 시간을 쉬고, 하나님과 함께하며, 배우자와 더불어 지내는 데 투자하라. 삶에 리듬과 여지를 만들어서 더 지속적으로 그리스도와 동행할 수 있도록 안식일을 엄수하고 성무일과를 공부하고 실천해 보라.

4. 교회에 소개(교회가 주도하는 EHS)

9주에 걸친 전교인 홍보 기간 동안 모든 리더, 모든 소그룹, 모든 주일학교 학급, 모든 예배 시간마다 정서적인 건강이라는 매우 효과적인 개념을 소개하라. www.willowcreek.com에 접속해 《*Emotionally Healthy Church Campaign Kit*》를 주문하라. 여기에는 구성원들 각자가 뜻을 가지고 예수님과 개인적인 관계를 키워가는 데 도움을 줄 수 있도록 교안, 홍보 및 훈련자료, 도입용 DVD, 소그룹 DVD, 8회분 소그룹모임 교재와 9주 동안 사용할 수 있는 성무일과 자료가 들어 있다.

5. 통합 EHS(생활규범을 교회로)

교회를 이 여정에 동참시킬 때 명심해야 할 게 있다. 이는 지극히 점진적인 과정이며 속전속결로 끝낼 일이 아니라는 사실이다. 예수님은 3년에 걸쳐 열두 명의 식구들과 진종일 붙어 지냈지만 수료자는 열한 명뿐이었다. 게다가 하늘에서 내려오는 권능을 힘입은 뒤에야 비로소 배운 대로 살아 낼 수 있었다.

목회자 그룹과 당회, 또는 온 교인들이 따를 생활 규범을 마련해보라. 파괴력이 큰 이 주제를 기반으로 시리즈 설교를 하거나 부가적인 자료들을 전달할 수도 있다. www.emotionallyhealthy.org/resources/nextsteps.asp를 방문하면 더 많은 자료들을 볼 수 있다.

선택은 각자의 몫이다. 예수님께서는 요한복음 5장 6절에서 삼십팔 년 된 병자에게 "네가 낫고자 하느냐?"고 물으셨다. 주님께서는 똑같은 질문을 우리 모두에게 던지고 계신다. 어떻게 대답하느냐에 따라 삶에 거대한 변화가 닥칠 것이다. 모임을 만들라.

하나님과 그분의 말씀에 대한 지식을 넓혀달라고 주께 기도하라. 그리고 예수 그리스도의 영광을 위하여 정서적으로 건강한 교회를 세우는 데 어떤 역할을 해내기를 원하시는지에 더 잘 알 수 있게 해주시기를 간구하라. 기억하라. 변화는 자신에서 시작된다.

부록

뉴 라이프 펠로십 교회
목회자 생활 규범

함께하는 삶을 돕는 가이드라인

우리의 사역은 세상에서 물러나 기도하라는 하나님의 부르심에서 비롯됐다고 믿는다. 긍휼히 여기는 마음을 품고 다른 이들을 이끌며 지역 교회로서 우리 공동체에 맡겨진 소명을 완수해 가는 역사는 예수님과 함께 머무는 바로 이 자리에서 시작된다. 우리는 다윗처럼 '한결같은 마음'과 '슬기로운 손길로'(시 78:72) 하나님의 백성들을 인도하기를 원한다.

하지만 리더십은 우리 내면의 형편에 따라 최고가 될 수도, 최악이 될 수도 있음을 안다. 여러 가지 점에서, 목회 사역의 순도를 높이는 도가니는 '자신을 있는 그대로 찾고 드러내는' 작업이다. "지도자는 세상의 일부와 거기에 깃들어 사는 이들의 삶에 빛과 그늘을 모두 투사하는 능력을 가진 인간이다. … 좋은 리더는 리더십을 행사하는 행위가 선하기보다 해롭게 되지 않도록 내면에서 벌어지는 그늘과 빛의 상호 작용을 깊이 의식하고 있는 법"[1]이라는 파커 파머의 말에 백번 공감한다.

그처럼 중대한 역할을 하는 우리 목회자들은 주 예수님과 그분을 중심에 모시고 살아가기 위해 '규범'에 충실히 따르려 한다. 우리의 목표는 베네딕트(Benedict)가 1,500년 전에 썼던 것처럼, "세상의 행동 방식과 전혀 다르게 움직이며 그 무엇보다 그리스도의 사랑을 앞세우는"(성 베네딕트 규칙서 4:20-32) 데 있다.

됨됨이 (성품)

우리는 본질적으로 다른 무엇보다 하나님을 추구하도록, 다시 말해 그분을 묵상하며 그 힘으로 활발하게 사역하도록 부름을 받았다(시 27:4). 동시에 뉴 라이프 펠로십 교회의 목회자로서 저마다 맡은 분야에서 일하면서 지역 사회와 세계에 예수 그리스도를 일정 수준 이상 진지하게 전할 사명을 받았다.

우리는 주님의 은혜에 힘입어 자발적으로 사도바울이 디모데전서 3장에 설명한 책망할 것이 없음, 절제, 신중, 가르치기를 잘함, 나그네를 대접함, 너그러움, 다투지 않음, 돈을 사랑하지 않음, 가정을 잘 다스림("자기 가정을 다스릴 줄 모르는 사람이 어떻게 하나님의 교회를 돌볼 수 있겠습니까?", 딤전 3:5) 등 지도자가 갖춰야 할 자질들을 온몸으로 보여 주는 모범이 되고자 한다. 독신이든 기혼자이든 저마다의 신분에 맞춰 사역하며, 이미 결혼한 이들은 혼인서약이 교회의 업무보다 우선한다.

당회를 구성하는 장로들이 '다스리는 장로'의 기능을 한다면 목회자들은 '가르치는 장로'의 역할을 한다. 따라서 우리는 하나님의 양 떼들에게 그리스도가 거룩한 자녀들에게 기대하시는 삶의 모범이 되려고 노력한다. "성령이 여러분을 양 떼 가운데에 감독으로 세우셔서, 하나님께서 자기 아들의 피로 사신 교회를 돌보게 하셨습니다"(행 20:28).

우리는 목회자의 직분을 하나님이 맡기신 고상한 부르심으로 인식한다. 370년 어간에 활동했던 나지안조스의 그레고리우스(Gregory of Nazianzus)가 가르친 그대로다. "목회의 직분을 가진 이들의 책무는 실로 엄청나며 동기와 능력을 철저하게 검증받지 아니하고는, 즉 성직의 거룩한 요구와 평범한 인간의 연약함 앞에서 깊이 고민하고 씨름하지 않고서는 감히 뛰어들 수 없는 일이다."

목회자 팀의 목표는 자족하는 심령을 가진 생기발랄한 유기체가 되는 데 있다. 사방팔방 돌아봐도 어려움이 넘치는 세상에 살고 있지만, 불안감이나 분주함, 또는 혼란에 사로잡히지 않고 다른 이들과 평화롭게 조화를 이루며 '걱정 없이 즐겁게' 하나님을 섬기기를 소망한다.

어느 모로든 완벽해지려 들지 않는다. 생활규범을 좇아 사노라면 어려운 순간들이 있으리라는 점을 잘 안다. 하지만 그때마다 정직하고 열린 마음으로 기꺼이 도움을 청하며 깨지고 통회하는 심령으로 살아갈 것이다(시 51:17).

아울러 자신이 어떤 인간이며 또 어떤 인간이 아닌지, 한계는 어디까지고 어떤 잠재력을 가졌는지 이해하고자 한다. 하나님이 허락하신 독특한 자원을 가지고 회중을 이끄는 것 역시 목회소명에 포함된다. 우리 교회의 모든 사역자들은 자신의 정확한 자아와 가족의 형편에 따라 제 역할을 다하기를 소망한다.

목자요, 지도자요, 맡은 양 떼를 섬기는 종으로서 정기적으로 스스로 묻고 답해야 한다. "개인적인 한계들 가운데 하나님이 선물로 주신 품성의 일부로 받아들여야 것은 무엇인가? 인격적인 결함이나 '거짓' 자아에서 비롯된 탓에 하나님이 돌파하고 깨트리길 원하시는 한계는 없는가?"

이러한 한계와 잠재력들은 하나님이 우리에게 말씀하시며 교회에서 주님을 섬기는 가운데 맡을 수 있는 특별한 역할들을 보여 주시기 위해 사용하는 도구들이다. 성령님은 지혜로운 조언이나 자기 직면, 또는 권위를 가진 이들을 통해 이러한 분별을 주신다고 믿는다.

움직임(활동)

우리 식구들은 열정과 소명감을 품고 하나님이 주신 달란트를 활용하여 봉사자로 일하며 섬긴다. 열정과 소명감을 가지고 일하며 섬기기는 마찬가지지만 우리 목회자들은 그와 아울러 '직원'으로서 교회 당회와 회중과 이중적인 관계를 가지고 움직인다. 실질적으로는 교회 공동체 안에서 적어도 세 가지 역할을 감당한다. 우선은 한 가정의 구성원이고, 교회 가족의 리더인 동시에 직원이다. 따라서 서로, 그리고 교회와 어떻게 관계를 맺어 가느냐 하는 문제를 늘 안고 있는 셈이다.

우리는 해마다 장로들과 다른 독특한 방식으로 교회를 섬긴다. 전임사역자든 파트타임 사역자든, 다른 일을 하지 않고 그 특별한 부르심을 완수하는 데 집중하도록 급여를 받는다. 그리스도의 몸이 재정적으로 생계를 지원해서 그 몸을 섬기는 일에 삶을 드리게 하는 것이다. 기도하고 목양하며 성도들을 준비시켜 사역에 나서게 한다(엡 4:11-12). 이것은 우리의 특권이자 기쁨이다.

교회로 부름 받고 청빙된 교역자들은 저마다 하나님이 보내 주신 선물로 여김을 받는다. 우리는 목회자 하나하나가 나날이 성장하며 제각기 맡은 역할에 헌신하는 모습을 지켜 보게 되기를 소원한다.

반면에 당회는 역동적이고 변화무쌍한 환경에서 교회의 자원들을 관리하는 청지기의 책임을 진다. 목회자 되게 하신 하나님의 부르심은 교회와 맺은 계약과 상관없이 평생 지속될 것이다.

하지만 교회의 필요와 요구는 시시각각 달라지리라는 점을 잘 안다. 그러므로 직원으로서 우리의 지위는 교회와 그 자원, 그리고 리더십의 효율을 결정하시는 하나님의 가르침에 따른다. 아울러 우리는 주기적으로 업무 분담, 지위, 계약 사항 등을 점검받고 그 결과에 순복한다.

구체적인 생활 규범

다음 '생활 규범'은 무슨 일을 하든 그 중심에 하나님을 모시기 위한 (다른 무엇보다 '그리스도의 사랑'을 추구한다) 의식적인 지침들이다. 하나님이 정하신 생활 리듬을 존중하지 않는 현대 문화 속에서도 우리는 기도와 쉼, 일, 그리고 공동체의 균형을 유지해내며 살고자 한다.

이 '규범'에는 우리가 지향하는 리더십을 구현하는 데 필요한 가이드라인과 아울러 지속적으로 형성하고 작동시켜 나가고자하는 관계 문화의 토대가 포함되어 있다.

기도

1. 성경

우리의 삶은 하나님의 말씀 위에 서 있다. 말씀은 우리의 양식이며 그분으로부터 계시를 받는 주요한 통로다. 날마다 성경을 붙들고 하나님의 얼굴을 구하고 그분의 임재 가운데 머물며 말씀에 의지해 기도한다.

2. 침묵과 고독

하루하루 일상 속에서 침묵과 고독을 실천하는 동시에 적어도 한 달에 하루씩은 종일 침묵하면서 하나님과 더불어 지낸다.[2]

3. 성무일과

그 무엇보다 그리스도의 사랑을 앞세운다(성 베네딕트 규칙서). 하루에 두 세 차례 하던 일을 멈추고 잠깐 짬을 내어 하나님과 더불어 교제한다. 성경말씀을 읽고, 침묵하고, 묵상하며, 기도하는 게 바람직하다.

4. 연구

예수님에 관해서는 물론, 우리의 고유한 가치(정서적인 건강, 묵상 영성, 화해 같은)와 그리스도 안에서 부름 받은 특수한 영역들을 공부하는 면에서 지속적으로 성장하고 진보한다.

쉼

5. 안식일

일주일에 스물네 시간씩을 구별하여 주님 앞에서 안식일로 지킨다. 멈추고, 쉬고, 기뻐하고, 묵상하는 등 성경이 가르치는 안식일의 네 요소를 중심으로 시간의 틀을 짜고 거기에 따른다.

그와는 별도로 일주일에 최소한 반나절씩을 할애하여 교회 사역을 제한하고 일상적인 '일'을 한다. 하나님이 친히 교회를 세우심을 믿으며 안식일을 지키는 걸 삶 속에서 제자도를 구축하는 핵심적인 훈련으로 여긴다.

6. 단순성

우리는 수입의 일부를(십일조는 최소한의 가이드라인이다) 하나님이 교회에서 행하시는 사역을 위해 드리는 일에 모범이 된다. 하나님을 경외하는 한편, 서구문화의 덫과 미끼(악성채무, 도박 같은)를 피하는 방식을 좇아 물질적인 자원들을 관리한다. 교회에서 가르치는 Good Sense Course(드리기, 저축하기, 예산 세우기, 지출 계획의 균형 잡기, 계획 세우기 등)의 기본 원리를 삶으로 살아낸다.

7. 놀이와 레크리에이션

균형을 잡고 건강을 유지하기 위해 교회 바깥의 삶을 지키고 누린다. 우리는 리더십과 교회력에 계절과 리듬이 있음을 인정하며 거기에 맞춰 재충전하는 시간을 갖는다.

건강한 '즐거움'을 제자의 삶에 정착시키고 매년 휴가를 통해 생명의 토양을 회복하는 한편, 멈춤, 쉼, 기쁨, 묵상 등 네 가지 원칙을 좇아 짧은 안식 기간을 누리면서 하나님으로부터 '자양분'을 공급받는다.

일

8. 섬김과 소명

분명하고 현실적인 기대를 품는 것이야말로 건강한 섬김에 반드시 필요한 또 하나의 조건이다. 저마다 가진 기대를 숨김없이 나눌 수 있는 분위기를 유지하고 급속하게 변하는 환경에 맞추어 조절하는 건 대단히 중요하다. 그러한 도전에 부응하기 위해 우리는 감독자, 또는 당회 장로들과 더불어 정기적으로 업무를 조절한다.

목양을 담당하는 이들은 무슨 일을 하든지 그리스도를 지향하고 다른 이들에게도 그 목표를 제시해 주어야 한다. 그런 방식으로 "온 몸이 각 마디를 통하여 도움을 받음으로 연결되고 결합되어 각 지체의 분량대로 역사하여 그 몸을 자라게 하며 사랑 안에서 스스로 세워가게"(엡 4:16) 한다.

9. 육신을 돌봄

몸의 청지기 역할을 감당하는 일 또한 우리가 훈련하고 몸소 본보기가 되어야 할 영역이다. 건전한 식습관, 꾸준한 운동, 충분한 수면, 하나님이 주신 한계를 인정하는 마음가짐으로 성령님의 성전이 육신을 지속적으로 관리한다.

관계

10. 정서적인 건강

하나님의 형상을 좇아 지음 받은 인간의 됨됨이 가운데 정서적인 인자들을 포함한 전인격을 포괄하는 영적인 기반을 갖추는 데 앞장선다. 성경이 가르치는 사랑(고전 13)에 뿌리를 둔 기법과 행동들을 받아들인다.

어떤 관계 속에서든 상대를 존중하며 투명하고, 직설적이고, 정직하게 이야기해야 한다. 그리스도처럼 귀 기울여 잘 들어 주는 걸 목표로 삼는다. 근거 없는 추정을 삼간다. 차이를 인정하고 서로에게 기대하는 바를 명확히 한다.

예수님이 그러셨던 것처럼, 자신은 물론이고 다른 이들, 특히 스스로에 관해서든 남들과 관련해서든 불안하고 초조해 하는 이들을 너그럽게 품는다.

11. 가족

독신과 결혼 모두를 하나님의 부르심으로 받아들이고 존중한다. 성경의 가르침에 따라(고전 7:25-40) 지도자에게는 독신도 선물이 될 수 있음을 믿는다. 예수님과 바울 모두 독신이었다. 동시에, 혼인의 언약이 사역과 개인적인 선택에 한계이자 잠재력이 될 수 있음을 안다.

우리는 서로가 서로를 보살필 수 있는 순도 높은 결혼 생활을 소망한다. 결혼한 목회자의 경우, 배우자 역시 저만의 선택과 필요, 욕구가 있게 마련이다. 우리는 이를 지지한다. 하나님이 권위를 부여해 주신 이들에게 결혼과 가정생활의 면면들을 정직하고 투명하게 드러낼 수 있게 되기를 기대한다.

12. 공동체

교회라는 커다란 가족의 일원이자 고용된 신분으로서 우리에게는 독특한 역할과 책무가 있다. 이처럼 복잡한 관계를 올바로 꾸려나가자면 은혜와 성숙, 지혜, 분별력이 필수적이다.

따라서 모든 교역자들이 교회 바깥의 성숙한 이들과 끈끈한 관계를 맺도록 권면한다. 저마다 가진 독특한 필요한 하나님 안에서 통과하고 있는 시점에 따라 영적인 지도자가 될 수도 있고 멘토, 상담가, 성숙한 친구가 될 수도 있을 것이다.

정서적으로 건강한 교회로 가는 여정에 나서려 한다면 성 베네딕트가 손수 마련한 규칙서의 한 대목을 마음에 새겨야 한다. "겁을 먹고 기가 죽어 구원에 이르는 길에서 달아나지 말라. 애초부터 그 길은 좁아지게 되어 있었다. 하지만 생명의 길을 걸어갈수록 하나님의 계명을 좇는 길을 믿음으로 달려가게 되리니, 이루 말할 수 없는 사랑의 기쁨이 마음에 가득 해 흘러넘치게 될 것이다."

사랑하는 이들의
수고와 눈물이 담긴 책이다

내가 담임하고 있던 뉴욕 퀸즈에 있는 뉴 라이프 펠로십 교회는 강력한 가르침과 역동적인 사역, 주목할 만한 성장률, 하나님의 위대한 사역을 돕겠다는 비전을 두루 갖추고 있었다. 겉만 봐서는 아무런 문제가 없었다. 하지만 이면에서는 이곳저곳에 부글거리는 소리가 낭자했다. 그대로 뒀다가는 금방 끓어 넘칠 지경이었다. 상상 이상으로 심각해져 가는 교회와 나 자신의 필요에 정면으로 맞서게 되었고, 마침내 얻은 열매가 바로 《정서적으로 건강한 교회》이었다. 정서적인 건강, 관계의 깊이, 영적인 성숙을 연결 짓는 이 책은 "어떻게 하면 정서적인 건강과 영적인 건강을 잘 연결시킬 수 있을 것인가?" 하는 진지한 물음에서 출발했다.

이 질문은 거의 15년이 넘는 세월 동안, 가장 좋은 친구인 아내와 함께 깊이 생각하고, 성찰하며, 또 씨름해 왔던 문제다. 하나님은 여러 해에 걸쳐 조금씩 답을 가르쳐 주셨다. 이 책에 기록한 여러 가지 생각들 가운데 상당수는 아내에게서 비롯된 것들이다.

출신 국가와 피부색이 가지각색인 이웃들과 함께 살아 가면서 우선 딸아이들에게 이 책에 실린 진리들을 먼저 적용하려고 노력했다. 네 딸(Maria, Christy, Faith, Eva)에게 고마움을 전한다.

사실 이 책은 22년째 사역하고 있는 뉴욕 시 퀸즈의 뉴 라이프 펠로십 교회 식구들과 함께 쓴 것이나 다름없다.

처음부터 끝까지 우린 함께 성장했다. 서로의 연약한 면을 드러내고 그 소중한 이야기들을 나눌 수 있게 허락해 준 식구들에게 감사한다.

일일이 이름을 들어 고마움을 표해야 할 이가 한둘이 아니다. 부교역자, 장로, 리더, 가까운 친구들, 그밖에 함께해 준 모든 이들에게 머리 숙여 인사하고 싶다.

먼 여정에 나설 수 있도록 도와 준 론 보그트(Ron Vogt)와 "Recovery of Hope" 모임, 20년 가까이 멘토가 되어 준 레이튼 포드 대표에게 감사한다.

이스턴 침례신학교의 피터와 캐롤 슈렉, 맨프레드 브로치(Manfred Brauch) 님에게도 인사를 전한다. 말씀에 대한 사랑과 정서적인 건강을 잘 조화시키는 모법을 보여 준 덕분에 글의 수준이 한 차원 높아질 수 있었다.

'영적 · 정서적 건강을 점검하는 체크리스트'를 만드는 일을 도와준 댄 신(Dan Shin)에게도 특별한 감사를 전한다.

마지막으로 워렌 버드에게 깊은 고마움을 전하고 싶다. 조직과 관리 분야에서 특별한 은사를 발휘하고 최선의 노력을 다하면서 이 프로젝트를 처음부터 끝까지 이끌어 주었다.

PART 1

Chapter 1

1. Philip Jenkins, *The Next Christendom : The coming of Global Christianity*(New York : Oxford Univ. Press, 2002), 3.

Chapter 2

1. 피트와 게리의 풀 스토리를 확인하려면 www.emotionallyhealthy.org를 보라.

2. "All the World comes to Queens," *National Geographic*(September 1998).

3. Roger Sanjek, *The Future of Us All*(Ithaca, NY : Cornell Univ. Press, 1998), 1, 395 n. 1.

4. Edwin H. Friedman의 New Life Fellowship에 관한 여러 탁월한 자료들 가운데 *Generation to Generation : Family Process in Church and Synagogue*(New York : Guilford, 1985)라는 책이 있다. 203쪽에서 저자는 조직을 변화시키는 가장 핵심적인 열쇠는 누가 그 조직을 이끄느냐에 있다고 설명한다. Friedman은 건강한 자기규정(self-definition)이 전문적인 리더십 기법보다 더 큰 영향력을 발휘한다는 사실을 정확하게 짚어낸다.

Chapter 3

1. 이와 관련해 더 자세한 배경을 이해하기 위해서는 Ted W. Engstrom with Robert C. Larson, *Integrity*(Waco, TX : Word, 1987), 98-100을 보라.

2. Marilee Pierce Dunker, *Man of Vision, Woman of Prayer*(Nashville : Nelson, 1980).

3. Linda J. Waite and Maggie Gallagher, *The Case for Marriage : Why Married People Are Happier, Healthier, and Better Off Financially*(New York : Doubleday, 2000).

4. Blaine Harden, "Bible Belt Couples 'Put Asunder' More, Despite concerted Efforts of Church and State," *New York Times*(May 21, 2001), A1 and A14(National Section).

5. www3.barna.org/barna-update/article/15-familykids/42-new-marriage-and-divorce-statistics-released.

6. *Charisma News Service Update*(Jan. 16, 2002), www.strang.com

PART 2

Chapter 4

1. Thomas Kuhn, *The Structure of Scientific Revolutions*, 3d ed. (Chicago Univ. of Chicago Press, 1966).

2. 정신적으로 어려움을 겪는 이들이나 정신질환을 앓는 환자들을 치료할 때, 이것은 대단히 복잡한 문제가 된다. 정서적인 성숙을 측정할 때 생물학적인 요인들을 참작해야 하기 때문이다. 두뇌의 구조와 화학적인 작용, 그것이 정서와 행동을 결정하는 방식 따위를 더 잘 이해할 수 있도록 도와주는 탁월한 입문서로는 John Ratey의 *A User's Guide to the Brain : perception, Attention and the Four Theatres of the Brain*(New York : Vintage Books of Random House, 2001)가 있다.

3. Richard Foster, *Streams of Living Water : Celebrating the Great Traditions of Christian Faith*(San Francisco : HarperSanFrancisco, 1998), 406.

4. Dan B. Allender and Tremper Longman III, *The Cry of the Soul*(Dallas : Word, 1994), 24-25.

5. Helmut Koester, History, *Culture and Religion of the Hellenistic Age*(Minneapolis : Frotress), 414.

6. Henry Bettenson, ed., *Documents of the Christian Church*, 2d. (London : Oxford, 1962), 51.

7. Foster, *Streams of Living Water*, 277-279. 주석서 Frederick Dale Bruner, *Matthew : A Commentary*, 2 vols. (Dallas : Word, 1990), 2 : 983은 특별한 인사이트를 제공한다.

8. Colin Brown, ed., *New International Dictionary of New Testament Theology*, 4 vols. (Grand Rapids : Zondervan, 1976), 2 : 468-70.

Chapter 5

1. 정서적인 젖먹이, 아이, 청소년, 어른과 같은 개념을 명확히 정의해 주었으며 결혼한 부부들을 위해 PAIRS 프로그램을 창안한 Lori Gordon에게 감사의 뜻을 전한다. Lori Gordon, Jon Fandson, *Passage to Intimacy*(self-published : rev. version 2000), 181-191.

PART 3

Chapter 6

1. Barbara Kingsolver, *The Poisonwood Bible*(New York : HarperFlamingo, 1999).

2. Ibid., 200.

3. Wendy Murray Zoba, "Missions Improbable", *Books & Culture*(Sept./Oct. 1999) ; Tim Stafford, "Poisonwood Bible : review, Christianity Today(Jan. 11, 1999), 88, 90.

4. 이 인용은 인터넷에서 볼 수 있다. See, for example, thinkexist. com/quotation/the_longest_journey_of_any_person_is_the_journey/157964.html.

5. C. S. Lewis, *The Voyage of the Dawn Treader*와 Chronicles of Nania의 세 번째 시리즈를 허락을

받아 발췌.

6. Henry Cloud and John Townsend, *Boundaries with Kids*(Grand Rapids : Zondervan, 1998), 72.

7. Daniel Goleman, *Emotional Intelligence : Why It Can Matter More Than IQ*(New York : Bantam, 1995) ; Working with Emotional Intelligence(New York : Bantam, 1998) ; Primal Leadership : Realizing the Power of Emotional Intelligence(Cambridge, Mass. : harvard Business School Press, 2002).

8. 2장에 소개한 예수님의 감정 목록을 보라.

9. Richard Foster, Celebration of Discipline: The Path to Spiritual Growth, 3ed. (San Francisco: HarperSanFrancisco, 1998), 1.

10. www.brainyquote.com/quotes/qoutes/b/q133380.html

11. Martin Luther, *Commentary on Galatians*(Grand Rapids : Revell, 1994).

12. Henry Cloud and John Townsend, *Boundaries : When to Say Yes, When to Say No, to Take Control of Your Life*(Grand Rapids : Zondervan, 1992).

13. Susan Howatch, *Glittering Image*(New York : Alfred A. Knopf, 1987). 본문의 대화 부분은 이 책의 232-235쪽을 발췌, 번안했다.

Chapter 7

1. 다음은 가계도를 다룬 입문서들이다. Maggie Scarf, *Intimate Worlds : Life Inside the Family*(New York : Random House, 1995) ; John Bradshaw, *Family Secrets : What You Don't Know Can Hurt You*(New York : Bantam, 1995) ; Monica McGoldrich, *You Can Go Home Again : Reconnecting with Your Family*(New York : Norton, 1995).

2. 더 자세한 질문들을 보려면 다음의 책을 참고하라. Monica McGoldrick, Randy Gerson, *Genograms In Family Assessment*(New York: W. W. Norton, 1986).

3. Rodney Clapp, *Families at the Crossroads : Beyond Tradition and Modern* Options(Downers Grove, IL : InterVarsity Press, 1993)을 보라.

4. Ray Anderson and Dennis Guernsey, *On Being Family : A Social Theology of the Family*(Grand Rapids : Eerdmans, 1985), 158.

5. Ronald W. Richardson, *Family Ties That Bind : A Self-Help Guide to Change Through Family of Origin Therapy*(Bellingham, WA : SelfCounsel Press, 1984), 35.

6. 교회에서 지나치게 많은 직분을 맡거나 아니면 그 반대의 경우에 대한 토론을 위해 다음의 책을 참고하라. Ronald W. Richardson, *Creating a Healthier Church : Family Systems Theory, Leadership, and Congregational Life*(Minneapolis : Augsburg Fortress, 1996), 133-37과 Friedman, Generation to Generation, 210-12를 보라.

7. 이 표의 아이디어는 Ronald W. Richardson, *Creating a Healthier Church*, 35-39 에서 가져왔다.

Chapter 8

1. Eric Larson, *Isaac's Storm : A man, a Time, and the Deadliest Hurricane in History*(Westminster, MD : Crown, 1999). www.1900storm.com도 참조하라.

2. Ronald Rolheiser, *The Shattered Lantern*(New York : Crossroad, 2001), 45.

3. Gordon D. Fee, *The First Epistle to the Corinthians*(New International Commentary on the New Testament ; Grand Rapids : Eerdmans, 1987), 3의 논평을 보라.

4. 여러 해 전, Jack Deere가 한 집회에서 전했던 메시지에 힘입은 바 크다.

5. Henri J. M. Nouwen, *The Return of the Prodigal Son : A Meditation on Fathers, Brothers, and Sons*(New York : Doubleday, 1992), 36.

6. 널리 알려진 이 기도의 원작자는 이름 모를 남군 병사라고 한다. www.solinger.com/prayer/에 서도 확인할 수 있다.

Chapter 9

1. Edwin H. Friedman, *Friedman's Fables*(New York : Guilford, 1990), 9-13을 각색.

2. Eugene Peterson, *Under the Unpredictable Plant : An Exploration in Vocational Holiness*(Grand Rapids : Eerdmans, 1994), 17.

3. Parker Palmer, *Let Your Life Speak : Listening for the Voice of Vocation*(San Francisco : Jossey-Bass, 20000), 44-46.

4. Martin Buber, *Tales of the Hasidism : The Early Masters*(New York : Schocken, 1975), 251.

5. Irvin D. Yalom, *Existential Psychotherapy*(New York : Basic, 1980), 285.

6. Marc Ferro, *Nicholas Ⅱ : The Last of the Tsars*(New York : Oxford, 1993), 16.

7. Dominic Lieven, *Nicholas Ⅱ : Twilight of the Empire*(New York : St. Martin's, 1993), 236(261도 함께 보라).

8. Thomas Merton, *New Seeds of Contemplation*(New York : New Directions, 1987).

9. Henri J. M. Nouwen, *Can You Drink the Cup?*(Notre Dame, Ind. : Ave Maria, 1996), 28.

10. Palmer, *Let Your Life Speak*, 30-31.

11. 8주짜리 성무일과를 시작하는 초심자들에게 권할 만한 본보기가 필요하다면, Peter Scazzero, *Begin the Journey with the Daily Office : Remembering God's Presence throughout the Day*를 참조 하라.

12. Edwin H. Friedman의 42분짜리 DVD, *Reinventing Leadership*(New York : Guilford, 1990)를 보면 이 개념을 더 깊이 살펴 볼 수 있다.

13. Henry Cloud, *Changes That Heal : How to Understand Your Past to Ensure a Healthier Future*(Grand Rapids : Zondervan, 1990), 95.

14. Michael D. Yapko, *Breaking the Patterns of Depression*(Broadway Books : New York, 2001), 282-86.

15. 이 개념에 관한 더 상세한 정보가 필요하다면 Wendell Berry, *Life Is a Miracle : An Essay against Modern Superstition*(Washington, D.C. : counterpoint, 2000)을 보라.

Chapter 10

1. Gerald L. Sittser, *A Grace Disguised : How the Soul Grows through Loss*(Grand Rapids : Zondervan, 1995), 18.

2. Ibid., 29, 44, 61(37도 비교 참조하라).

3. Nicholas Wolterstorff, *Lament for a Son*(Grand Rapids : Eerdmans, 1987).

4. Ibid., 81.

5. Lewis Smedes, *The Art of Forgiving : When You Need to Forgive and Don't Know How*(Wester, MD : Ballantine, 1997), 135, 137.

6. Elisabeth Kubler-Ross, *On Death and Dying*(New York : Simon & Schuster, 1997).

7. Bernhard Anderson, *Out of the Depths : The Psalms Speak for Us Today*(Philadelphia : Westminster, 1970), 47. 저자는 150편에 이르는 시편 가운데 30-70퍼센트가 애가에 해당한다고 말한다. 최소한 57편은 개인적이거나 공동체적인 애가라고 주장한다. Eugene Peterson은 《*Leap over the Wall*(New York : HarperCollins, 1997, 115)》에서 '시편의 70퍼센트는 애가'라고 밝혀 더 높은 비율을 제시한다.

8. Walter Brueggemann, *The Message of the Psalms : A Theological Commentary*(Minneapolis : Augsburg, 1984), 9-11. 같은 저자의 *Psalms of Life and Faith*(ed. Patrick D. Miller, Minneapolis : Fortress, 1995)도 보라.

9. 널리 알려진 이 표현은 16세기에 활동했던 St. John of the Cross의 말에서 따왔다. 이 주제를 깊이 살피려면 Peter Scazzero, *Emotionally Healthy Spirituality : Unleash a Revolution of Your Life in Christ*(Nashville : Nelson, 2006), chap. 6를 보라.

10. Nouwen, *Return of the Prodigal Son*, 120-21.

11. George MacDonald, *The Princess and the Goblin*(New York : Knopf, 1993).

Chapter 11

1. 편지 전문은 Ruth Miller, ed., *Black American Literature*, Part 5 : 1970-Present(Encino, CA : Glencoe, 1971), 648-49에 실려 있다. Reprinted by arrangement with the estate of Martin Luther King Jr., c/o Writers House as agent for the proprietor, New York, NY. Copyright 1963 Dr. Martin Luther King Jr., copyright renewed 1991 Coretta Cott King.

2. Ronald Rolheiser, *The Holy Longing : The Search for a Christian Spirituality*(New York : Doubleday, 1999), 76-77.

3. Henri J. M. Nouwen, *In the Name of Jesus : Reflections on Christian Leadership*(New York : Crossroad, 1991).

4. 성육신의 본을 따라 제대로 사랑하는 이슈에 관해 창의적인 자료가 더 필요하면 Neil Pembroke, *The Art of Listening*(Grand Rapids : Eerdmans, 2002)를 보라.

5. David W. Augsburger, *Caring Enough to Hear and Be Heard : How to Hear and How to Be Heard in Equal Communication*(Scottdale, PA : Herald, 1982), 12.

6. Henri J. M. Nouwen, *Out of Solitude : Three Meditations of the Christian Life*(New York : Ave Maria Press, 1974), 36.

7. Brennan Manning, *Abba's Child : The Cry of the heart for Intimate Belonging*(Colorado Springs, CO : NavPress, 1994), 29-30.

8. www.reformaedsermonarchives.com/edwardstitle.htm, sermon 12("Charity More Excellent Than the Extraordinary Gifts of the Spirit")을 보라.

9. Ibid., Sermon 26.

Chapter 12

1. Thomas Keating, *Intimacy with God : An Introduction to Centering Prayer*(New York : Crossroads, 1996), 82-84.

2. *Bernard of Claivaux : Selected Works, Classics of Western Spirituality*, trans. and ed. G. R. Evans(Mahwah, NJ : Paulist, 1987), 173-205.

3. 2008년에 쓴 *Begin the Journey with the Daily Office*는 8주간의 여정을 시작하는 이들을 겨냥한 책이다(제8장의 언급을 참조하라). 쉽게 읽고 따라갈 만한 성무일과 안내서로는 3권짜리 시리즈, Phyllis Tickle, *The Divine Hours : Prayers for Autumn and Wintertime : A Manual for Prayer*(New York : Doubleday, 2001)와 *The Divine Hours : Prayers for Summertime : A Manual for Prayer*(New York : Doubleday, 2000)가 있다. Norman Shawchuck and Rueben P. Job, *A Guide to Prayer for All Who Seek God*(Nashville : Upper Room, 2003)과 The Northumbria Community, Celtic Daily Prayer(San Francisco : HarperCollins, 2002)를 이용하는 이들도 많다. 개인적으로는 공동기도서의 일과표를 좇아 시편을 기도하는 방식도 좋아한다.

4. Paul Stanley and J. Robert Clinton은 하나님이 쓰시는 다양한 형태의 멘토관계에 관해 탁월한 책을 써냈다. P. Stanley and J. Robert Clinton, *Connecting : The Mentoring Relationships You Need To Succeed in Life*(Colorado Springs, CO : NavPress, 1992).

5. Mike Mason, *The Mystery of Marriage : Meditations on the Miracle*(Portland OR : Multnomah, 1985), 123.

6. 뉴 라이프 펠로십 교회 생활규범의 샘플이 필요하면 www.newlifefellowship.org/about-us/who-we-are/rule-of-life를 보라.

PART 4

부록

1. parker J. Palmer, *Let Your Life Speak : Listening for the Voice of Vocation*(San Francisco : Jossey-Bass, 1999), 78-79.

2. 이를 위해 매월 셋째 수요일은 밖으로 나가기로 했다. 저마다 집을 벗어나 바닷가든, 수련원이든, 공원이든, 그밖에 어디가 됐든 하루 종일 하나님과 홀로 시간을 보낸다. 그날만큼은 교회 일을 하지 말고 오로 주님과 함께 지내라는 게 유일한 규칙이다.

- Allender, Dan, and Tremper Longman Ⅲ, *Cry of the Soul : How Our Emotions Reveal Our Deepest Questions about God.* Dallas : Word : 1994.

- Chittister, Joan. *Wisdom distilled from the Wisdom of Saint Benedict Today.* San Francisco : Harper San Francisco, 1990.

- Cloud, Henry. *Changes That Heal : How to Understand Your Past to Ensure a Healthier Future.* Grand Rapids : Zondervan, 1992.

- Cloud, Henry, and John Townsend. *Boundaries : When to Say Yes, When to Say No, to Take Control of Your Life.* Grand Rapids : Zondervan, 1992.

- Crabb, Larry. *Inside Out.* Tenth Anniversary Edition. Colorado Springs, CO : NavPress, 1998.

- Dawn, Marva, and Eugene Peterson, *The Unnecessary Pastor : Rediscovering the Call.* Grand Rapids : Eerdmans, 2000.

- Ford, Leighton. *The Attentive Life : Discerning God's Presence in All Things.* Downers Grove, IL : InterVarsity Press. 2008.

- Foster, Richard. Prayer : *Finding the Heart's True Home.* San Francisco : HarperCollins, 1992.

- Friedman, Edwin H. *Generation to Generation : Family Process in Church and Synagogue.* New York : Guilford, 1985.

- Gire, Ken. *Windows of the Soul : Experiencing God in New Ways.* Grand Rapids : Zondervan, 1996.

- Goldman, Daniel. *Emotional Intelligence : Why It Can Matter More Than IQ.* New York : Bantam, 1995.

- Howatch, Susan. Susan Howatch, *Glittering Image.* New York : Alfred A. Knopf, 1987.

- Lerner, Harriet. *The Dance of Anger : A Woman's Guide to Changing the Patterns of Intimate Relationships.* New York : HarperCollins, 1997.

- MacDonald, Gordon. *Ordering Your Private World.* Anniversary Edition. Nashville : Oliver Nelson, 1995.

- Manning, Brennan. *Abba's Child : The Cry of the heart for Intimate Belonging.* Colorado Springs, CO : NavPress, 1994. Revised edition, 2002.

- Mason, Mike. *The Mystery of Marriage :* Meditations on the Miracle. Portland OR : Multnomah, 1999.

- MacGoldrich, Monica. *You Can Go Home Again : Reconnecting with Your Family.* Scranton, PA : Norton, 1997.

- Merton, Thomas. *New Seeds of Contemplation.* New York : New Directions, 1987.

- Mueller, Wayne. *Sabbath : Finding Rest, Renewal, Delight in our Busy Lives.* New York : Bantam, 1999.

- Nouwen, Henri J. M. *In the Name of Jesus : Reflections on Christian Leadership.* New York : Crossroad / Herder &Herder, 1989.

  _____ *The Return of the Prodigal Son : A Meditation on Fathers, Brothers, and Sons.* New York : Doubleday / Image, 1994.

- Palmer, Parker. *A Hidden Wholeness : The Journey toward an Undivided Life.* San Francisco : Jossey-Bass, 2004.

  _____ *Let Your Life Speak : Listening for the Voice of Vocation.* San Francisco : Jossey-Bass, 2000.

- Peterson, Eugene, *Under the Unpredictable Plant : An Exploration in Vocational Holiness.* Grand Rapids : Eerdmans, 1992.

- Richardson, Ronald. *Creating a Healthier Church : Family Systems Theory.* Minneapolis : Augsburg Fortress, 1996.

- Rolheiser, Ronald. *The Holy Longing : The Search for a Christian Spirituality.* New York : Doubleday, 1999.

- Scarf, Maggie. *Intimate Worlds : Life Inside the Family.* New York : Random House, 1995.

- Scazzero, Geri. *I Quit!* Grand Rapids : Zondervan, 근간.

- Scazzero, Peter. *The Daily Office.* Barrington, IL : Willow Creek Publishing, 2009.

  _____ *Emotionally Healthy Spirituality.* Nashville, TN : Nelson, 2006.

  _____ www.emotionallyhealthy.org에서도 다양한 강의를 만날 수 있다.

- Sittser, Gerald. *A Grace Disguised : How the Soul Grows through Loss.* Grand Rapids : Zondervan, 1995.

- Stephens, R. Paul. *Doing God's Business : Meaning and Motivation for the Marketplace.* Grand Rapids : Eerdmans, 2006.

- Swenson, Richard. *The Overload Syndrome : Learning to Live within Limits.* Colorado Springs : NavPress, 1998.

  _____ *Margin : How to Create the Emotional, Physical, Financial, and Time Reserves You Need.* Colorado Springs : NavPress, 1992.

- Wolterstorff, Nicholas. *Lament for a Son.* Grand Rapids : Eerdmans, 1987.